山东省齐鲁优秀传统文化传承创新工程2016年第一批重点项目
山东理工大学齐文化研究院、山东省齐文化研究基地2014年重点项目
山东省齐文化传承与示范区建设协同创新中心（培育）2017年重点项目

『管子通论』丛书

王京龙 等著

管子境外研究通论

——以欧美、东亚为中心

杨纪荣 孙继成 著

齊鲁書社

管仲像（郭振华 绘）

管子通论·前言

德国思想家卡尔·雅斯贝尔斯在《历史的起源与目标》一书中,第一次把公元前500年前后同时出现在中国、西方和印度等地区的人类文化突破现象称为"轴心时代"。这一时期人类社会思想文化爆炸式发展,同时形成了世界东西方思想文化中心的滥觞。在中国,这一滥觞过程的突出标志是先秦诸子的出现,管子便是其中的重要一员。管子大约生活在公元前735年—公元前645年之间,比中国儒家学派的创始人孔子(公元前551年—公元前479年)早近一个世纪,比古希腊最早的哲学学派——米利都学派(爱奥尼亚学派)的创始人泰勒斯(大约生活在公元前624年—公元前546年)早半个多世纪。

我们这里所说的管子,既指春秋时期的管仲其人,也指管仲之后形成的《管子》其书。对于管仲其人,早在春秋末期的孔子那里就有了深刻的认识与评价;对于《管子》其书,汉代刘向以后,从不同角度对其进行的研究代有新作,新浪逐高。正是在这样的社会文化背景条件下,伴随着中国传统文化研究的繁荣与发展,"管子通论"也就应运而生了。

我们对"管子通论"这个项目兴趣的确立是在2014年。当时,张灿贤教授就任齐文化研究院院长,与学校社科处研究,意欲启动几个较大的项目,以进一步发掘研究力量,明确研究方向,培育重大研究成果。在征求意见过程中,时任山东理工大学党委副书记、山东省齐文化研究基地负责人的张宇声教授提出了"管子通论"这个题目。经过反复讨论,大家一致认为这个题目很好——管子是齐文化中的杰出代表,具有巨大的研究价值。我们山东理工大学齐文化研究院作为山东省齐文化研究基地的建设单位和学术期刊《管子学刊》的主办单位,有责任承担这一任务。于是,研究院邀请山东省政协原副主席、山东师范大学原副校长、博士生导师、齐鲁文化研究院原院长王志民教授为顾问，确定张宇声教授和张灿贤教授分别担任编委会主任委员和执行主任委员，确定我为课题负责人。这样，这一课题就算是正式启动了。2016年，山东省委、省政府决定启动“齐鲁优秀传统文化传承创新工程”建设项目，确定了第一批7类31个重点项目，经申请，“管子通论”有幸被列入其中，成为“齐鲁优秀传统文化传承创新工程”第一批重点项目之一。实际上，我在齐文化研究领域虽然屈指有年，但虚度时光日多，对管子并没有进行太深入的研究，接受这一任务深感责任重大，诚惶诚恐。加之本人学力、协调能力、研究人员构成、研究经费等诸多方面的问题，开始时便有勉为其难之感，在进展过程中，每深入一步，这种感觉便会加重一番。

研究管子的先贤众多，成果丰硕，“通论”从何着手，是一个很难确定的问题。对此，我们接受了王志民教授的意见，大致从管子研究的信息梳理角度入手，立足于“通”，着眼于“论”。于是就形成了管子的认识、管子其人其书及其家族的演变、管子思想、管子版本、管子的境外研究这样五个主要研究板块。最初的想法是把这五个板块的内容融合在一起，分成上下两卷出版结项，随着研究工作的不断深入，尤其是各个板块之间的独立性不断增强，最后竟然变成了五卷本。规模的扩大既与课题研究的内容有关，更与课题组成员的研究投入密切相关。现在看来，虽然每卷的规模看起来单薄一些，但专题性更强一点，而且有助于启发读者对某一问题的再认识。

由于启动这个项目的一个重要初衷是促进研究院内部的队伍建设和研究力量的提升，所以这个项目的研究队伍一开始就确定在研究院内部人员中选定。因而，项目开始以后，随着后来项目立项级别的上升，每卷的作者也就难以改变了。这是这个项目没有聘请一些管子研究大家参与的主要原因。

在项目进行过程中，我们试图在所涉领域都能够获得新的认识，但由于学界对管子的研究成果早已非常丰富，做到这一点确实不容易，一卷当中烦言赘语不免多见，各卷之间内容也难免有所重复，好在也可以见到一些可寻味之处。我们主要在以下几个方面寻找到了一些罅隙，或者可以说是获得了一点进步。比如对管子及其家族演变的阐释，王京龙教授和战化军教授分别在《论管子》和《管子其人其书及管氏家族研究》中都有论述，虽然观点有所不同，甚至不够完美，但在以往的管子研究中尚没有发现如此系统和缜密的推演论述。又如对管子思想研究的历史梳理，对管子学史的研究并不少见，但按照两千多年的历史发展顺序，从研究信息的角度给予系统梳理的并不多见。张艳丽的研究提供了不同历史时代的管子研究信息，虽然与专题的管子学史研究不可相提并论，但这种梳理揭示出来的研究信息也是非常可贵的。郭丽教授长期以来一直致力于《管子》的版本研究，长期处在这一领域的学术前沿，她对《管子》版本研究信息的梳理，为读者呈现了这一领域的最新认识。还有管子的境外研究，全面收集和整理不同语种的管子境外研究信息是带有一定开拓性的研究。孙继成、杨纪荣的研究在着重于收集梳理面上信息的同时，尽量照顾到了点的深入，但由于涉及面的制约，其具体着眼点的学术纵深并不令人满意，但这也几乎是前所未见的研究了。这些研究或许能够为促进管子的研究提供更多的有价值的参考。

总而言之，管子其人与《管子》其书对社会发展进步产生的巨大影响是不可估量的。希望我们的这一研究能够为促进管子研究的深入发展提供一点帮助。

感谢我供职的单位山东理工大学齐文化研究院及各位领导、同仁的厚爱，让我有机会与各位学贤一同完成“管子通论”的研究任务。能够有机会为管子研究的深入发展做出一些微薄的贡献，我感到十分荣幸。

祝愿山东理工大学齐文化研究院兴旺发达！

感谢所有为“管子通论”研究工作顺利完成做出积极贡献的朋友们！

因本人学力和课题组成员对管子研究把握和再认识的能力有限，对于书中存在的不足和错误，敬请各位学贤给予指正和理解。

王京龙

2018年3月8日

于山东理工大学博大花园寓所

目 录

中编 日韩的管子研究

下编 台港澳地区的管子研究

引 言

孙子曰:“知己知彼,百战不殆。不知彼而知己,一胜一负。不知彼不知己,每战必败。”著名学者饶宗颐认为,“此谋攻之要道,知胜之枢机也。治学之道,亦何以异是。西方之言学,其考论吾华文字史事者号曰汉学,以西方之人而热心究远东之事,盖彼欲有知于我,此学之涉于‘知彼’者也。返视吾国人之有志于究心西事者,乃寥若晨星”①。探究管子的境外研究概况是我们把握境外学界对管子其人、《管子》其书研究的必然。知彼知己,才能更好地让中国古代典籍走向世界。

管子的境外研究主要是展示境外学者是如何研究管仲其人、《管子》其书的。境外学者的研究成果对境外读者认识管仲及《管子》有着重要的指导作用。境外学者的研究主题及研究方法也对境内学者具有积极的借鉴作用,有利于我们把握了解境外专家的相关观点、传播中国管子学自己的声音和观点,有利于我们共同着力打造融通中外的新概念、新范畴、新表述,讲好中国故事,传播好中国声音。

《管子境外研究通论》按照语种及国别地区对管子文献进行梳理与分析,重点把握重要的国外和中国台港澳学者关于管子研究的主要成果,分析其研究方法,探讨中国典籍在境外的传播路径,为境内研究管子的学者提供参考。

本研究主要包括三个方面:

一是认真梳理“管子境外研究”的主要学者及其管子研究文献。境内目前还没有关于“管子境外研究”的专门著作,已有的管子研究成果多局限于

① 饶宗颐:《传教士与法国早期汉学·序》,大象出版社 2003 年版。

《管子》的专章讨论,而文献细读与文本分析尚待深化;国内已有的管子外译类论文也仅就美日韩等国的管子研究情况介绍研究人员及相关文献的名称、概要,尚无具体的文本细读和文本分析。其中的原因可能是境内学者受文献的制约及外语水平的限制。另外,个别相关文献还存在人名和地名拼写错误、语种甄别错误等基本信息错误,而且有些文献因发表的年代久远,境内的学者很难获取与查阅,所以本研究将对"管子境外研究"的基本文献信息做一梳理和分析,根据语种、国别地区等做较为全面的文献整理。

二是详细描述"管子境外研究"的研究人员的学术背景、主要成果以及学术影响,力图展现境外学者在管子研究方面的学术脉络和学术传统。

三是深入探讨管子境外研究的基本概况、基本规律以及存在的主要问题。

本书的内容分为上、中、下编,包括欧美的管子研究、日韩的管子研究和台港澳的管子研究情况。

本研究的主要目的是基于管子境外研究的原始文献,在海内外学者既有研究成果的基础上,通过翻译与分析,多角度地分析、阐述管子的境外研究成果。

本研究的主要难点是尽可能多地搜集境外管子研究的相关文献,尽可能详细地整理归纳其研究观点,供境内研究人员参考借鉴。但是,由于时间与精力有限,我们在搜集管子文献的过程中难免会挂一漏万,期望能在今后的管子研究中进一步加以补充与完善。

管子的境外研究对推进境内的管子学研究具有一定的借鉴意义,这也与目前"中国传统文化走出去"的形势相符合。相信在中外学者的共同努力下,管子的海内外研究会越来越好!

上编

欧美的管子研究

据考证，西方国家对管子的研究开始于19世纪末。早期的管子研究学者有德国汉学家甲柏连孜（又译为汉斯·乔治·冯·德·加布兰兹，Hans Georg von der Gabelentz）①、查尔斯·约瑟夫·戴·哈勒兹（Charles Joseph de Harlez）②和甲柏连孜的博士生、德国汉学家、民族志学家葛禄博（又译为威尔汉姆·格鲁勃，Wilhelm Grube）③。20世纪20年代，英国的管子研究人员还有庄延龄（Edward Harper Parker）等。20世纪40年代以前，境外管子研究的中心在法国和德国，研究人员有法国著名汉学家马伯乐（Henri Maspero）

① 更多信息，请参阅柏寒夕的博士论文《德国汉学家甲柏连孜（Georg von der Gabelentz）〈汉文经纬〉（Chinesische Grammatik）研究》，上海师范大学2013年博士学位论文，第1~2页。

② 哈勒兹（1832—1899），比利时皇家科学院院士，东方学学家，创立学术期刊*Museon*并担任其主编；1871年始任鲁汶大学东方学系教授，致力于研习汉语和满语以及道教研究和《易经》的翻译。直到今天，哈勒兹翻译的《易经》仍然是最流行的法译本。

③ 葛禄博（1855—1908），又译为"葛鲁贝""顾路柏""威廉·格鲁柏"，德国汉学家、民族志学家，以研究通古斯人的语言和女真族等少数民族的语种而闻名。葛禄博于1855年出生在俄罗斯的圣彼得堡。1874年到1878年，他在圣彼得堡大学师从著名学者弗朗茨·安东·席夫纳（Franz Anton Schiefner，1817—1879）研究汉语、满族语、蒙古语和藏语。1878年毕业后，葛禄博到德国莱比锡大学师从德国著名汉学家甲柏连孜（1840—1893）教授学习汉语，并于1880年顺利博士毕业。1881年，他在莱比锡大学教授藏语语法课程。1883年，他在柏林民族博物馆担任助理馆员。1892年，他在柏林大学被授予"特职教授"的称号。1897年，他与妻子去了中国，在北京和厦门等地游历。他于1899年返回德国，并把自己搜集来的大量藏书存放在柏林民族博物馆。更多信息请参阅郑锦怀的《葛鲁贝还是葛禄博——〈鲁迅全集〉中的一个错误注释》，《博览群书》2012年第5期。

等,其研究内容大多是管子其人及《管子》其书,多是一般性的介绍。到了20世纪50年代,西方的管子研究中心陆续转移到英国和美国,比较知名的研究人员有剑桥大学德裔英国汉学家哈隆(又译为古斯塔夫·哈洛恩,Gustav Haloun)、著名汉学家龙彼得(Piet van der Loon)、李约瑟、美国南伊利诺斯大学经济学教授刘易斯·马斐里克(Lewis Maverick)①和宾夕法尼亚大学汉学家李克教授(W. Allyn Rickett)等。这一时期管子研究的水平和深度有了很大提高,出现了一些质量较高的《管子》译本及相关论文。20世纪60—70年代,美国的管子研究人员有华兹生(Burton Watson)、罗森(Syndney Rosen)、沙其敏(Melvin Thatcher)、王安国(Jeffrey Riegel)等。进入21世纪以来,英美学者围绕着管子研究进行了深入拓展,其中美国汉学家罗浩(Harold D. Roth)、罗斌(Robin McNeal)、麦安迪(Andrew Meyer)等值得学界重视。

欧美学者研究管子的角度较为广泛,研究主题涉及历史、政治、经济、文学、哲学等领域,但相对于中国的其他先秦典籍,欧美汉学家的管子研究还较为薄弱。正如英国著名汉学家葛瑞汉(A. C. Graham)教授所言,严格说来,西方的管子研究专家只有美国汉学家李克一人。② 苏联和东欧国家的管子研究成果更少,苏联只有汉学家史太因的管子研究一枝独秀。不过我们相信,随着中外文化交流的深化与加强,随着国内外学术界对管子研究的重视与努力,管子的境外研究将会有新的进展。③

为了便于读者了解欧美学界关于管子研究的早期文献,我们按照时间顺序,对研究管子的学者及其研究成果进行介绍和梳理。

---

① 刘易斯·马斐里克(1891—1973),父亲是律师,母亲来自得克萨斯州。刘易斯博士是加利福尼亚大学经济学教授,他还帮助建立了加利福尼亚大学南方分校,即后来的加州大学洛杉矶分校(UCLA)。他于1946年9月16日在南伊利诺伊大学孔德代尔校区担任经济学教授,直到1959年8月31日退休。

② 参阅李克《管子》英译本第一卷(2001)的封底推荐词。

③ 此处参阅冯禹的《欧美国家有关〈管子〉研究的主要论著》,《管子学刊》1988年第2期,第95页。

第一章　19 世纪的欧美管子研究

西方学界对《管子》的评价和翻译始于 19 世纪末期，主要文献有德国汉学家甲柏连孜①的《管子哲学著作》及《管子批判初备》(《日本研究社文集》1886 年第五集，柏林普鲁士王国科学院会议报告，1892 年 2 月 18 日全体会议，第 127 ~ 152 页)、戴·哈勒兹的《公元前 7 世纪中国宰相管仲》(《亚洲杂志》1896 年第 2 期，第 26 ~ 99 页)②和德国汉学家葛禄博③的《中国文献史》④(《东方各地文献》第八卷，莱比锡：C. F. 郎格斯出版社，1902 年)。甲柏连孜和葛禄博只是对《管子》的原文做了一些单纯的描述。而戴·哈勒兹试图翻译《管子》的前十篇，但遗憾的是他的译文算不上是真正的翻译，因为许多段落已被省略，译文的意思也不完整，应该算是对《管子》原文的转述，而且还有很多误解。再后，值得关注的研究管子的学者就是英国汉学家庄延龄(Edward Harper Parker，1849—1926)教授。在退任英国驻华领事之后，他分别在 1918 年和 1921 年发表了两篇关于管仲的文章《2500 年前的"普鲁士"文化》(《亚洲评论》14.39，1918 年 7 月，第 275 ~ 288 页)以及《中国最早的哲学家——管子》(《新中国评论》第 3 期，1921 年 2 月，第 1 ~ 11 页)。这

① 更多信息请参阅柏寒夕的博士论文《德国汉学家甲柏连孜(Georg von der Gabelentz)〈汉文经纬〉(Chinesische Grammatik)研究》，上海师范大学 2013 年博士学位论文，第 1 ~ 2 页。

② 哈勒兹：《公元前 7 世纪的中国宰相管仲》，《亚洲杂志》1986 年第 1—2 月合刊本。这篇法语文章简要介绍了管仲和《管子》一书，转引自《通报》1896 年第 7 卷第 5 期，第 606 页。

③ 更多信息请参阅郑锦怀的《葛鲁贝还是葛禄博——〈鲁迅全集〉中的一个错误注释》，《博览群书》2012 年第 5 期。

④ 沙畹编：《葛禄博教授》，《通报》1908 年第 9 卷第 4 期，第 595 页。

两篇文章都是有关《管子》和管仲的普及性文章。[①] 鉴于庄延龄的这两篇文章不方便查阅,所以将其翻译录入,供国内学者参考使用。

英国汉学家庄延龄(又译为爱德华·哈珀·帕克),英国驻华领事官员,著名汉学家。庄延龄于1849年出生在英国利物浦。11岁时,他的母亲不幸去世,父亲是个下层的手工匠人。来华前,庄延龄曾从事过棉花、茶叶、丝绸等商贸活动,后师从伦敦大学国王学院汉学家苏谋斯(又译为佐麻须,James Summers,1828—1891)学习汉语一年。他于1869年来华,任职于英国驻华使馆,做翻译实习生。他在华26年,辗转中国十多个城市任职。除了旅游,他还在四川居住了一年,在海南居住了两年。他还于1875年至1877年在英格兰和加拿大攻读法律课程,并于1882年获得律师资格。根据其朋友所写的讣告可知,他还在中国娶了一位中国女人做自己的太太。这种跨国婚姻在当时是极为罕见的。1895年,他从英国驻华使馆退休。1896年,庄延龄在利物浦大学学院做汉语准教授;1901年,在曼彻斯特的维多利亚大学做汉语教授,直至逝世。庄延龄育有一女,名叫玛丽。在父亲晚年时,玛丽与父亲长期生活在一起或生活在父亲居住所附近。[②]

庄延龄当年享有盛誉,曾被称为"最博学的外国人"。作为英国驻华使馆的官员,庄延龄就中国的历史、宗教、经济、外交关系、方言等撰写了大量专著与论文。他在《中国评论》(*China Review*)上发表过研究中国客家、苗族和黎族语言的文章。他还研究过中国汉口、北京、福州、广东、四川东部、扬州、温州、宁波等地的方言,是研究中国方言的著名学者。[③]

庄延龄较为著名的论著有《中国家庭惯例比较》(*Comparative Chinese Family Law*,1879)、《中国与外国人的关系》(*China's Relations with Foreigners*,1888)、《中欧交往》(*China's Intercourse with Europe*,1890)、《鞑靼千年史》(*A Thousand Years of the Tartars*,1895)、《福,仁者人也——中国佬约翰及其他》(*John Chinaman and a Few Others*,1901)、《诸夏原来》

---

① 李克:《管子研究在西方》,《管子学刊》1989年第2期,第73页。

② 大卫·伍德布里奇:《庄延龄系列作品的登记手册》,约翰·赖兰兹图书馆特藏馆,2016年8月;朱丽安·辛普森:《从领事馆到教室:庄延龄的收藏与曼彻斯特中国研究的发展》,约翰·赖兰兹图书馆特藏馆,2016年12月。

③ 林德威:《庄延龄的语言学思想研究》,《美国东方学会会刊》,1999年,第1页。

(*Ancient China Simplified*,1908)、《中国宗教研究》(*Studies in Chinese Religion*,1910)等。

第一节　英国汉学家庄延龄的《2500 年前的“普鲁士”文化》

1918 年,庄延龄在《亚洲评论》第 14 卷第 275 ~ 288 页上发表了自己第一篇研究管子的论文——《2500 年前的“普鲁士”文化》(“‘Prussian’ Kultur 2500 Years Ago”)。国内论者在提及这篇文献时,大多忽略了“普鲁士”(“Prussian”)一词的双引号,从而使文献本身暗含的管子军事思想出现了理解上的断层。“Prussian”一词的意思是“普鲁士式的(指训练严酷的、军国主义的和妄自尊大的)”,而“普鲁士文化”意指普鲁士美德,尤其指普鲁士军队的纪律严明、组织高效。庄延龄就是在这个意义上讨论齐国名相管仲的军事思想的。如果省略了这个双引号,仅从论文的标题来看,多数中国读者看不到论文本身与管仲军事思想的联系。

该论文发表在《亚洲评论》(*Asiatic Review*)上。《亚洲评论》又译为《亚细亚季刊》(*The Asiatic Quarterly Review*),最早创刊于 1886 年,是英国东印度协会的会刊(Journal of East India Association),后改名为《大英帝国和亚洲评论及东方殖民季刊》(*The Imperial and Asiatic Quarterly Review and Oriental and Colonial Record*),1913 年又改为原名《亚洲评论季刊》,1914 年简称为《亚洲评论》,于 1952 年停刊。

庄延龄的这篇论文共 14 页,主要介绍了管子其人和《管子》其书,重点介绍了管子的军事思想及其与后世普鲁士军国主义的共性。庄延龄在开篇就说,现在的读者很难相信本论文所述的公元前 685 年至公元前 645 年的中国哲学家管仲会拥有如此睿智的军事思想,《管子》一书保存了两千多年前的原文原貌:12 册 24 卷,共有 86 篇,其中 10 篇佚失,现存 76 篇。管仲对齐桓公的辅佐计策都被刻在了 2500 年前的竹简上,并由专门的史官保存,诸侯国之间也可能会交流使用。他还指出,当时能够看到或读到《管子》的人都是具有一定级别的部门官员。公元前 600 年至公元前 200 年,由于商业和文学的发展,人们的书写方法也出现了大幅度的简化,社会上还出现了毛笔、墨、丝绸等书写工具和材料,公元1世纪时还出现了纸张。中国古代书籍由此得以新的方式保存延续,就像欧洲的牛皮纸和再生牛皮纸也被后来出现的纸张替代一样。

庄延龄指出,1917年4月,他在日本的英语杂志《新东方》(*New East*)上刊文说,过去几个世纪以来,日本人比中国人更加重视管子的思想。日本人在政府管理和军事体制方面较多借鉴了管子的政治军事思想。1917年10月,庄延龄还在东方学学校做了两次讲座,谈到了在公元前213年秦始皇"焚书"之后,中国古代书籍在一个世纪之后才被汉朝逐渐恢复。之后,孔子的保守思想和阶级哲学远比老子的民主思想更容易被统治阶级认可。但比孔子思想和老子思想还要早150年的管子思想是孔子思想和老子思想的来源。老子和孔子都说过,他们只是管子思想的转述者,而不是这些思想的独创者。后来英国汉学家翟林奈(Lionel Giles)博士翻译了《孙子兵法》。《孙子兵法》的作者孙武也是老子、孔子的同代人。但在《管子》一书的日语编者看来,在军事谋略方面,管子要超过孙武;在世俗管理方面,管子也高于孔子。

其后,庄延龄及时地提出了一个比较尖锐的问题:为什么中国人后来就很少阅读《管子》一书了呢?另外,庄延龄指出,除了理雅各①、花之安②、艾约瑟③、

---

① 理雅各(James Legge,1815—1897),近代英国著名汉学家,曾任香港英华书院校长。他是第一个系统研究、翻译中国古代经典的人。从1861年到1886年的25年间,他将《四书》《五经》等中国主要典籍全部译出,共计28卷。理雅各的多卷本《中国经典》《法显行传》《中国的宗教:儒教、道教与基督教的对比》《中国编年史》等著作在西方汉学界占有重要地位。

② 花之安(又译为福柏,Ernst Faber,1839—1899),汉学家、植物学家。他在华35载,先后在香港、广东、上海和青岛等地从事宣教与著述活动。他曾被誉为"19世纪学问最高深的汉学家"。

③ 艾约瑟(Joseph Edkins,1823—1905),英国著名汉学家、翻译家、基督教文化宣教先驱,在华宣教57年之久。艾约瑟对中国文化、历史和宗教有着浓厚的兴趣和深入的研究,先后著有《中国的宗教》《中国的建筑》《中国的语言学》《中国见闻录》《诗人李太白》《汉语的进化》等,向西方人介绍源远流长的中国历史文化。艾约瑟曾高度评价中国古代科技成就,是最早提出"四大发明"的学者。

高延①,外国人也很少研究《管子》一书及其蕴含的思想。这又是为什么呢?庄延龄认为尽管管子的思想被各种百科全书、字典和词典等广为收录,但其内容都被做了删节处理,仅仅是从纯文学角度进行的分析与解读。庄延龄还半开玩笑地说,他本人甚至无法从中国获得一本《管子》书,他的《管子》一书还是从日本辗转得来的。管子的思想不仅仅局限于军事争霸思想,还包括政府管理和社会治理等领域的智慧方略,涉及农业、政治、经济、金融、贸易、市场、警察、道德、慈善、道路等,但是每个领域的思想都散落在《管子》各篇之中,要把它们搜集整理出来,才能有一个较为全面的认识。所以庄延龄的论文仅限于讨论《管子》的军事思想。他还从《管子》书中摘录管子的相关言论以论证管子的军事思想。

庄延龄引管子语录,论证国家应拥有随时可用之兵,但对士兵要慈爱为怀:因为在国家危难之时,每个人都不会袖手旁观。政府要优先保护农民的财产不受外敌侵害。国之大臣也应该是国之大将,不能征收重税,也不能使土地荒芜,一味反对战争是可耻的。

庄延龄还引用管子的话语指出,举兵之前,必须确保国内平安有序,战备充足、兵强将良,才可开战。开战必须有足够的理由,必须是正义之战,这样才能赢得民心。举兵必须拥有足够的战备与财富,出兵必须先做好出兵谋划,对敌方有充分的了解,在兵力和道义上要胜于敌方,一旦对阵,就不再是乌合之众。胜利进军的关键在于军队和装备都井然有序,奖赏分明。研究地形,副手配备要周全,一旦齐备,就不会畏惧行军太远和太急。奇袭才能稳操胜券,这样就可以保家卫国。军纪一定要严明,否则就会后患无穷。正确评价敌我双方,自由支配资源,军民供应充足,懒人也必须做工;如果军备不足,打仗必败。即使荒年,也必须做好打仗的军需储备。冲动并不是勇敢。

庄延龄在阐释管子的思想时指出,战争是消耗社会财富最快的方式,是

① 高延(Jan Jakob Maria De Groot,1854—1921),荷兰汉学家,著名的宗教史家和民族学家。1893 年,他进入荷兰莱顿大学任汉语教授。1912 年,高延离开莱顿大学,至柏林大学担任汉学教授。1892 年至 1910 年,高延陆续出版了英文六卷本的《中国宗教体系——其古代形式、变迁、历史、现状及与之相关的风俗、传统、社会制度》(以下简称《中国宗教体系》)。19 世纪后期,高延和瑞典汉学家高本汉是荷兰莱顿大学汉学的标志性人物。

国贫民弱的祸根。尽管兵者乃不祥之器，但也是维护秩序的保证。中国的这位政治家、哲学家——管仲却精于计谋，懂得进退之方，熟悉地形和气候，懂得发挥人性在战争中的作用。敌人一旦战败，管子反对一切欺骗和背叛，同时，为了巩固战果，他认为不得不采用各种手段。但这些都不是中国古代先贤所采用的称王称霸之道。

庄延龄继续分析说，称职的官员是必要的，处境困难的将军也可动用自己的私产来获得战争的主动，君主、政治家和将军要相互配合，但是在国家事务中，最后说了算的还是将军。一天的战争就足以耗费掉一年的积蓄。因此，开战之前，一定要先做谋划，如果使用的武器不精良，就如同没有武器一样，会被人宰割；如果使用短兵器的士兵去迎战使用长兵器的敌军，那就是屠杀；如果使用训练不精的军队去迎敌打仗，那就是去送死。将军无能就相当于把国君送给了敌方，君主不力就如同把国家送给了敌方。因此，军衔、荣誉和报酬都要管理有方、不可错乱。军事进退必须要秘密进行，快速果断，谨慎小心。用兵在神奇，要出其不意，攻其不备。总之，大臣的责任就是富国强兵。国力强大，军事才能强大。瓦解敌方的军备，消解其军需储备，切断其粮食供应，如此，敌方就无可防备，一旦战败或被征服，要待之以礼，要厚赏安抚。要收买间谍，仔细研究敌军的地图和文件，一些计谋本身就是一些巧妙的设计陷阱。君主不要听信裁军的建议或博爱思想。军事威望可以保证政令畅通、奖罚分明。奖罚不明，政令难通。一旦有人从违法中获利，其他人就会群起而效仿。政令通畅才会使君安民富，而政通人和还需要军事做保障。经济落后如同内战不息，而为战而战就会使国势衰落、国民贫弱。政府要负责安葬为国牺牲的士兵，以减轻其父母负担、缓解其丧子之痛。士兵或丧或伤，国家一定要有抚恤，以渡难关。如在朝堂希望封官晋爵，而在战场上，获取奖赏是士兵参战的最大初衷。庄延龄指出，附加在战争中的间接利益多得不可胜数，这些军事思想充分证明了管仲在军事方面的出色智慧，而齐桓公如同普鲁士国王老威廉姆一世，对优秀能干的大臣给予绝对的信任，这样管仲才能为相四十载而无中断，也无任何个人顾虑。

庄延龄进而指出，当年管仲为齐桓公陈述上述军事思想的最终目的又是什么呢？当时，周王或中央政权处于衰败中，公元前 1120 年出现了数以千计的小诸侯国,他们逐渐合并成十几家大的诸侯国,他们都没有纯粹的中原血统,大多是鞑靼和夷族的混血而成。在这250年间,这些诸侯国逐渐发展成为春秋霸主,成为周王朝的保护者。而管仲扶持的齐桓公乃春秋首霸。小诸侯国大多依附一些大诸侯国。周王朝的中央政权越来越软弱,在这一时期,陆续出现了六大诸侯国,他们开始公开采用王室礼仪,不断征战,直到后来根本不把中央政权放在眼里,最西端的诸侯国(秦)就像我们现在的普鲁士一样,在开始的几个世纪中,只是个小诸侯国,后来称王,陆续操练军备,于是开始了远达黄河下游和长江下游的征战。秦国想一统天下以结束周朝的这种混乱分裂局面。公元前219年至公元前218年,秦王不惧远征,曾两次远征到黄河下游的芝罘、胶州以及长江下游的镇江、杭州。他在所到之处都留下了纪念石碑。秦始皇最讨厌的就是儒家、形式主义、经典。他公开宣称武力才是一切,由此可以推知,管仲的军事思想对他的影响可谓深不可测;另外,老子的民权思想对他也有不小的影响,因为这些思想都没有影响到他的专制统治。从许多方面可知,秦始皇致力于天下一统的观念并非出于个人的私欲、复仇的欲望或是恶毒的心胸。秦始皇可以与普鲁士王国的威廉姆二世相媲美,都一样野心勃勃、狂妄自大。然而,秦始皇是一位伟大的开国大帝,也是一位彻底的改革家。庄延龄指出,他自己没有找到任何关于秦始皇怯弱和虚伪的文献记录。他横扫天下的剑远近闻名,自己也不避讳吹嘘自己横扫天下的赫赫战功。

总之,庄延龄引用秦始皇的例子意在从正反两个方面来说明“普鲁士文化”的新颖之所在,进而彰显神秘的古代中国。他认为,除了军事,普鲁士文化的另一个特点就是高效。而高效也是日本人欣赏管子思想的另一个切入口。几个世纪以来,日本人早已意识到了管子思想的高效,也尝到了高效带来的满足感。尽管日本从德国获益良多,尤其是学习了德国的医学和化学。德国的骑士制度给日本培养军事力量带来了良好的效果,日本人在保密性、周全性和坚韧性等方面做得比德国人还好。这些素质对战争取胜至关重要。

庄延龄又用齐桓公和管仲的君臣关系来对比普鲁士国王威廉姆一世和其首相俾斯麦的合作关系,并进而指出,在位30年的普鲁士威廉姆二世与俾斯麦首相发生决裂,最终导致普鲁士帝国衰落。谈及普鲁士帝国的衰败,庄延龄引用了几位政论家的文章,说明普鲁士文化对后来德国的深刻影响以及威廉姆二世是如何导致了普鲁士帝国的衰落。其中的君臣之道再次让人想起2500多年前齐桓公和管仲的君臣之谊。尽管齐桓公狂野、放荡,但在管仲的辅佐下,齐国依然维持了体面的诸侯霸业。庄延龄说,即使管仲再世,应该也不愿与鲁莽而专断的普鲁士威廉姆二世为伍。

庄延龄通过此文较详细的论述,为西方读者展现了2500年前古代中国名相管仲的卓越军事思想,通过详细介绍《管子》书中的相关军事语录,通过齐桓公与普鲁士帝国的威廉姆一世与威廉姆二世的比较,让读者了解了2500年前古代中国出现的那段君臣佳话。

第二节　英国汉学家庄延龄的《中国最早的哲学家——管子》

庄延龄第二篇比较重要的研究管子的文献是《中国最早的哲学家——管子》。其英文全称应为"The Earliest Articulate Chinese Philosopher, Kwan-Tsz",最初被收录在《曼彻斯特的埃及学及东方学协会会刊》(*Journal of the Manchester Egyptian and Oriental Society*,1918)中。但多数国内学者都省略了论文的关键字段"最早的哲学家"。庄延龄在这一论文的副标题中把中国最早的哲学家——管子与欧洲的所罗门和梭伦做了并举,并指出"管子比所罗门年长350岁,比梭伦年长一代",从而突出了管子在世界历史中的高大人物形象。

庄延龄在论文开篇就指出,"管子(管仲)尽管是一名改革家,但他所制定的改革措施都基于中国古代圣贤的传统思想之上,是中国真正意义上的首位哲学家"。他说管子是中国第一位能够明确政府的管理原则并能保证这些原则得以贯彻执行的官员,从而保证了政府管理的有序运行。在公元前479年孔子去世之前,管子的思想已在春秋时期各诸侯国之间广为流传。

关于孔子、老子、管子的思想的传承问题,庄延龄认为,管子的思想在老子和孔子的思想中得以延续;孔子和老子的一些思想则是直接引用管子的思想，有些是间接传播，管子的思想或引或改，都延续在老子和孔子的话语中。他强调管子的思想也隐含在众多诸侯国官员和学者的话语中，因为春秋时期，各诸侯国都会互通文告，这些文告会被存放在各国的档案馆中，以供各诸侯国参考使用。庄延龄指出，与孔子的思想相比，管仲思想的主要特点是坚持人民的权利至上，统治阶级必须使国王个人及其家族的野心服从于民众的要求和许可。出于这样一种政治原因，哲学家管子的思想富有文采，表达极具原创性。他同时认为管子的思想在流传过程中，也没有受到任何审查和打压，且被收录在各种词典、辞书或百科全书之中。他认为，历朝历代的政府都倾向于流传《管子》其书，并根据自己的执政需要来灵活解读管子的思想。这正如西方的《圣经》被看作是西方世界的一个连接载体，但《圣经》的解释权被牢牢地控制在专门解读《圣经》的牧师手中。在叙述管仲是如何辅佐齐桓公之前，庄延龄探讨了一位开明君主应该具备哪些素质和智慧的问题。

他首先对君主、百官和百姓的关系做了细致的分析，对君臣的品行做了详细的探讨。他说，管仲认为君主没有必要向臣下解释君主自身的缺点，君臣之间要讲究君臣之道，君王和臣下是相辅相成的，君王负责保护臣下，而臣下负责向君王提供合理化建议；当君王能够适当而精确地规定臣下的义务时，人民就不会远离他们的道。君王不应该试图教育他的大臣们如何管理自己的部门；君王自己也不必聪明能干，也不必让个人的情感影响自己对事物的判断。他进而分析说，从另一方面看，大臣们也不能干涉君王的特权：臣子们应该时刻注意君臣地位的差别，君臣之道就是大臣们应该将自己的行为美德归功于他们的君主，正如侯爵王子将自己的成就归功于其国王（或者后来的皇帝）；而君王或者皇帝反过来把自己的成就归功于天，每一层级都不要自我表扬。同样的原则适用于儿子和父亲，也适用于普通人对老年人和地方长官：古代的圣贤、成功者和杰出的统治者，简而言之，这些人都是能够认识和执行这一道义的人。① 庄延龄还经常把君臣关系比作心脏或心灵与身体的关系，认为臣下要接受君主的命令；在发生误解时，责怪自己

---

① 庄延龄：《中国最早的哲学家——管子》，《曼彻斯特的埃及学及东方学协会会刊》，1918 年，第 25 ~ 26 页。

而不是别人①。

在后面的篇幅中，庄延龄指出，国家的统治者所要达到的目标主要是获得财富和权力，使其他的附属国保持在附属的位置上，得到其附属国的尊重；以这种方式来限制附属国不敢冒险侵犯皇室的特权，即使他们对君王的分配不均而感到失望。当然，无能的多米诺神的目的是上述这一切的反面：正如高山之高大是由无数个石块土块累积而成，伟大君主的威望也是由为他服务的每个人逐渐培养起来的。② 接着，庄延龄又对君臣关系做了细致入微的剖析：英明的君主不容易被人蒙蔽，因为他深知自己的智慧和用人策略；相反，愚蠢的君主却不会那么幸运，因为他总被自己的大臣欺骗，明智的君主应该广开言路，获取各方信息，并充分利用好人民赋予他的权力。但如果他的威望和权力被他的下属获得，那么君主就不再是他们的君主，他就有可能被臣下架空。要让君主制定政策并坚持执行，人们必须接受事物的正常秩序。如果君主自己比较能干，那么大臣的任务就会容易些，国家应该设定一个贫富的标准来约束他们。邪恶的大臣会不知不觉地毁掉一个处事不谨慎的君主，而一个粗心的君主很容易被人误导。

之后，庄延龄又分析了管仲为相四十载的从政经验。他首先分析了古代中国的地域特征和周朝之前的政体组织结构，然后才引出管仲为相的时代背景，认为在这四百年间（公元前 1100—公元前 700 年）诸侯国之间的商业、人口、附属关系以及书面交流的手段等都有显著的变化与发展；其中的细节，我们知道得很少，但其主要的特点是，中央王国发展较慢，效率低下，而他们更多的首席家臣都相应地成长壮大，逐步发展成独立的诸侯国。尽管如此，各诸侯国对中央王国仍非常坚定和忠诚，他们认为国王是大家的精神领袖，是一切仪式的关键，国王有权决定国君的承继、确认各诸侯国的称号等。管子的智慧已经通过参与诸侯国之间的贸易往来而变得非凡超群。③

① 庄延龄：《中国最早的哲学家——管子》，《曼彻斯特的埃及学及东方学协会会刊》，1918 年，第 27 页。

② 庄延龄：《中国最早的哲学家——管子》，《曼彻斯特的埃及学及东方学协会会刊》，1918 年，第 28 ~ 29 页。

③ 庄延龄：《中国最早的哲学家——管子》，《曼彻斯特的埃及学及东方学协会会刊》，1918 年，第 31 页。

对管子任相后所做的贡献和成就或“尊王攘夷”是如何使周王朝保持其统一的问题，庄延龄强调这都不是这篇论文的讨论内容，这篇论文更多关注中国的政治哲学是如何开始的、齐国的霸业是如何形成的、老子和孔子的思想与管子的思想是何关系以及老子思想和孔子思想相同的哲学来源是什么。庄延龄认为，“道”是管子、老子和孔子三位哲学家的思想基础，他们三位思想家所承认的精神传统都上承神秘的“古代圣王”或精神皇帝，但我们对古代圣王所知不多，无从把握。所以他逐卷分析了《管子》24 卷中道之为道的原则与方法，及其与老子和孔子思想的关联。

庄延龄指出，在《管子》第一卷中，管仲使用的语言与 150 年之后的老子的用语几乎一样，描述了家庭耕地、村庄、国家或帝国的管理之道：道是永久不变的，不是短暂易逝的；道是自然之道，必须是天人合一；对于统治者来说是必要的，对于被统治者来说也是如此。在第二卷中，管子讨论了道永恒不变的本质，道从一开始就形成了统治的指导原则：经过一个多世纪的实践，老子在这一点上做了自己的探索和思考，换言之，当“大道”变得衰败不堪时，诸如慈善、正义、知识和聪明等人为的观念都表现出人与人之间的不平等，或背离自然的恶念开始逐渐占据人心。庄延龄认为，《管子》第四卷中的个别整句有可能被后来的老子复制引用在其《道德经》中，也有可能正是管子的原句激发了老子写出《道德经》这本书。例如，“圣人”或天生的统治者基于他全部的品格和经验在自己的一言一行中总能保持道的指引；道是全能的，具有全方位的影响力；道是永恒不变的；道是天空中的太阳，如同人之心脏那么重要。法源于礼，而礼又源于治（秩序），礼加上秩序其实就是道，凡天道存在的地方必定会让没有天道的地方充满天道。庄延龄认为第五卷专门解释了道在公元前 1600 年是如何运作的。它表现在商王朝的创立者汤战胜了旧王朝的夏桀，汤之所以能够打败夏朝是因为他作为国王统治有道。“道”这个字意味着“正确的方式”或“正确的道路”，也可以用其“原路”的原始意义，意指“无为之道”。

庄延龄进一步分析说，《管子》一书的第六卷再次讨论这个道之为道的问题，君子可以以道养身、以道存世，而小人就要靠自己的劳动来养活自己。一个国家须臾不能离开道，一个人拥有了道，就可以带领人们心向大道，一同前进。能够团结人的人可以称皇，能够探测道的人可以称帝，熟悉德（即道的结果）的人是君王，拥有军事战略的人可以称霸、成为保护者。庄延龄认为所有这些都带有老子的风格以及军事家孙武和范蠡的痕迹。庄延龄认为在《管子》一书的第七卷中，管仲建议齐桓公要注意古代圣王的军事之道：明智的古代圣王从不考虑军事的对抗①；而在第八卷中，管仲解释说，真正好的统治者会在自己的身上体验道之精髓。庄延龄认为第十卷继续讲道和德的概念；第十一卷再次回到主题，说明道和德是如何在人身上体现，一个统治者的管理之道总是保持在各种规定（法）之中，而不会远离法之规定；第十二卷讨论了后来的诸子对管子的引用和借鉴。

庄延龄认为第十三卷显示了人心与九窍的隐喻关系或者王子与百官的关系。他们都不可避免地与道密切相关，因为道是静止不动而不含情感的，而万物的再生和成长依赖的是德，人类关系比如君主百官或父子的关系都有正义（义）、非正义之分，而他们的阶级区别在于所谓的仪式（礼）或宗教仪式的规定不同。他分析说，管子给这些概念所下的定义是十分重要的，150多年后，正如我们在讨论第二卷时所看到的那样，老子就谴责了孔子提炼出来的这两个要素——礼和义。

庄延龄在后面的几章中分析说，《管子》第十四卷阐述了大道如水的理论，第十五卷再次将道定义为自然的和谐，即如果统治者能够善于利用道，人们就无须费力和焦虑，因为所有的事情总能自行慢慢变化。法律（法）或法律管理是道的最高阶段的意义所在（治）。庄延龄认为第十七卷解释了另一个遵循“天之时”的必要性，并注意到每个季节被赋予的不同职责；第二十卷继续说明天地和季节从来不改变它们的道，正如弓箭手都有一个“正中靶心”的道之追求，所以统治者都要有一个“必须维护好公共秩序”的治理之道。

庄延龄在文章最后说《管子》的最后四卷（第21—24卷）从不同视角谈论了道的概念，但在论述上基本都是些重复的内容：人们的统治者、主人、国王、君主都被认为带有一定的神圣特征，他们的神性在理论上是道对他们的

---

① 庄延龄：《中国最早的哲学家——管子》，《曼彻斯特的埃及学及东方学协会会刊》，1918年，第34页。

引领；因而，君主应该遵循自然之道；君主代表亘古的天地之道，天地之道与四季密不可分。他说，虽然这里提出了“天下至道”的概念，却没有明晰的解释，即便到管仲之后的150年到200年，依然没有天下至道的文献记载，没有其规范的风格，没有其表达的逻辑方式，没有其相关的语法、韵律或词源。文章最后强调《管子》文献被整理和记录下来是极其可贵的，除了应该给予《管子》一书应有的尊敬，也应对公元前7世纪的中国智力和国家管理能力给予应有的尊敬。

综上，庄延龄对古代中国的第一位哲学家管子及《管子》一书做了介绍，并分析了古代中国的君臣之道，概述了自己对《管子》一书基本思想的理解，虽然论述多是对《管子》文本内容的阐释以及对中国古代三位哲学家思想基础根源的考察，但为管子的早期境外传播做出了贡献。

第三节　英国汉学家庄延龄的《诸夏原来》

《诸夏原来》(*Ancient China Simplified*)①是庄延龄于1908年出版的中国历史著作。这一著作也多有对管子其人和《管子》一书的介绍。但国内学者对此文献关注极少，笔者感觉此书多次提及管子，远比一些泛泛而论的文献有价值。

《诸夏原来》全书共有47章，其中的第八章“春秋首霸”、第十章“春秋第二霸”、第十四章“春秋诸霸”、第十五章“诸侯往来”、第十六章“土地与人民”、第十八章“盟约与盟誓”等直接论及管仲的多达24处，全书提及管子的多达32处。庄延龄在书中对管子的政治、军事、经济和哲学思想都有论述。例如，在第八章“春秋首霸”中，庄延龄论及齐桓公拜管仲为相，显示了齐桓公的宽宏大量与非凡的政治远见；并简短地介绍了管仲的身世：管仲原为周朝王室姬姓，以哲学家扬名于世，其著作多保存在《管子》一书中，可与后来的孔子相媲美，集作家、政治家、经济学家于一身。② 庄延龄在第十章中提及齐桓公在宰相管仲去世后不久即公元前643年悲惨离世。在第十四章“春

① 庄延龄：《诸夏原来》，查普曼和豪尔出版社1908年版。

② 庄延龄：《诸夏原来》，查普曼和豪尔出版社1908年版，第40页。

秋诸霸”中，庄延龄说，管仲使齐国的经济发展到了前所未有的高度，使齐国国力达到强盛，并称管仲是古代中国著名的经济学家、政治家和哲学家。在第十五章中，庄延龄把管仲列为齐国著名的政治家和经济学家。他认为在某种意义上讲，管仲是中国经济学的创始人，自公元前643年之后，中国作家谈论政治经济时必引《管子》一书的思想，宛如欧洲哲学家谈哲学必引培根之言。在谈论晏子时，庄延龄也多次把晏子与管仲相提并论，称二人都是出色的行政管理官员、哲学家、经济学家、作家和政治家。庄延龄提及管子的军事思想，说齐国当时坐拥军队三万人，但又不轻易用兵，军队只用来对其他诸侯国形成震慑力，使其遵守盟约。① 在第十八章“盟约与盟誓”中，庄延龄提及管仲敦促齐桓公遵守与盟国的盟约，尽管制定盟约的时候带有勉强之意。

要之，庄延龄在《诸夏原来》一书中介绍中国古代史时，对管子的为政思想、经济思想和哲学思想都做了简单介绍，对西方读者了解管子其人和《管子》一书有启蒙之作用。

综上，与对管子的研究一样，英国的汉学研究在20世纪20—30年代之前还没有形成一定的规模，尽管牛津大学和剑桥大学于1875年和1888年分别设立了汉学讲座教授，但也仅仅是在英国学院派学术中争得一席之地，汉学研究仍然没有形成传统并进入英国学术的视野。② 对于管子的研究来说，这一阶段在英国从事汉学研究的多是具有传教士和外交官背景的人员，大多是孤军奋战，难成体系，研究的话题也没有连续性。但是，这一时期的英国汉学总体上来看已经具有了以下五个特征：一是通过传教和外交的途径，汉学研究的范围和深度都得到了进一步拓展；二是诞生了真正意义上的汉学家；三是汉学研究开始出现纯学术的风气；四是初步建立了专业的汉学研究机构，开设了汉学讲座；五是中文藏书的数量有了较大幅度的增加。③ 在管子研究方面，理雅各、艾约瑟、花之安、高延等传教士大多泛泛而谈，一笔

① 庄延龄：《诸夏原来》，查普曼和豪尔出版社1908年版，第79页。

② 朱玉麒：《古斯塔夫·哈隆与剑桥汉学》，见《国际汉学研究通讯》第三辑，北京大学出版社2011年版。

③ 张西平主编：《西方汉学十六讲》，外语教学与研究出版社2011年版，第245～256页。

带过，没有留下专门的研究文章。而庄延龄对管子的研究相对来说比较深入，在其著作中屡屡提及管子，并撰有较长篇幅的相关研究论文；与前引各位相比，在管子研究的深度方面，庄延龄有较大进步。我们对此要加以区别，不能混为一谈。要言之，庄延龄的《中国最早的哲学家——管子》和《2500年前的"普鲁士"文化》应该称得上是管子境外研究方面的开篇之作。

第二章　20世纪上半期的欧美管子研究

在20世纪20年代至50年代期间,继庄延龄之后,欧美国家陆续出现了一批研究管子的学者,如法国汉学家马伯乐(Henri Maspero)、德裔英国汉学家哈隆、英籍汉学家林仰山(Frederick Seguier Drake)、英国汉学家龙彼得(Piet van der Loon)、英国科技史学家李约瑟(Joseph T. M. Needham)、美国经济学家刘易斯·马斐里克(Lewis Maverick)、美国意象派诗人庞德(Ezra Pound)、苏联汉学家维克多·史太因(Viktor M. Shteyn)等。下面我们就其成果略做介绍。

第一节　法国汉学家马伯乐和德裔英国汉学家哈隆的管子研究

1927年,法国著名汉学家马伯乐(又译为亨利·马斯伯乐,Henri Maspero,1883—1945)出版了他的《古代中国》(*La Chine Antique*)①。马伯乐的父亲是著名埃及学家加斯顿·卡米尔·查理·马斯伯乐②。马伯乐自幼立志研究汉学,曾就学于巴黎东方语言学校,研习汉文及东方语言,师承汉学名家沙畹(Émmanuel-Édouard Chavannes)。他于1911年任法兰西远东学院

① Annales du Musée Guimet. Bibliothèque d'études, tome LXXXI. PUF, première édition 1927.

② 加斯顿·卡米尔·查理·马斯伯乐(Gasto Camill Charles Maspero),1846年6月23日出生于巴黎,法国的埃及学家,创建了开罗的法国东方考古学院,并任开罗博物馆馆长。他著有《埃及考古学》《古代埃及民间传说》《埃及和亚述史讲义》《埃及艺术》以及三卷本的《东方人民古代史》等。

(河内)教授,课余研究越南语文史地,著有《安南音韵研究》和《占城王国考》,名噪一时。马伯乐于1920年起主持法兰西学院汉学讲座,1926年兼任巴黎大学高等中国研究所教授,1928年赴日本研究和学,1935年当选为法兰西金石文艺院院士,1944年当选为该院院长。1944年,马伯乐因其子从事反德活动被捕,于集中营病故。他一生著述甚丰,涉猎的领域极广,其汉学主要代表作为《古代中国》。该书讲述了公元前12世纪至公元前221年统一前的早期中国史,涉及早期历史中的社会和政治制度、宗教信仰和神话以及文学和哲学学派的发展等各个方面,多有独到见解。该书于1978年由弗兰克·科尔曼(Frank A. Kierman Jr.)译成英语,并在威廉·道森父子出版社(William Dawson and Sons, Ltd)出版。

在《古代中国》这本书中,马伯乐说刘向编辑的《管子》后来遗失了,如今的《管子》完全是近代的伪作,古代的部分则已散没在4世纪、5世纪时写成的篇章中了。① 为了支持自己的论点,马伯乐列出了三个论据:(一)《管子·法禁》篇引述了伪作的《尚书·泰誓》篇,后者是公元3世纪的伪作;(二)《管子·大匡》篇照抄了《左传》,甚至保留了鲁国的纪年;(三)他根据张守节《史记正义》对《史记》的介绍,写道:"《七略》说:'十八篇的《管子》属于法家。'"马伯乐由此得出结论,既然《七略》记载《管子》仅有18个部分,所以现今所谓刘向序一定是伪作,而且《全汉书》中86篇的解释一定是后来添加的字句。

1929年,瑞典学者高本汉(Bernhard Karlgren)对马伯乐的前两个论据进行了反驳。他在其《中国古代书籍的可信性》一文中指出:《管子·法禁》篇中的段落并非完全与《尚书·泰誓》伪作中的段落相同,它与"泰誓"有不同之处,与《左传·昭公二十四年》中另一类似的段落相仿。通过对这三处段落的比较,高本汉认为这并非是《管子》中的段落基于《尚书·泰誓》,实际上是《尚书·泰誓》的伪作者在成文时既借鉴了《管子》又借鉴了《左传》。针对马伯乐的第二个论据,高本汉指出,即使《管子》的确引用了《左传》,那

① 见弗兰克·A·基尔曼的英文译文《古代中国》,阿姆赫斯特编,马萨诸塞大学出版社1978年版,第359~360页。马伯乐对古斯塔夫·哈隆的阐述观点请参阅《中国人是从何时起知道图恰人或印度日耳曼人的?》,《亚洲杂志》210卷,1927年,第144~152页。

也仅说明了《管子》是在《左传》之后写成的而已，这与《管子》是后汉伪作无关。①

对于马伯乐的上述观点，美国汉学家李克（W. Allyn Rickett）指出，作为一名学者，在管子研究这一领域里，马伯乐凭借自己的学术声誉把自己对《管子》的错误看法一直延续到60年代，而大多数西方学者在此期间都倾向于以怀疑的眼光看待《管子》这一中国典籍。尽管如此，一些学者还是开始了对《管子》的翻译工作。这些学者中非常有名的一位便是剑桥大学的德裔汉学家哈隆教授。

德裔英国汉学家哈隆教授（又译为古斯塔夫·哈洛恩，1898—1951）于1933年完成了他关于《管子》的第一篇翻译文章《弟子职——早期儒家片断I》，刊于《泰东》（又译为《亚细亚学报》）②。1951年，他又发表了《法家片断第一部分:〈管子〉的第55篇及相关文献》，刊于《泰东》③。《管子》的第55篇就是《管子·九守》篇。哈隆教授在其文章中指出管子的核心思想源于稷下学宫。据了解，哈隆的《管子》的其他译文手稿现保存在剑桥大学的图书馆中，至今还没有出版。后来，李约瑟在编写《中国科学技术史》时，曾论及《管子》的道教思想，其间，他就参考了哈隆的《管子》译文。据李约瑟考证，哈隆的《管子》译文质量较高，具有不同寻常的学术价值。

据杜希德回忆，当年哈隆给他们上课时，曾经详细讲解过《管子》中的《内业》《心术上》《心术下》等篇。杜希德详细记录了当时哈隆课上讲解的《管子》译文。而这些译文记录又成了其学生王安国（Jeffrey Kenneth Riegel）在撰写《礼记》相关研究时的重要参考资料。王安国认为，哈隆的《管子》讲解不仅仅是英语译文，更重要的是哈隆还偏重于分析《管子》的内容、探讨它与儒家及其他诸子百家的关系。

在《法家片断第一部分:〈管子〉的第55篇及相关文献》一文中，哈隆对《管子》的第55篇《九守》、《鬼谷子·符言》、《六韬·文韬·大礼》进行了对

---

① 《远东古代博物馆公报》，1，1929年，第173～176页；又见李克《管子研究在西方》，《管子学刊》1989年第2期，第73～74页。

② "Das Ti－Tsi－Tsi Fragment II", *Asia Major*, 1933(9), pp. 467－502.

③ "Legalist Fragments: Part I: Guan-tsi 55 and Related Texts", *Asia Major* (n. s. 2, pt. 1): 85－120.

比分析。后来哈隆又对《邓析子》等其他文献中的相关段落进行了对比分析。哈隆指出，相对于《六韬》而言，《管子》《鬼谷子》里的上述篇章在内容上比较相近，但三者都存在着严重的版本腐烂现象。它们最为明显的共同特征是：《九守》第一节的第5行和第6行的换位移调以及与第4行的混淆，第5节意思不完整，第6节第6行和第7行、第7节第3行、第8节第3行到第7行、第9节第4行和第5行的不同注释，第9节结尾部分缺失等。由此可见，三者源于同一个质量不高的版本，只不过后来的流传使其各有差异。

哈隆认为，上述三者很可能源于《管子》的早期版本。在汉代，《九守》篇已经成了《管子》的一部分，并有尹知章作注，此时的《管子》应该就是刘向整理后的版本了。哈隆还详细论述了《鬼谷子·符言》所载并不是其内容的源头所在。至于《九守》篇与《六韬》《淮南子》《吕氏春秋》《文子》《国语》《韩非子》《申子》等的联系，哈隆做了细致而翔实的分析。由于《九守》这篇法家文本的作者及其原有标题业已失传，所以《管子》《鬼谷子》里的相应引文就暂时成了原文的替代品。鉴于《管子·九守》篇和《鬼谷子·符言》中的内容及排列基本一致，哈隆认为，除第5节没有标题，其他各节的标题与其内容都十分相配，二者引文的排序也都非常符合逻辑，二者应该引自同一文献；比较而言，《六韬》中的相关引文顺序不一，所引文献应该是二手文献。引文顺序错乱可能是书简错置所致。

在细数每节内容的字数时，哈隆认为，每节的字数32字到42字或44字不等，从而可以看出当时所刻的书简有长有短，顺序错置极易发生，进而才有了《管子》《鬼谷子》《六韬》呈现的不同文字。有例证表明，在转录到纸本上之后，早期的引文排列格式是竖排格式。

最后，哈隆谈及了文字内容的韵律问题。他认为引文内容的押韵有利于记忆，便于说教；内容结构紧凑，风格简要，含义丰富。但他同时也强调，一旦发生错排或漏字，就会造成理解上的困难。哈隆的推测是，依据其简洁的行文风格，引文的原貌形式之中，应该会配有相应的注释解文；引文的内容范围涵盖了法家理论的全貌，鉴于行文内容的简洁以及行文之间的交互连接，我们很难把它从内容上再细分为法家或道家，尽管从本质上而言，其内容也有道家的无为思想，但是无为思想也是从早期的法家发源而来，渐而成为约束统治者的制度保障,这与本文所讨论的《九守》篇的内容有法家特征也没有任何冲突。

哈隆还罗列了本论文的参考文献及其版本信息,并用英语翻译了《九守》篇。在翻译时,他还分析了《九守》篇与其他文献文本内容的关联,使读者对《九守》篇的内容与其他文献的关系有了更深的了解与把握。

第二节 英籍汉学家林仰山和英国汉学家龙彼得的管子研究

据美国汉学家李克所言①,1939年,英国出版商阿瑟·普劳勃斯坦(Arthur Probsthain)宣布将有《管子》的译文出现,而译者就是任教于山东齐鲁大学的林仰山②教授。1952年,英国汉学家林仰山成为香港大学中文系讲座教授兼系主任。可是,或许是第二次世界大战爆发的缘故,该译本一直没有出版,相关《管子》书的译文信息也遍寻不见。但是,林仰山教授关于《管子·水地》篇和《管子·四时》篇的部分英语译文被收录在《古典时期的中国哲学》一书中。该书由英国汉学家休斯③于1942年在伦敦的J. M. 邓特父子有限公司出版,广为流行。上述《管子》的两篇译文详见该书第215~220页。

1952年,剑桥大学著名汉学家龙彼得(又译为皮特·梵·德·龙、范德

① 李克:《管子研究在西方》,《管子学刊》1989年第2期,第74页。

② 林仰山(Frederick Seguier Drake,1892—1974),英籍汉学家,1892年出生于山东,从小受中国文化的熏陶,稍长返英国上学,先后肄业于伊顿书院和伦敦大学,专治神学、地理学和东方学。1924年至1926年任教于山东齐鲁大学文理学院,1930年至1951年任该校神学院院长,喜欢研究中国哲学、宗教、考古等。他著有《教会史》三卷(1940年、1947年)、《唐代之景教文献》(1935年)、《山东黄石崖之元魏雕刻》(1936年)、《山东临淄之汉代石辛庄商代遗址之寻访》(1939年)、《山东古代之陶器》(1940年)等。他于1952年夏天受邀担任香港大学中文学系讲座教授兼系主任,并于1952年成立东方文化研究院,并自任院长。林仰山教授在1953年创办了学术刊物《东方文化》,并亲任主编。另请参阅香港大学中文学院简史及罗香林的《林仰山教授与中国学术文化的关系》,《大成》第16期,第2~16页。

③ 休斯(E. R. Hughes),英国汉学家,英国牛津大学中国宗教与哲学副教授,曾于1911年来华传教,在华生活长达23年,回国后,在牛津大学担任教职。休斯著有《西方世界入侵下的中国》和《古典时期的中国哲学》。

隆、罗恩，Piet van der Loon，1920—2002）在其《论〈管子〉的版本传播》（*On the Transmission of the Kuan-tzu*）①一文中，对马伯乐的论点进行了卓有成效的探讨。

龙彼得是荷兰籍英国汉学家，1920年出生于荷兰，1940—1947年就读于荷兰莱顿大学中文系，后赴剑桥大学求学，师从著名汉学家哈隆教授，1948年留校任助教，1949年升任汉学讲师，1972年转任牛津大学讲座教授，1982年荣任欧洲汉学协会会长，2002年因病去世。龙彼得的学术兴趣十分广泛，对中国传统戏曲、民俗、宗教、文学乃至闽南方言都有着浓厚的兴趣，并取得了令人瞩目的研究成果。同时，他还系统整理了欧洲图书馆的所有中文藏书。龙彼得的学术贡献是多方面的。他不仅是享誉欧洲的汉学家，而且还是剑桥大学图书馆的名誉馆员、日本道教学会理事、法兰西亚洲学会名誉会员。②

在管子研究方面，龙彼得于1952年在《通报》上发表了《论〈管子〉一书的流传》一文。龙彼得在该文中对《管子》一书的成书、流传及版本进行了具体考证，对法国汉学家马伯乐（Henri Maspero）在其《古代中国》一书中提出的“根据唐代学者张守节《史记正义》的介绍，《管子》一书仅有十八篇”的观点进行了认真的探讨。龙彼得认为张守节提到的刘歆的《七略》实际上是梁代阮孝绪（479—536）的《七录》之误读；《七录》是阮孝绪提供的一个书目概要，曾被张守节多次引用，有时《七录》会被误写成《七略》；而且《管子》十八“篇”版本显然是《管子》十八“卷”本的误读，是“合篇为卷”所致，因为《隋书》及《旧唐书》《新唐书》都是称“卷”不称“篇”，而“卷”是隋唐文献对《管子》最为常见的划分单位。③

另外，龙彼得于1958年在自己参与编撰的《汉学文献汇编》（*Revue Bibliographique De Sinologie*）上撰写了几则关于管子学的书评。一是评价容肇

---

①　参见《通报》，II，41，1952年，第357～393页。

②　陈彬强：《龙彼得对中国古籍整理研究贡献探析》，《图书馆工作与研究》总第229期，第92页。

③　巩曰国：《〈管子〉版本述略》，《管子学刊》2002年第3期，第12页；另参见陈书仪《齐文化研究在国外》，见《齐文化丛书12　资料汇编　外国文学卷》，齐鲁书社1997年版，第7页，略有改动。

祖(Chao-tsu Jung)《驳马非百〈关于管子轻重篇的著作年代问题〉》的书评。龙彼得在该书评中指出,《史记》曾反复提及《管子·轻重》篇,其中所描述的经济政策在其他战国文献中也得以证实,这说明《管子·轻重》篇明显不同于备受争议的《盐铁论》。龙彼得指出,《管子》文本中提及的王莽改制的证据实乃误解所致,也充分显示了对相关史料的无知。龙彼得指出,我们无法假定《管子》一书的内容自刘向修订之后仍会出现较大的变化;《管子·轻重》篇出自多人之手,而其成文年代应在汉文帝之前。二是评价王叔岷《诸子斠证》中之《管子斠证》的书评。《管子斠证》是对《管子》文本的注释。作者比较了不同版本间的文本差异,并提供了其他早期作品中的平行文本作为参照;文章所述不太系统,却提供了具有原创性的设想。三是评价夏纬瑛《〈管子·地员〉篇校释》的书评。龙彼得指出,此文是对《管子·地员》篇的新注释,是对《管子·地员》篇的科学解释,但其哲学思辨力尚待提高;《管子·地员》篇是关于中国农业最为古老的文献著作。他在文中指出《管子·地员》篇系统论述了中国处在不同纬度的土地的特征,并指出地下井的水深和土壤的肥沃与贫瘠是中国农牧业的重要影响因子。文章最后附录有《管子·地员》篇成文年代的考证。龙彼得指出,尽管《管子·地员》篇有五行思想,但此篇成文应在秦统一之前,因为文中所述的自然环境与陕西的黄土地特征不符。

龙彼得于1959年、1961年又分别在《汉学文献(汇编)》上刊登了几则书评。一是评价町田三郎《管子·幼官考》的书评(1959年第5卷,第397页)。评论仅有两句话:《管子·幼官》(或《玄宫》)是《管子》第八篇;《管子·幼官》的成文年代要早于《吕氏春秋》中的历书。二是评价町田三郎《关于〈管子〉四篇》的书评(1961年第7卷,第310页)。龙彼得指出,《管子》四篇与现行的宋钘、尹文说没有任何关系,《管子》四篇中的道家思想与老庄思想无关,但与公元前3世纪末的道家思想有关联。

《汉学文献(汇编)》是龙彼得参与编辑的摘要式汉学书目文献汇编。该文献每年编写一册,把过去一年来发表的汉学文献以摘要的形式汇集起来。它收录的范围是专著、期刊论文,但不收录报纸、杂志以及流行小册子里的文章;收录的主题涵盖人文、社科以及科技历史等。该书还收录了1644

年之前孤本图书的影印本信息,但仅限于描述其版本信息。该文献汇编在欧美汉学界占有十分重要的学术地位,因为它将世界各处的汉学家及学者有效地联系在一起,该文献也成为学界必不可少的治学利器。龙彼得用词极为简洁,仅用三言两语就清楚交代了文献的情况,专著摘要多则也不过250字,论文不过150字,而多数文献摘要不超过40字。该文献汇编以英语和法语为主,其中的汉语拼音一律采用威妥玛拼音法。

以龙彼得为主的这一代英国汉学家们以西方为模版建立了欧美汉学界对中国文化的系统认识,同时也将新的研究视角带入了传统的中国研究,成为改革开放后对中国本土文史研究带来启发的一批较早的作品。下面我们对龙彼得的《论〈管子〉一书的版本流传》一文进行详细介绍。

龙彼得在论文开篇就指出,研究《管子》的国内外学者都致力于研究其成书背景,而不太关注其版本流传的历程。罗根泽在《管子探源》中依次对《管子》各篇进行了分析。他根据各篇文本内在的关系来推测其成文年代。人们往往对作者的身份与《管子》其书的内容同质性问题产生疑问。罗根泽在其专著中系统地解答了人们的这一疑惑。尽管罗根泽得出的结论只是暂时的,但他积极对《管子》文本各篇进行独立研究。哈隆教授运用了同样的方法,发表了关于《管子·弟子职》篇和《管子·九守》篇的研究论文。然而,在考证《管子》各篇的成书年代上,龙彼得认为研究者如何谨慎都不为过。现今《管子》其书或许受到语言变体的影响,以致各篇风格迥异。罗根泽对此考虑得还不太充分。例如,他对《管子·小匡》篇进行了探讨,认为此篇有可能成书于汉朝初期,原因是篇中的"恒"被"常"代替,从而避汉文帝的名讳。然而,贾公彦(约650年)的《周礼义疏》引用《管子》其书,言"常"读为"恒"。这很可能是因为避唐穆宗的名讳,才有了今天的读法。

马伯乐认为目前的《管子》一书是4世纪、5世纪时产生的伪作。在受到瑞典汉学家高本汉的质疑时,马伯乐又重申了他的论点。他认为《管子·法禁》篇和《管子·大匡》篇具有内在的文本互证关系。龙彼得分析,即使书中有一两处地方能够证明马伯乐的观点,但整体而言,不足以说明马伯乐的观点是正确的;而马伯乐的第三个论据基于《史记正义》,很容易反驳。

龙彼得没有在文中讨论《管子》各篇的内容及其成文年代,只是提供足够的书目资料以阐述现有《管子》版本的来龙去脉。龙彼得指出,因为欧洲图书馆的相关资源十分有限,他对这一主题没有进行过特别的研究,因此,他对《管子》版本的探讨基本上算是一次大胆的尝试。

龙彼得认为,我们称之为《管子》一书的现存版本始于刘向的文献整理活动。刘向审校文献并不局限于皇家藏书。他还充分利用皇宫外的其他官方藏书,甚至拿私人藏书进行版本比较。因此,在很多情况下,他利用《管子》的几个版本来完善自己的校本。他发现零散的《管子》卷本源于同一版本或传说由同一位作者所写,但是它们并没有汇集在一起以整本的形式流传,而是以零散卷本的形式流传下来。因此,他把搜集到的所有版本都做了整理,并编写了内容清单。《管子》是现存的少数文献之一,可惜其目录业已丢失。

在刘向编辑《管子》之前,《管子》一书并没有形成定本。这也部分解释了当前的《管子》版本为何有如此多样的篇目。或者可能存在托名管仲的公认版本,也可能存在《管子》的一些散篇。无论如何,《史记》提到的篇章已展示了《管子》的多元化主题,在一两个世纪的流传过程中,许多思想学派都在管仲思想的基础上创立了自己的思想学说。《韩非子》和《史记》都反映出管仲的著作广为人知,这一点可以从刘向搜集到的大量《管子》复本中得到证实。

龙彼得认为,我们不应怀疑《管子》现存版本中的各篇名称就是原有的篇名。当然这并不意味着它们的内容也保持不变。刘向很可能还负责将《管子》各篇编排为经言、外言等。龙彼得说,尽管之后500年以来的各种文献都有《管子》的许多引文和参考内容,但我们没有找到《管子》的整本文献信息,因为在那段时间内,所有编辑的目录都已经丢失。6世纪上半叶梁朝以来的《管子》版本信息是我们能够获得的关于《管子》卷数的最早陈述。张守节的《史记正义》通过列举法家笔下的《管子》18篇而引用了《七略》。正是这个引文使马伯乐相信现在的文本根本不是刘歆编写的那个文本。然而,张守节的其他引文都清楚地表明,他所引用的这个文献不是刘歆的《七略》,而是阮孝绪的《七录》。因为这里的“篇”字,我们应该读作“卷”。庾仲容编写的《子钞》摘抄过《管子》的文本,也是18卷,这从而也证实了马伯乐在文中所指是阮氏的《七录》而不是刘歆的《七略》。

根据《隋书》所记的文献书目显示，隋朝的皇家图书馆藏有一本19卷的《管子》抄写本。与梁朝的《管子》文本相比，隋朝这本《管子》的篇目只有一卷不同，这一区别意味着隋朝的《管子》文本应不可能被重新编排过。龙彼得指出，除非通过插入评注的方式来修订文本内容，否则，官方收藏的古典文献的卷数划分还是相对稳定的。更有可能的是，刘向修订《管子》的编后记内容被作为最后一卷附加到《管子》一书中，而在其他的版本中，刘向的这篇编后记又单独成卷。然而，这也很可能就是再次出现在唐宋期间的18卷《管子》手抄本。《管子》亦被收录在毋煚编校的《古今书录》中。《古今书录》的参考书目已遗失，但是描述《管子》卷数及其卷目标题的总述被收录在《旧唐书》中，很可能是通过韦述的《国史》保存下来的。虽然这种关系使我们能够对《旧唐书》提到的18卷《管子》文本得出明确的结论，但当《新唐书》提到《管子》有19卷时，我们很难从《新唐书》中追溯到《管子》的源头。因为无从得知《新唐书》所用参考资料的出处，因此，它的价值也就没有受到应有的重视。

人们在日本发现了一本《管子》20卷的手抄稿。该手稿被收录在日本学者藤原佐世编写的官方目录《日本国见在书目录》(约898年)中。关于它与传统的《管子》卷数有差别的原因，最好的解释就是，流传到日本的《管子》版本，像其他文献版本一样，并不是当时官方审定的版本，所以也就达不到官方所要求的版本标准。18卷《管子》版本在唐朝后半期动荡的社会中幸存下来，其中一个抄本被收录在宋朝的《崇文总目》中，此书又于1042年呈交给皇帝。这个《管子》版本显然也包含了刘向的那篇编后记。

对于《管子》的注解本，龙彼得说《吴氏西斋书目》曾被《崇文总目》引用，称尹知章的《管子》注解版共有30卷。据查，1042年时，《管子》只有19卷本，而其他11卷显然已丢失。然而，对于注解是否真的出自尹知章之手似乎还存在疑问，除了18卷本《管子》和不完整的19卷注解本《管子》，《崇文总目》的编者还列出了两卷本的《管氏指略》，其中包含杜佑注解的《管子》10篇的摘录。杜佑的注解显然与19卷本《管子》的注解一致，但是根据杜佑的前言所述，其中的注解又是由房玄龄所写。但19卷本《管子》含有注解者本人的序言或版权页的题名,这本身就很少见,这让注解者的身份变得十分可疑。

龙彼得认为,流传到我们手中的《管子》一书,其篇目与上述任何版本都有不同。自 1152 年以来,《管子》一书的印刷版本被编为 24 卷,并将房玄龄列为《管子》的注解者。龙彼得说,我们手中的这本《管子》文本与《崇文总目》收录的《管子》文本之间到底是何关系,目前尚未有令人满意的解释。有学者认为我们现有的《管子》文本与尹知章的 19 卷《管子》注解版本没有任何关系,因为这一注解的版本在南宋时就已不存在了。不可否认的是,19 卷的《管子》版本没有被收录在北宋灭亡之后的任何文献目录中,但同样可以确定的是我们在北宋灭亡之前也没有发现关于 24 卷本《管子》的文献记录。此外,没有证据表明《管氏指略》中的注解及其署名为房玄龄的信息,与 19 卷《管子》版本的注解不是出自同一人之手。因此,他说,无论《管子》的作者是谁,但只有一种注解本是众人所知的;我们也可假定,我们手中的《管子》印本与 11 世纪的《管子》注解本(其文本并不完整)密切相关。

但是,其他多出来的 5 卷又是从哪里来的呢?猪饲彦博认为,《管子》注解版本遗失的 11 卷在宋朝灭亡之前又再次出现,但这 11 卷被编成了 5 卷。孙星衍注意到最后几卷的连续注解相对较少,而且这些零星注解的流传方式极不规律。有的整篇都没有任何注解,而且在其他的篇目中,有注解的部分也有突然中断的情况。这些注解看起来好像只是一些注解的片段,或者是从其他地方摘录而来的。幸运的是,我们能够证明这些注解确实是后来被人插录进《管子》文本中的。我们讨论的这些注解和它们所属的《管子》的段落都能够在 801 年杜佑呈交给皇帝的《通典》中找到。

龙彼得指出,《通典》也引用了《管子》19 卷本中的部分章节。《管子》19 卷本中的引文与我们现存的《管子》文本中的注解完全相同。然而,不可思议的是,他所引述的《管子》文本又包含《管子》最后章节中的这种零星注解。我们稍加研究上述引文便会发现,杜佑有时仅复制了某一段落的一部分,并且现有《管子》文本中的注解又仅限于他所复制的那一部分。在某些情况下,《通典》有比原文更多的注解,但我们从来没有发现《通典》中引用的原文比注解要多。因此,龙彼得得出结论说:《管子》最后 5 卷的所有注解都是从杜佑的引言中复制来的。

他说，如果我们把这一论点再推进一步的话，我们不禁要做出如下假设：当时的《管子》注解版本在杜佑时期要比现在的《管子》版本更加完整，而《管子》后面的章节所附加的零星注解通过杜佑的引用被保存流传下来。

回到现有《管子》版本中的最后5卷，它们并不是《管子》原始注释版的部分，而关于它们的评注也是后来被人插到杜佑摘录的《管子》文本中的，所以龙彼得认为，这些转录的《管子》最后5卷代表了18卷中未注释版本的最后5卷，其复本也被收录在《崇文总目》中。因此，现有的《管子》印刷版本可追溯到以下三个来源：未被完全注释的19卷《管子》文本、没有评论的18卷《管子》文本以及杜佑的《管子》评注。现存的《管子》版本应该是汇集了三者之后的版本。

24卷新版本的出版日期大约是什么时候呢？龙彼得说，在1127年之前，没有迹象表明24卷本《管子》曾被官方收藏过。我们也没有办法核实现代的私人藏书中是否有24卷本《管子》，很多私人藏书的目录也已全部丢失。最早记录《管子》一书的私人藏书目录是晁公武所做的《郡斋读书志》，其序言写于1151年。稍后，姚应绩又对这一文献目录做了修订和增补，但他们描述的《管子》版本完全不同。晁公武记录的《管子》版本是18卷本《管子》。这一版本很自然地被认为与《崇文总目》列出的未被注释的《管子》有关。这是我们所能见到的最后一次提到18卷本《管子》的文献。而姚应绩的修订版本讨论的是24卷本《管子》。龙彼得推测，这很可能是一个印刷版本，因为24卷本《管子》是1152年印刷的。更早提及另一个24卷本《管子》的是郑樵的《通志》。《通志》成书于1161年。不幸的是，我们不知道郑樵《通志》所录这个条目的最终来源。

两宋期间的《管子》印本中有一篇题为《读管子》的文献，这篇文献乃张嵲所作。龙彼得指出，他个人特别感兴趣的是张嵲的陈述，张嵲一直在寻找《管子》的抄本。张嵲自1135年9月至1138年10月在秘书省担任各种职务，其中的一些工作就是负责收集和存储图书。这说明当时的官方藏书中并没有任何《管子》的单行本。直到1139年，张嵲说自己找到了一本《管子》的抄本，但张嵲找到的这个版本是一个非常糟糕的抄本。所以张嵲不得不做出许多校订。然而,很明显,张嵲并没有梳理清楚《管子》的不同抄本与24卷本《管子》是如何融合的,因为他只研究了其中一份《管子》,并对其评注者的身份表示怀疑。1152年的《管子》印刷本中已有张嵲的版权页,因此这本书也肯定是基于他自己审校的《管子》手抄本。龙彼得推断张嵲在1139年发现的《管子》抄本就已有我们目前所拥有的《管子》24卷的内容了。很有可能这是一个印刷版,但究竟是谁首先将不同的《管子》版本编撰为24卷的?这个问题的答案有待揭晓。在1042年到1127年之间,他必须是有机会获取官方藏书的学者吗?私人收藏的这个《管子》版本与《崇文总目》描述的《管子》抄本有无关联?如果说两者有关联,那么24卷本《管子》又是何时何地被人编撰融合的呢?龙彼得相信,未来的研究者也许会更清楚地探究这个问题。

第三节　英国科技史学家李约瑟的管子研究

《管子》的《水地》全篇及《九守》《心术下》《内业》《形势》《七法》《五行》的部分英语译文也曾出现在李约瑟的《中国科学技术史》第二卷[①]中。李约瑟对《管子》书中的中国古代科学思想的探讨值得学界给予更多的关注。李约瑟先生说,其中的英语译文参考了剑桥大学汉学家哈隆教授的《管子》译文、美国南伊利诺斯大学经济学教授刘易斯·马斐里克和中国留学生谭伯虎(T' an Po-fu)、闻恭文(Wen Kung-wen)编译的《古代中国的经济对话:〈管子〉选译》的英语译文。

李约瑟(又译为约瑟夫·尼汉姆,Joseph Terence Montgomery Needham,1900—1995),伦敦人,父亲是医生,母亲是音乐教师。李约瑟在剑桥大学完成了自己的所有学位课程,先后于1921年、1925年1月、1925年10月获得生物化学专业的学士、硕士、博士学位。李约瑟是中国科学院外籍院士、英国李约瑟研究所所长、英国皇家学会会员、英国科学院院士,并获英国女王授予的荣誉勋爵称号。李约瑟也是英国近代生物化学家和科技史专家,所

① 李约瑟:《中国科学技术史》第二卷《科学思想史》,科学出版社、上海古籍出版社1990年版。

著《中国科学技术史》(*Science and Civilisation in China*)对现代中西文化交流影响深远。

李约瑟的《中国科学技术史》是多卷本,自 1954 年开始陆续出版。李约瑟关于中国科技停滞的思考,也就是著名的"李约瑟难题",曾引发世界各国的关注和讨论。李约瑟对中国的文化、科技都进行了极为重要的研究。他也被称为"中国人民的老朋友"。中国享誉世界的"四大发明"中的三项都是由李约瑟提出的。

李约瑟对中国科学技术的研究离不开剑桥大学三位生物化学博士生的帮助和鼓励。他们是来自中国的留学生沈诗章、王应睐和鲁桂珍。另外,李约瑟还跟随剑桥大学著名汉学家古斯塔夫·哈隆教授一起研读中国古代典籍《管子》,并学会了阅读中国文言文。如前所述,自哈隆担任汉学教授以来,他就开始指导李约瑟深入学习中国的文字和思想:"从那时直到第二次世界大战开始,我一直继续学习中国的文字和思想,而且非常荣幸地得到了著名汉学家古斯塔夫·哈隆(Gustav Haloun)的指导。他从 1938 年以来便一直主持剑桥大学的中文讲座。当时他的工作没有后来那么繁忙,还能在规定的几个下午,接待我这样一个在濛濛细雨中骑车到西奇威克大街去拜访他的科学家。他同我一起学习《管子》一书,并通过这一学习使我体会到阅读中国古籍的艰难。他对我的这些多种方式的帮助,一直持续到 1951 年底他逝世的时候。"①在纪念李约瑟八十寿辰的《中国科技史探索》一书收录的《李约瑟的前半生》一文中,鲁桂珍也提到了哈隆指导李约瑟学习《管子》一书的情境:"我们帮助他开始学习中文。当时我们很奇怪,一个外国人竟会突然把一本中文词典当作是天下第一奇书……真正对他有帮助的是当时剑桥的汉语教授捷克学者古斯塔夫·哈隆(Gustav Haloun),他看到一个年近四十、正在积极工作的科学家决心要学习汉语,认为在这特殊情况下,一般的教学方法是不行的,因为时间不容许。因此他安排了每周两个小时,同他一起讨论他自己翻译了准备出版的《管子》,那是公元前四、五世纪的一部难读的哲学经济著作。介绍认识古代中国哲学家和他们所使用的文字,这

---

① 李约瑟:《中国科学技术史》第一卷《导论》,科学出版社、上海古籍出版社 1990 年版,第 8 ~9 页。

是最引人入胜的途径。”[①]哈隆教授与李约瑟之间亦师亦友的深厚情感也体现在李约瑟把哈隆(哈伦)列为《中国科学技术史》第二卷献词中剑桥大学的三位著名学者之一。

在《中国科学技术史》第一卷《导论》的第七章[②]中,李约瑟首次提及《管子》一书时,曾把它列为道家思想的古书,并提及《管子》第37篇《心术下》中的交感效应和超距作用。他看到其中一段文字描述了某些海洋动物受月亮周期的盈亏变化而变化其自身的大小,因为这与亚里士多德关于海胆的描述极为相似。李约瑟对亚洲东西两端同时出现的类似现象倍感惊奇,怀疑两者之间是否存在某种历史的交流。[③] 在第七章第十一节“旅行者的类型和动机;战略性迂回的政治需要”中,李约瑟谈及旅行者中的商人在思想与技术传播中的主要作用,曾点出《吕氏春秋》主编吕不韦的商人身份;并评价说,吕不韦在一定意义上充当了《吕氏春秋》赞助人的作用。此时,他也提到了齐国首相管夷吾曾经的商人身份,试图说明商人在文化传播过程中所起到的重大作用。[④]

李约瑟对《管子》一书所含思想的研究主要体现在第二卷《科学思想史》(*History of Scientific Thought*)中。该卷主要探讨了中国古代哲学与科学思想之间的关系。在第二卷第十章“道家与道家思想”中,李约瑟在谈及道家典籍《道德经》和《庄子》的成书年代时,也提到了《列子》和《管子》的成书年代。他认为,《管子》一书的资料来源最为庞杂,该书的作者并非管仲本人,该书乃齐国稷下学宫的学者们汇集而成,后又遭到汉代人的篡改;并提醒学者引用《管子》时,应特别小心谨慎。[⑤] 不过,李约瑟比较关注的是《管子》中的道家思想。他认为道家对自然界的推究和洞察完全可以与亚里士

---

① 鲁桂珍:《李约瑟的前半生》,见李国豪等主编《中国科技史探索》,中华书局香港分局1986年版,第35页。

② 第七章是“中国和欧洲之间科学思想与技术的传播情况”。

③ 李约瑟:《中国科学技术史》第一卷《导论》,科学出版社、上海古籍出版社1990年版,第153~154页。

④ 李约瑟:《中国科学技术史》第一卷《导论》,科学出版社、上海古籍出版社1990年版,第235页。

⑤ 李约瑟:《中国科学技术史》第二卷,科学出版社、上海古籍出版社1990年版,第38页。

多德之前的希腊思想相媲美,道家是整个中国科学的基础。[①] 在第十章“道家与道家思想”的结论部分,李约瑟说:“道家哲学虽然含有政治集体主义、宗教神秘主义以及个人修炼成仙的各种因素,但它却发展了科学态度的许多最重要的特点,因而对中国科学史是有着头等重要性的。此外,道家又根据他们的原理而行动,由此之故,东亚的化学、矿物学、植物学、动物学和药物学都起源于道家。”[②]在论述道家思想时,李约瑟引用了《管子》中与道家思想有关的《水地》《内业》《九守》《心术》《形势》《四时》《五行》等篇之内容。

在第十章第二节“道家的道的观念”中,李约瑟为了说明古代道家所处的多元思想格局,全文引用了《管子·水地》篇,如“地者,万物之本原”“水者,地之血气”“水者何也?万物之本原也,诸生之宗室也”[③]等。李约瑟认为这些观点可与西方第一个前苏格拉底的自然哲学家、米利都的泰勒斯(鼎盛于公元前 585 年)的观点相媲美。李约瑟认为,汉代成书的《管子·水地》篇里的“水是万物之原”的思想不可能受到西方思想的任何影响,而东西方先哲这一观点的类似纯属一种巧合:他们以类似的心思研究类似的问题,就有可能获得类似的结果。《管子·水地》篇主要论证的是水和地是万物的本原。但《管子·水地》篇中的“本原”概念与泰勒斯的“本原”概念还是有差别的。泰勒斯的“本原”如亚里士多德所说:“万物都由它构成,开始由它产生,最后又化为它。”[④]而《管子·水地》篇中的“本原”并不含有构成、化生万物的意思,《管子·水地》篇中的所谓水是万物的本原,更多是指万物离不开水,即水是万物不可缺少的主要成分。《管子·水地》篇云水“集于天地而藏于万物,产于金石,集于诸生”;“集于草木,根得其度,华得其数,实得其量。鸟兽得之,形体肥大,羽毛丰茂,文理明著”,“万物莫不以生”。

李约瑟认为道家最强调的观念是自然界的统一性以及“道”的永恒性与自发性。在《中国科学技术史》第十章第三节“自然界的统一性与自发性”

---

① 李约瑟:《中国科学技术史》第二卷,科学出版社、上海古籍出版社 1990 年版,第 1 页。

② 李约瑟:《中国科学技术史》第二卷,科学出版社、上海古籍出版社 1990 年版,第 175 页。

③ 赵守正:《管子注译》下册,广西人民出版社 1987 年版,第 28 ~ 30 页。

④ 汪子嵩等:《希腊哲学史》第一卷,人民出版社 1988 年版,第 152 ~ 154 页。

中,李约瑟援引《管子·内业》篇:"惟执一之君子能为此乎?执一不失,能君万物。君子使物,不为物使,得一之理。"他认为,鉴于对道家思想的了解,此处"执一"的"一"应该解释为"对自然界统一性的确认,而这种统一性则是自然科学的基本前提"①。在论及道家强调的自然界的自发性时,李约瑟引《管子·九守》篇:"心不为九窍,九窍治。"他认为从动物或人体内不受意识控制的自然活动过程中,"道"并不需要意识去完成它的一切效果,"不论在小宇宙还是大宇宙,都不需要假设一个有意识的操纵者",这些都是道家有机主义自然观的体现。②

道家对待自然的态度体现在它善于观察自然现象,并能主动选择一种阴性的、宽容的、柔顺的、忍耐的、退让的、神秘的、承受的方式来立身处世。对此,李约瑟接连引用了《管子》数篇来论证圣人在自然界中的作用。如《管子·九守》篇:"名生于实,实生于德,德生于理,理生于智,智生于当。"他将"德"阐释为事物的德,将"理"释为结构,将"智"释为和谐,将"当"释为自然事物的适当。李约瑟认为这里"显然含有有机主义的论调"③。

在人与自然的关系方面,在《中国科学技术史》第十章第四节中,李约瑟引《管子·心术下》篇:"凡物载名而来,圣人因而财之,而天下治。实不伤,不乱于天下,而天下治。""慕选者所以等事也,极变者所以应物也。""圣人裁物,不为物使。"又引《管子·九守》篇:"圣人因之,故能掌之。"引《管子·内业》篇:"凡道无所,善心安爱。""是故圣人与时变而不化,从物迁而不移。"这些都让李约瑟想起恩格斯所说:人类从必然王国步入自由王国要靠对必然性(自然法则)本身的研究。④ 在同一节中,李约瑟还引《管子·形势》篇"其功顺天者天助之;其功逆天者天违之",借以说明道家的"无为"不

---

① 李约瑟:《中国科学技术史》第二卷,科学出版社、上海古籍出版社1990年版,第51页。

② 李约瑟:《中国科学技术史》第二卷,科学出版社、上海古籍出版社1990年版,第57~58页。

③ 李约瑟:《中国科学技术史》第二卷,科学出版社、上海古籍出版社1990年版,第508页。

④ 李约瑟:《中国科学技术史》第二卷,科学出版社、上海古籍出版社1990年版,第63~67页。

是无所作为而是不逆自然而为。上述引文都意在指出道家关注自然的变化,更关注圣人的变化。道家对待自然的“无为”态度以及《管子》中“顺天而为”的思想常被视作消极对待自然,从而与儒家的积极进取特别是荀子的“制天命而用之”“人定胜天”发生对立。但李约瑟认为道家的“无为”不是不为而是顺天而为,而这恰恰是人对自然应有的科学态度。

李约瑟在第二卷第十三章“中国科学的基本观念”中主要探讨了五行学说、阴阳学说与《易经》。其中的第三节为“自然主义学派(阴阳家)、邹衍和五行学说的起源与发展”。在该节中,李约瑟论述了《管子》中有关阴阳五行说的内容。所引的“睹甲子,木行御”一段分析了五行理论与前兆、预言之间的联系。李约瑟指出,《管子》一书表明五行中的每一种轮流在一年的循环期间占有周期性的优势。[①] 他强调,五行的排列顺序最重要的有四种,《管子·五行》篇中的五行排列顺序为其中的“相生序”,即木火土金水,与一年四季变化的顺序相应,是较为常见的排列顺序。他还设想,《管子·水地》篇强调水的突出地位,可能与五行的另一种排列顺序即“生序”(水火木金土)有关。在分析五行说时,李约瑟认为五行说有多种派别,《管子·四时》篇中的五行与阴阳相配,属阴阳派,是最早记载阴阳与五行联系的文献之一。

仅从上述可知,李约瑟对所引《管子》内容的阐释和理解与我们通常的理解并无太大的差异,然而,他在评价上存在着一定的分歧。对此,乐爱国、戴吾三[②]做了以下分析。首先,在中国古代是否有发达的科学技术以及中国古代哲学与科学的关系问题上,李约瑟借助大量的史料,通过深入研究,认为在公元3世纪到13世纪之间,中国都保持着西方所望尘莫及的科学知识水平;并认为中国古代哲学对科学的发展具有积极的意义。这也是李约瑟研究中国古代科学思想史的基本出发点。在此基础上,李约瑟深入发掘了《管子》蕴含的古代科学思想,从科学史的角度研究《管子》一书蕴含的哲学思想对科学的作用,并予以较多的肯定。其次,在对中国古代哲学研究的角度上,李约瑟多从古代科学的角度去审视哲学,以期发现古代哲学中包含的

---

① 李约瑟:《中国科学技术史》第二卷,科学出版社、上海古籍出版社1990年版,第254~271页。

② 乐爱国、戴吾三:《李约瑟的〈管子〉思想研究》,《自然辩证法研究》1997年第13期。

科学观念、科学知识、有利于科学发展的东西。若不是从古代科学的角度去分析《管子》中的《水地》《四时》《五行》等篇，便无法发现其中有关科学的内容。李约瑟认为《管子》中的道家思想和阴阳五行说对中国古代科学具有积极意义。最后，在分析中国古代哲学与科学之关系的方法上，李约瑟多从科学思想的发生、发展上加以审视。无论是道家思想还是阴阳五行说，都包含着对社会的看法，且这种看法多少有些牵强附会地与关于自然的知识联系在一起，带有浓重的神秘主义色彩。但关键的问题是，"道""阴阳""五行"这类概念首先是科学概念而后被推广去解释社会，还是一开始就为解释社会而提出并被冠以科学的含义？在李约瑟看来，"道"即自然法则，"阴阳""五行"的概念实质上是一种自然主义的科学概念。他认为用这些概念去解释社会是一回事，是具有神秘主义的东西；但这些概念本身是另一回事，是具有一定科学内涵的概念。

总之，李约瑟对《管子》一书蕴含的中国古代学术思想的研究主要侧重于科技史以及科学与哲学的关系；而这种研究方式旨在依据古代科学发生、发展的一般特征及历史事实，来揭开蒙在中国古代科学上的神秘外衣、直探古代科学的精蕴，具有其独到之处。就研究《管子》一书蕴含的科学思想而言，要指出其不足及局限是十分容易的，国内的相关研究也不乏其作；但是，要研究《管子》一书蕴含的科学思想及其与科学发展的关系并对其做出合理的评价，绝非易事。李约瑟在这方面的开创性探索与研究给我们带来了一定的启迪。

第四节　美国学者马斐里克和诗人庞德的管子研究

1954 年，美国南伊利诺斯大学经济学教授刘易斯·马斐里克（又译为路易斯·迈夫瑞克，Lewis Maverick）先后指导中国留学生谭伯虎（又译为谭伯甫，T' an Po - fu）、闻恭文（又译为文昆闻或温公文 ，Wen Kung - wen）①编译

① "谭伯虎、闻恭文"的译名，我们参考了杨联陞的《国史探微》，台湾联经出版事业公司 1983 年版；"谭伯甫和温公文"的译名参见《中国制度史研究》，江苏人民出版社"海外中国研究丛书"2007 年版。

《古代中国的经济对话:〈管子〉选译》(*Economic Dialogues in Ancient China: Selections from the Kuan-tzu*)。马斐里克教授本人并不是中国学学者,但他是法国重农学派的一位专家。重农学派是18世纪的一个经济学家团体,他们相信有内在的自然秩序在正确控制着社会,而土地是财富与税收的基础。马斐里克被《管子》一书蕴含的思想强烈吸引,他认为《管子》为其提供了非常类似的观点。于是,马斐里克教授与两位中国留学生谭伯虎、闻恭文于1954年共同编译了《古代中国的经济对话:〈管子〉选译》一书。该书由华盛顿大学的萧公权教授审定,也是西方学界关于《管子》的第一部英语选译著作。全书共480页,分为三部分。第一部分是《管子》节选译文。他们共节译了《管子》中的32篇与经济和政治相关的内容。第二部分是中国学者黄汉《管子经济思想》的英译。第三部分是中国学者范秉彤《古代中国的重农主义》的英译。书后还附有《管子》未被翻译的其他各篇的英语名称。

该书的标题页标明了《管子》一书大约成书于公元前3世纪,显示了编者马斐里克对《管子》一书中经济学思想的欣赏和重视。在《前言》中,马斐里克指出,中国的思想史和制度史一直是西方学者试图研究的重要领域,他们一直都很好奇中国人到底是如何解决人类的重大社会问题的。自1935年起,马斐里克就试图研究中国的经济思想,因为他知道18世纪的法国重农主义学派从中国的政府管理和制度中汲取了相关重要思想。据悉,他是通过了解孟子的社会学思想才得以研究管子的经济思想的。他的管子研究始自1940年,当时威廉·昂(William Ung)对范秉彤之《古代中国的重农主义》进行了简单评介。后来,中国留学生谭伯虎来到南伊利诺斯大学攻读硕士学位,这使得马斐里克的管子研究得以重新开始。谭伯虎完成了本书中《管子》的节译和范秉彤之《古代中国的重农主义》的英语翻译工作,并于1949年学成回国。而后,闻恭文接替谭伯虎,把黄汉的《管子经济思想》一文译成了英语,并对谭伯虎翻译的《管子》节选和范秉彤的《古代中国的重农主义》进行了修改润色。1951年,任教于华盛顿大学的著名学者萧公权教授审阅了书中的节选译文。在《前言》中,马斐里克对翻译《管子》节选时遇到的文言文问题进行了回顾。他说《管子》一书的原文晦涩难懂,许多字词意思模棱两可、指代不明、词性难定、时态难判。在此情况下,马斐里克渊博的经济学知识对确定某些字词的意义起到了关键指导作用,但有时也会适得其反,属于他的过度解读。鉴于《管子》一书的晦涩难读,有的汉学家建议西方学者暂时不要翻译《管子》一书,以免误读误译,建议等到《管子》一书的歧义和矛盾得以合理解决,等到中国古文字专家对《管子》的解读有了定论,等到各篇的成书年代有了着落,再行翻译不迟。但是,马斐里克认为西方学者应该知难而上,不要回避解读《管子》一书存在的困难。他认为尽管《管子》一书存在这样那样的问题,但这都不影响中国人对《管子》的阅读,也不影响日本学者对《管子》的研究,为何西方学者要回避《管子》研究呢?为此,马斐里克尽其所能,编译了这本《古代中国的经济对话:〈管子〉选译》,希望能够为西方经济学和社会学的学人提供一定的借鉴。

该书对《管子》原著的宣传给西方读者留下了深刻印象,比如美国意象派诗人庞德对管子思想的兴趣即源自此书。而此书对美国汉学家李克的影响也比较深远,让他有了翻译《管子》全书的信心和希望。但该书的英语译文在许多方面并不能令人满意,部分原因可能是两位译者在阅读《管子》原文的时候,或粗心大意,或不求甚解,从而导致了许多低级的翻译错误;也可能是谭伯虎和温恭文两位译者都不是经济学者,缺乏经济学的基础知识,另外,他们好像也没有利用清代及清代以后有关《管子》的那些周详注释,所以他们的译文难免会存在遗漏和错误。但作为西方学者研究《管子》的第一部专著,此书提供了可资参考的英语译文,因而也就具有了极高的史料价值。

马斐里克主编的这本《古代中国的经济对话:〈管子〉选译》对美国意象派诗人庞德的影响很大。庞德在其著名的《御座诗章》中引用了《管子》,这对管子思想在西方的传播也起到了一定的推进作用。

庞德(Ezra Pound,1885—1972),美国诗人、文学评论家、意象派诗歌运动的重要代表人物之一。1885 年,庞德出生于美国爱达荷州海莱市。其父母都是从英格兰移居到美国的。21 岁时,庞德获得宾夕法尼亚大学文学硕士学位;1909 年,前往伦敦,与当时文坛活跃人物 T. E. 休姆等人结识。庞德早期从事意象主义的写作便是这些人的影响所及。1917 年,他开始了现代派(modernism)的写作。庞德还热衷于翻译介绍中国的古典诗歌和哲学家。他还自称儒者,改编并翻译了《神州集》《诗经》《论语》等儒家经典。在其《御座诗章》(*The Cantos*)里,他还多次引用或摘抄儒家经典章句,赞扬儒家的"仁政"和"未知生焉知死"等观点。

庞德于1959年在其发表的《御座诗章》中曾多次谈及《管子》,并对之称赞有加。根据钱兆明、管南异在《中国比较文学》发表的《〈管子〉"西游记"——赵自强和庞德〈诗章〉中的〈管子〉》①一文,我们来梳理一下庞德在《诗章》中对管子思想的具体论述。

1958年7月,英国战略大师富勒(Edwin Fuller Torrey)将军写信告诉庞德,三年前曾读过《管子》一书,发现《管子》是古往今来最优秀的经济学著作。庞德回应他说,这是一位名叫刘易斯·马斐里克(Lewis Maverick)在1954年自费出版的《管子》英译本,这绝对是经济思想史的开端。② 虽然孟子等人反对管仲,认为管仲不是圣人,但是孔子对管仲大加赞赏。《论语·宪问》曾载子贡曰:"管仲非仁者与?桓公杀公子纠,不能死,又相之。"子曰:"管仲相桓公,霸诸侯,一匡天下,民到于今受其赐。微管仲,吾其被发左衽矣。岂若匹夫匹妇之为谅也,自经于沟渎而莫之知也。"在《诗章》第106诗章首页的右侧,庞德用大号宋体竖印了"管仲"二字。《管子》的内容及孔子对管子的赞誉也多次出现在《诗章》中。庞德一直认为《管子》早在秦始皇焚书坑儒之后就已经失传了。③ 钱兆明指出,庞德对管子认识的突变——从略知到敬佩,发生在1950年代后期,当时他正在华盛顿圣伊丽莎白医院创作《御座诗章》,思考治国之道,而这也和一名中国留学生赵自强有直接关系。1954年至1958年,赵自强曾与庞德频繁通信,谈论的话题从中国诗歌逐渐转向《管子》。1957年,他还寄给庞德一份《管子》英文选译摘抄,书名为《古代中国的经济对话:〈管子〉选译》。这些摘抄后被庞德转寄《刀锋》

① 钱兆明、管南异:《〈管子〉"西游记"——赵自强和庞德〈诗章〉中的〈管子〉》,《中国比较文学》2014年第2期,第114~126页。

② 钱兆明、管南异:《〈管子〉"西游记"——赵自强和庞德〈诗章〉中的〈管子〉》,《中国比较文学》2014年第2期总第95期,第115页。

③ 钱兆明:《庞德的中国朋友——书信中的故事》,牛津大学出版社2008年版,第162页。

(*Edge*)杂志的主编、庞德传记作家斯托克(Noel Stock)并在当年6月的《刀锋》上发表。[①] 这些摘抄的内容多是《管子》英译本中关于管子之重农思想与货币理论的关键内容。这些摘抄引起了庞德极大的兴趣。在与赵自强的通信中,庞德对管子有了新的认识,从而也加深了对孔子思想的理解,于是就有了一篇崭新的《诗章》第106章。[②] 1957年是庞德与赵自强交流最为密切的一年。他们讨论的主要话题逐步转向了《管子》和法家传统。

赵自强在半年后(1957年6月2日)的一封信中说,他自己刚刚找到了《管子》的文章,随信附上了手抄的13页英译《管子》摘录。其中包括《管子》第一篇《牧民》中的重农论、第三篇《权修》中的爱惜民力、第十篇《五辅》中的控制贫富、第二十二篇《霸形》中的轻税缓刑、第四十八篇《治国》中的顺应民意等内容。其中还有一节是"货币理论",包括第七十三篇《国蓄》、第七十六篇《山至数》、第八十一篇《轻重乙》中讨论货币的内容。

在1957年6月16日的信中,赵自强再次强调管仲是中国最伟大的政治家与思想家。因为庞德"极想多了解一些管仲的生平",赵自强随信附上了一篇摘自《古代中国的经济问答》(即《古代中国的经济对话:〈管子〉选译》)的管仲简介,并把自己翻译的司马迁《史记·管晏列传》中的相关译文以及司马迁对管仲的评论等寄给了庞德。赵自强还试图解答庞德关于《管子》一书如何逃过始皇焚书一劫的疑问:孔子的一位后裔当时贵为鲁王,曾将许多书藏在墙壁夹层内,《管子》一书说不定由此得脱。

庞德在1960年告诉诗人霍尔(Donald Hall):"《御座诗章》中的御座仿佛但丁《天堂篇》中的御座,是为政治贤明之士的灵魂而备,而《诗章》中的'御座'试图超越自我,在世间建立某种可行的或至少可以构想的'秩序'……有些人负有比个人行为更大的责任,《御座诗章》关注的是那些负有比个人行为更大责任的人的心灵。"庞德所说的"比个人行为更大的责任",无疑是按着《大学》所说的顺序,在"修身"和"齐家"之后的"治国"和"平天

---

① 诺埃尔·斯多克:《御座诗章读本:庞德的诗意解读》,劳特利奇和凯根·保罗出版有限公司1967年版,第70页。

② 钱兆明、管南异:《〈管子〉"西游记"——赵自强和庞德〈诗章〉中的〈管子〉》,《中国比较文学》2014年第2期,第115~116页。

下”的问题。这是庞德在《御座诗章》中着重思考的问题。按照这个思路，管仲是一个很好的选择。从传统的儒家观点来看，管仲在“个人行为”方面算不得上佳：他与鲍叔牙相交的时候，做买卖多赚，败阵时先逃，是为不义；在他辅佐的公子纠为齐桓公所杀之后，他不死节，反而投敌，是为不忠；孔子也因为管仲不知俭且不知礼而批评他“器小”。但庞德发现，孔子对这样一个被自己定为“器小”的人物敬佩有加，连续两次为他辩护：“桓公九合诸侯，不以兵车，管仲之力也。如其仁，如其仁！”“管仲相桓公，霸诸侯，一匡天下，民到于今受其赐。微管仲，吾其被发左衽矣。”孔子明智地将管仲的治世之才置于他的个人品格之上，这给庞德留下了深刻印象。由此，他曾引用孔子的语句来肯定管仲，并批评孟子等人狭隘。这样一个开放的孔子形象是庞德在他的《诗章》和其他儒学著作中一直致力于恢复的形象。而管仲不仅为庞德提供了进一步丰富孔子形象的机会，也给庞德进一步想象良好的经济社会秩序提供了契机。①

1959 年，《御座诗章》在意大利和美国先后发表，与《管子》相关的内容出现在第 106 诗章。值得注意的是，在《诗章》中，《管子》被赋予了世界文学价值，因为庞德将它与古希腊厄琉西斯城的德墨忒耳—珀尔塞福涅神话并列，并将两者紧紧联系在了一起。庞德用德墨忒耳—珀尔塞福涅的农业神话给讨论农业的《管子》染上了神秘色彩。而《管子》首篇《牧民》一开始也充分肯定了五谷的力量：“凡有地牧民者，务在四时，守在仓廪。国多财则远者来，地辟举则民留处；仓廪实则知礼节，衣食足则知荣辱。”②而第八篇《幼官》则描述了齐国因粮食充裕而富强之后，以和平的方式“九合诸侯，一匡天下”及定下九条律令的情况。这些律令主要包括禁止战争、收养孤寡、田租市赋、道路度量、四季祭祀以及各种礼仪等③。一个多世纪后由孔子创立的儒学与此处的“九令”存在着明显的联系。

---

① 钱兆明、管南异：《〈管子〉“西游记”——赵自强和庞德〈诗章〉中的〈管子〉》，《中国比较文学》2014 年第 2 期，第 122 ~ 123 页。

② 赵守正：《管子注译》上册，广西人民出版社 1982 年版，第 1 页。

③ 赵守正：《管子注译》上册，广西人民出版社 1982 年版，第 68 页。

庞德还在《御座诗章》第106诗章中称赞了管子的才干,"管理的学问始自管仲的时代"①,将印着希腊神话中的月亮与狩猎女神像的钱币与管仲的货币理论相提并论,认为钱币或经济具有两面性:一面是理性的思考,另一面是浪漫的神话。然后,庞德引用了《管子》第七十七篇《地数》中关于铸币金属所需原料所在和探矿方法的内容。② 管仲将这些情况告知齐桓公,是让国家控制货币制造的原料,以稳定流通。在原文中,他请齐桓公在这些探明矿苗的地区附近严格封山、布置祭坛,并定下残酷的刑罚使人不敢有侵犯国家财产的念头:"左足入,左足断,右足入,右足断。然则其与犯之远矣。此天财地利之所在也。"③但庞德不愿多谈现实政治,更愿意谈矿之所在与探矿。而在现代矿学发展之前,望气探矿是一件凭借直觉的神秘事业,几乎与占卜预测同义。另外,在《管子》原文中,葛卢山的出金实际上是与黄帝、蚩尤的战争相连的,而"尧舜之王,所以化海内者,北用禺氏之玉,南贵江汉之珠"④同样很有传说时代的精彩。如此一来,庞德使管仲的货币理论减少了几分政治经济色彩,而增多了一点文学的浪漫风味。而古希腊的德墨忒耳—珀尔塞福涅神话和粮食祈祷仪式将上述《管子》一书记述的内容细细密密地包裹、穿插起来,还加上了古埃及的大神拉每日穿地旅行、死而复生的神话。⑤ 这些都大大地降低了《管子》的理性色彩,使它更接近审美的幻想。

总之,庞德在《御座诗章》中对《管子》一书所含思想的论述在一定程度上推进了管子的境外研究。

第五节　苏联汉学家维克多·史太因的管子研究

苏联汉学家维克多·史太因(Viktor M. Shteyn)于1959年在莫斯科出

---

① 钱兆明、管南异:《〈管子〉"西游记"——赵自强和庞德〈诗章〉中的〈管子〉》,《中国比较文学》2014年第2期,第124页。

② 钱兆明、管南异:《〈管子〉"西游记"——赵自强和庞德〈诗章〉中的〈管子〉》,《中国比较文学》2014年第2期,第125页。

③ 赵守正:《管子注译》下册,广西人民出版社1982年版,第312页。

④ 赵守正:《管子注译》下册,广西人民出版社1982年版,第320页。

⑤ 钱兆明、管南异:《〈管子〉"西游记"——赵自强和庞德〈诗章〉中的〈管子〉》,《中国比较文学》2014年第2期,第125页。

版了他的译著《管子研究与俄语翻译》(*Guan-tze*: *Issledovanie i perevod*)[①]。他早在1924年就发表了《管子经济思想的发展》一文。1960年,他还发表了《古代中国与印度的经济文化的联系》。[②] 史太因于1964年去世。《管子研究与俄语翻译》是史太因对关于《管子》的十八篇文章的俄语选译。他对管子的研究兴趣主要集中于《管子》中的经济学材料。史太因在译文的前面写了很长的一篇"导论",详细讨论了战国时期的政治经济学。详述可参见周一沙的译文《反映世界古代经济思想的文献》[③]及《〈管子〉研究导论》系列文章。

在《管子研究与俄语翻译》一书的"导论"中,史太因指出,西方学者的经济思想史研究往往会有意或无意地疏忽掉东方国家的经济史研究,他的这本书就是补缺之作,用来探究中国古代经济思想方面的卓越之作——《管子》,并依据中国古代的经济状况来分析管子的经济思想与其他经济思想流派之间的密切联系。古代社会与近代社会都面临着同样的政治经济现象,古代中国人在自己生活的时代也观察到了希腊人所观察到的那些经济政治现象,并及时做出了中国人自己的经济学分析。以《管子》为例,其中的经济思想就立足于国家政权领导市场这一特征。1860年,西方学者尤·考茨在其《经济学说史》教程中,就特别重视《管子》一书中的中国古代政治经济思想,对《管子》一书中的货币流通思想最感兴趣。[④] 但是著名英国经济学家L. H. 汉纳在其《经济思想史》中、美国经济学家E. 罗尔在其《经济思想史》中都明显地忽视了东方的经济思想。英国经济学家J. A. 熊波特在其《经济分析史》中还暗示《管子》书中的货币流通管理与控制交换具有难得的科学分析成分,但他并没有明确肯定其中的科学分析成分。

史太因指出,长期以来,西方资产阶级的经济学说文献都认为东方没有出现一部成熟的经济思想文献,但是中国古代的《管子》一书则是一部蕴含

① 参见史太因著、周一沙译《〈管子〉研究导论》,《管子学刊》1988年第1期、第2期。

② 参见季塔连科等主编《中国精神文化大典》六卷本之第一卷《哲学》和第二卷《神话与宗教》。

③ 参见《齐文化丛书12　资料汇编　外国论文卷》,齐鲁书社1997年版,第110~131页。

④ 尤·考茨:《国民经济学发展史及其文献》(德文版第一卷),1860年,第94页。

着先进社会思想的经济学论著，也是中国哲学思想发展的黄金时代的必然产物。史太因还引用了中国学者陈焕章的《孔子及其学派的经济原理》，分析了《管子》书中的中国古代经济思想史料。陈焕章认为管仲成功地实现了重商主义与国家社会主义的思想。史太因指出，陈焕章在其著作中简要转述了《管子》一书蕴含的经济学说的实质——国家控制供求的政策。换言之，政府应该通过发行与回笼货币来控制货币与商品的关系，以求富者与贫者的均等，同时使政府成为经济生活的主宰力量。在《管子》一书构建的经济体系中，货币占有首要地位。

史太因还分析了日本学者内田银藏的一篇论及中国古代社会经济理论的短文——《中国古代的经济发展和社会理论》。[①] 史太因分析说，内田君虽然公正而高度地评价了中国古代的精神修养与经济的进步，却未能说明经济思想各主要流派间的关系，尽管他也论及了《管子》一书蕴含的经济思想，却未得其要领。史太因指出，《管子》一书的精华在于影响市场价格水平的理论；内田君却把它与中世纪经院哲学中的公平价格相类比，内田君还说《管子》一书主张维护阶级分野，规定要子承父业，不可随意更换。

史太因指出，顾隋禄在其德文版的《中国国内流通的银号汇兑及其票据发行》[②]一文中成功转述了《管子》一书蕴含的经济思想。在这部关于银行业务的专著中，顾隋禄详细讨论了《管子》第72篇《海王》和第73篇《国蓄》，认为通过建立储备和发行货币使国富民强确实是《管子》一书的核心内容。

史太因还引用了K.布缅《中国古典文献中的经济观点》（德文版，汉堡，1926年版）一书中的论述，认为布缅在其书中对《管子》一书蕴含的经济理论的论述较为详细。布缅认为，中国自古就有“共产主义类型的经济”，但自《管子》出现之后，情况就出现了变化：一方面出现了排挤小农经济的大庄园，另一方面是一定范围内的商品流通开始发展起来。布缅认为《管子》中

① 参见《社会主义与劳工运动史文献》（德文版第三卷），卡尔·格林堡出版社1913年版。

② 顾隋禄：《中国国内流通的银号汇兑及其票据发行》（德文版），汉堡，1924年，第4页。

的“调节整个生产是国家的事务”这一思想应该延展到宗法公社制度这一源头。史太因认为布缅把经济的晴雨表妄加在《管子》中。布缅认为管子还是“中国货币与货币经济的第一个组织者”,“随着货币进入中国人的思想,价值与价格问题也闯入进来”,“《管子》论商品均衡的语言具有现代欧洲的精神,宣传了货币的数量理论”等。史太因批评说,布缅的观点自相矛盾,因为《管子》一书体现的世界观是在复杂环境中形成的,当时宗法公社制度的痕迹早已消失,《管子》宣传国家干预经济的理论是基于阶级社会的成熟格局形成的。

另外,史太因还提及1954年美国经济学家刘易斯·马斐里克主编的《古代中国的经济对话:〈管子〉选译》和1956年郭沫若主编的《管子集校》。史太因指出,马斐里克在《古代中国的经济对话:〈管子〉选译》一书中论述的观点基本上是他收录在册的中国学者黄汉在其《管子经济思想》(1936年)一文中论述的观点。黄汉断言,《管子》一书部分成书于战国时期,部分写于秦朝,是一部更早文献的资料汇编。据此,马斐里克推论说《管子》成书于公元前330—公元前300年,由当时齐国稷下学宫的学者集体创作而成,其中就包括孟子和荀子。史太因指出,尽管黄汉想把《管子》一书中的经济言论整理出来,但不得要领,不明白《管子》一书蕴含的最主要的学说是稳定经济以防止价格波动、商人投机而危害百姓。稳定经济的学说是《管子》一书所蕴含的经济思想的精髓。史太因还强调,马斐里克力图找到《管子》一书蕴含的学说与法国重农主义之间的某种联系,他对马斐里克的做法表示坚决反对。

史太因还评论了瑞典学者高本汉的《中国古代的神话与偶像崇拜》①一文。高本汉认为《管子》一书应该列入汉朝以前被系统整理出来的作品,是一些学者有意识地阐述科学规律体系的作品。史太因还分析了《管子》一书产生的时代背景以及其与道家思想、法家思想的渊源。老子在《道德经》里指出,管理社会的任务是“损有余而补不足”,但社会现实是“损不足以奉有余”。因此,老子在社会生活中成了悲观主义者,宣传“无为”,主张人在客观

---

① 高本汉:《中国古代的神话与偶像崇拜》(英文版),《远东古博物馆简报》1946年第18期,第210页。

世界中不去干预自然。而《管子》一书则主张人要积极干预自然,有计划地调节经济生活。史太因还指出,彭信威在其《中国货币史》[①]中认为《管子》一书反对给人民减轻税赋的看法是错误的。

至于《管子》书中的法家思想,史太因指出,公元前 6 世纪问世的《孙子兵法》已经初具法家思想的雏形。他认为,法家思想武器中最重要的是调节的方术;而《管子》书中最珍贵的思想是渴望创建某种具有最高道德范畴的理想体制。换言之,法家对《管子》的影响表现得最为强烈。但《管子》最关注的是经济问题。长期以来,《管子》被认为是儒家和道家的作品,直到汉代桑弘羊宣称管子是法家的始祖,《管子》才被归入法家著作之列,《管子》由此才成为被儒家不能包容的著作,进而成为桑弘羊等法家的替罪羊。

史太因指出,中国学者对《管子》的态度变化很大,曾把《管子》从道家的营垒拿到法家的阵营。公元前 6 世纪上半叶,《管子》首次被列为法家作品。[②] 史太因对刘向整理的《管子》版本主要篇目做了评述,认为汉代的《管子》版本论述法律问题的篇幅比以后的版本少了很多,而经济问题在书中仍占首位。史太因还说,新近的《管子》研究多关注《管子》各篇的成书年代,并指出郭沫若对"《管子》第 35 篇《侈靡》篇的研究"[③]就是一个好的研究样本。

总之,史太因对《管子》这部著作的历史做了总结,认为管仲不可能是《管子》的作者;《管子》在公元前 4 世纪到公元前 3 世纪就以一些论文的形式开始流传,然后才汇编成书;《管子》中的某些篇章的成书年代可能比较晚,大约在公元前 2 世纪;《管子》一书蕴含的经济思想引起巨大社会反响的时间约在公元前 1 世纪,其影响已有 250 年至 300 年的历史;尽管《管子》一书在流传中有不少变动,但其基本内容保持不变。

史太因认为,在中国古代阶级斗争的社会条件下,存在于公元前 4 世纪下半叶至公元前 3 世纪的《管子》和《孟子》形成了尖锐的冲突。《孟子》推崇儒家的"井田制"土地纲领和立足于"礼"的行为,但同时也在维护贵族的阶级利益,提出了与地主阶级的社会政治权力相适应的土地数量的要求。

---

① 彭信威:《中国货币史》,群联出版社 1954 年版。

② 龙彼得:《〈管子〉的版本考》(英文版),《通报》第 XII 卷,1952 年,第 367 页。

③ 郭沫若:《侈靡篇的研究》,《历史研究》1954 年第 3 期。

而《管子》一书中的经济体系则要求发展矿产业、市场经济，增加货币周转；保护农民不受投机商人的盘剥，禁止投机商人利用市场价格的波动发财致富。《管子》特别强调国家政府来干预或调节经济，通过稳定的价格来稳定经济；国家对国民经济的干预方式，一是最大限度地利用国家矿产资源来改善农民的境遇；二是为了平息物价而进行物资储备。儒家的经济观点是最大限度地减少政府机构对经济生活的干预，这与《管子》一书蕴含的经济主张截然不同。管子主张灵活地适应经济环境的变化，依靠创新性的调节艺术来干预国家经济的运行。

史太因对《管子》一书的特点阐释说，《管子》一书贯穿着社会生活发展具有规律性的思想，并运用从整体上研究国民经济的方法，总结出商品价格水平的高低与货币价格呈反比的辩证观点，其中的商品额、货币量等经济概念要比欧洲早好几百年出现；《管子》一书还灵敏地反映了国民经济的发展，力图利用技术进步、开发矿藏，更好地为人民服务；如前所述，彭信威业已指出《管子》在货币理论史上占有突出地位，《管子》首次提出了货币的作用，对市场经济规律的分析令世人惊叹；《管子》一书认为现实的财富只能用于消费，反对崇拜贵金属和积累黄金的行为；另外，《管子》一书的优点还在于提倡“富国安民”的人道主义经济政策。

史太因进一步指出，《管子》一书蕴含的经济思想理念不仅先进，而且还一直体现在社会实践中。比如桑弘羊、王莽、刘晏、王安石等都以各自的方式利用了《管子》一书蕴含的经济思想。公元前54年，耿寿昌提出的“常平仓”就是《管子》思想的再现。他们在设计自己的改革思路时，都以依靠政府来建立储备、掌握市场为原则，与《管子》一书蕴含的经济思想有着不可割舍的关系。但是由于儒家的某些思想家敌视《管子》的思想体系，所以他们为了自身的安全，都无法公开承认自己政策的渊源。

史太因还引述了身在俄罗斯的华侨学者、“新道家”代表人物杨兴顺（1904—1989）的研究成果。杨兴顺对周朝后期社会阶级力量的分布及其在思想意识上的反映颇有研究。[①] 杨兴顺认为周朝末期社会上存在着三大集

① 杨兴顺著，杨超译：《中国古代哲学家老子及其学说》，科学出版社1957年版，第19页。

团:老子哲学思想代表的受压迫群众、儒家代表的旧贵族、法家代表的奴隶主和富商。杨兴顺指出,老子的学说对法家的影响很大,而法家也把老子的道学当作自己的理论与实践基础,因此法家不可避免地要在道家和法家之间架起一座沟通的桥梁,而《管子》一书蕴含的内在精神更加接近儒家学说。

史太因分析说,由于法家学说的内容长时间以来已经发生了较大变化,加上与道家的密切关系以及与农民群众的一定接触,由此推知,《管子》一书的作者终究不是法家,通过《管子》各篇的内容也看不出它同奴隶贵族之间的关系。史太因又指出,许多现代汉学家都致力于研究中国古代文献的社会本质问题,进而得出如下结论:一是中国古代许多作家都倾向于唯物主义,都比较关注农民的需求和经济状况;二是愤怒揭露统治阶级对人民的盘剥成为中国古代文献的一般原则。比如孟子和荀子,但荀子所焦虑的是农民的利益。重视农业就要最大限度地削弱手工业和商业,后来加上各诸侯国之间的争斗,逐渐形成了各诸侯国推崇农业而贬低贸易的执政纲领,农民的稳定与和平有利于国民经济的稳定与繁荣。

史太因指出,不管是荀子还是管子,支持维护农民的利益都不是简单的一句空话,都与他们提出的整套经济措施密切相关。他进而引用《管子》中的《国蓄》《轻重乙》《轻重丁》《臣乘马》《治国》《小匡》等篇来论证农民在《管子》中的特殊地位;《管子》一书反映的世界观在于政府要干预经济,加强政权与改善农民的生活状况要联系起来考虑。但是,一国的财富是集中于政府手中还是农民手中呢?对此,史太因认为,《管子》的作者对统治阶级及其维护的官吏阶层做出了重大让步。

至于《管子》一书为何背弃了"农业为本,手工业、商业为辅"的社会规则,史太因引用罗根泽的推论说,这一观点的改变应该取决于《管子》的成书时间,也就是公元前4世纪到公元前3世纪;《管子·轻重》篇正好是汉代理财家们的思想产物。《管子》的作者认为,应尽可能发展采盐业、炼铁业等,有利于增加国民收入,以免除农民的捐税。但《管子》并没有追求农业的垄断地位。

综上,史太因总结认为,研究马克思的著作对深入了解中国古代的经济思想十分有益。他指出,马克思对东方经济特点的把握和分析十分到位,那就是东方经济以土地国家所有制为基础，东方国家的“地租和课税会合并在一起”，绝大多数的剩余产品都集中归国家支配，剩余产品主要不表现为利润，而是以地租的形式呈现，最后又归国家所有。《管子》一书以巨大的说服力解释了建立在土地国家所有制基础上的经济制度的具体内容，是一部反映了世界古代经济思想的重要文献。

值得一提的是，史太因的管子研究也被俄罗斯的汉学家汇总于《中国精神文化大典》。而俄罗斯的这一汉学新成果已被四川大学当代俄罗斯研究中心立项研究，其研究题目是“俄罗斯《中国精神文化大典》中文翻译工程”。《中国精神文化大典》的副主编是俄罗斯科学院远东研究所东亚文化比较研究中心主任、俄中友协副主席、俄罗斯知名汉学家 A. 卢基扬诺夫教授。他对这一俄中文化交流项目极为看重，并率团来访，深化交流。在中俄学术交往日益频繁的今天，我们相信，管子研究也将在新一代俄罗斯汉学家的努力下得以继续和深化。

第三章　20世纪下半期的欧美管子研究

本章将重点介绍美国汉学家李克、杨联陞、葛瑞汉、罗森、沙其敏、萧公权、田浩、罗浩等人的管子研究情况。

第一节　美国汉学家李克的管子研究

美国汉学家李克(Water Allyn Rickett)是美国宾夕法尼亚大学的著名汉学家,也是西方《管子》英语全译本的唯一译者。李克的管子研究主要体现在以下几个方面:

一是他于1960年在《通报》第48期发表了研究《管子》的论文——《古代中国的历书:〈管子·幼官〉篇》("An Early Chinese Calendar Chart: Kuan-tzu")。该文有关于管子的大量背景材料。

二是李克于1965年把译毕的《管子》十二章译文交给了香港大学出版社出版,书名是*Kuan-Tzu: A Repository of Early Chinese Thought*(《〈管子〉:中国古代思想的智库》)。

三是李克于1970年为庄为斯(Wallace Johnson)编辑的《管子引得》(*A Concordance to the Kuan-Tzu*)一书撰写介绍。

四是李克于1985年完成了《管子》前34章之后的翻译,并交给普林斯顿大学出版社出版发行,书名是*Guanzi: Political, Economic, and Philosophical Essays from Early China*(《〈管子〉——中国古代政治、经济和哲学文萃——研究及翻译》第二卷)。

五是李克于1984年撰写的《〈管子〉与新近发现的竹简与帛书》被收录入查尔斯·勒布朗和苏珊·布莱德主编的《关于自然与社会的中国思想:德

克·卜德教授纪念文集》(香港大学出版社,1987 年)中。此书的英语出版信息是 Charles LeBlanc and Blader Susan. *Chinese Ideas about Nature and Society: Studies in Honour of Derk Bodde.* Hong Kong: Hong Kong University Press, 1987。该文主要探讨了汉代以前及汉代的知识环境和学术氛围对考证《管子》各篇成书年代的影响,指出考古发现的竹简与帛书对我们重新评价这一时期有着重要的参考价值。

六是李克于 1989 年向"管子与齐文化国际学术讨论会"提交了论文《〈管子·心术〉四篇探源》。该文后被收录在该会议论文集《管子与齐文化》(北京经济学院出版社,1990 年)中。

七是李克于 1993 年为迈克尔·罗意威编写的《早期中国文献目录导引》撰写《管子》一书的词条,对《管子》一书的文本流传及内容做了简洁而精炼的描述。该文献的英语信息是"Kuan Tzu". *In Early Chinese Texts: A Bibliographical Guide*, *ed.* Michael Loewe. 1993:244－251. Berkeley: The Society for the Study of Early China and the Institute of East Asian Studies, University of California。另外,李克还为安东尼奥·库阿编写的《中国哲学百科全书》(*Encyclopedia of Chinese Philosophy*,2003 年)撰写了管仲词条,对《管子》一书做了详细介绍,包括《管子》的成书背景、作者、编者、编撰特点等,重点分析了《管子》一书中的儒家、道家、法家等哲学思想及其影响。2008 年,李克还在威廉·西奥多·德·巴里编辑的《东亚传统的文献资源》(*Sources of East Asian Tradition*)第一卷中撰文介绍了《管子》一书。

一、李克的论文《古代中国的历书:〈管子·幼官〉篇》

据赵守正《管子注译》所记,篇名"幼官"应作"玄宫",形近而误,"玄宫"即明堂。《管子·幼官》篇按照东西南北中分布成图,恰似一明堂图案。本篇共分十段,每段都包含两层内容:月令与方物、政论与兵法。前者主要讲述人君在不同时节的衣服、饮食、修养以及不同时节所使用的旗帜、兵器、刑物等。①

---

① 赵守正:《管子注译》上册,广西人民出版社 1982 年版,第 66～72 页。

李克开篇对《管子》做了简要介绍:《管子》一书是公元前 4 世纪到公元前 2 世纪的一部文集,目前的《管子》一书的内容是公元前 26 年刘向编订而成,《管子·幼官》篇的内容涉及季节性历法与军事策略,其内容的排列显示该文曾是先图后文。随后,李克在文中对《幼官》和《幼官图》的内容做了介绍,又逐次介绍了《幼官》的篇名意思、《幼官》中的天文历法背景、早期的天文历法文献、《幼官》的历法内容、《幼官》的文字部分、《幼官》文字部分的成文年代、《幼官图》的成文年代及《幼官》的英语译文等九个方面的内容,择要如下。

李克简要介绍了《幼官》《幼官图》含有五行季节的历法,并兼涉政治和军事策略,意指它们暗合东南西北中五个方位;其内容排列的平面图则类似于阴阳图和五行数字命理图。《幼官》《幼官图》在内容上基本相同,文字的排列顺序略有不同。

在谈到《幼官》题目的意义时,李克指出其标题的自身意义不太容易理解,字面意思是"掌管幼儿的官职",这显然与其内容不符。日本学者猪饲彦博认为"幼官"应为"窈官",掌管神秘之事的官职;石一参认为"幼官"为"五官",认为是描述四季和中间季节的事务。但多数论者如何如璋、闻一多、郭沫若等人认为"幼官"应为"玄宫",是周朝文献中的常见术语,《墨子》《庄子》《吕氏春秋》等都有引用。另外,这一章依照其内容也可称为《时令》,因为《周礼注疏》中曾有《时令》,其内容与《幼官》类似,疑似引自《管子》一书。另有著名历法书名曰《月令》或《明堂月令》,故《幼官》也可以称为《玄宫时令》。

在谈到《幼官》中的历法背景时,李克说,究其内容而言,《幼官》中的文本框架就是围绕历法展开的。在人类的早期农耕社会中,人与自然的关系极大地影响着人类的思维发展。在中国尤其如此,因而,早期的农业历法考虑较多的内容是季节与农事安排的关系。随着时间的推移,这些农事历法又与五行联系起来,共同构成中国人的宇宙观念。人们开始运用地理方位及五行观念来推演四季及其农事活动。

在本文中,李克要说明的是《幼官》中的历法图示。郭沫若曾依照此文对这一天文历法图进行了重新编排。这种图示在传统的竹简上是无法体现的,但在绸帛上可以体现,在木版或者铜版上也都可以再现。尽管《幼官》与《幼官图》的内容大致相同,但其文本的排列有所不同,这也是后来文本排列有差异的根本原因。所以,即使二者的内容大体一样,其排列顺序也会有不同,比如在《管子》的杨忱版本和赵用贤版本中,《幼官》的排列就有所不同。这种排列的不同很容易让人产生以下质疑:如果制图者的本意在于彰显四季与五行的对应关系,那么为何不把每个季节分成两部分,从而凑成十个部分呢? 仅把五行与五个方位对应起来,就有可能解决刚才提出的这一问题。为了解答这一问题,李克将《幼官》的图示与传统的《河图》进行对比,通过对比朱熹的《河图》与郭沫若的《幼官》重构图,认为朱熹的《河图》确实是在汉朝生成的;认为中国人多数相信,在郑玄和孔颖达对《月令》的论述中,五行之中,以水为先,其次为火木金土,据此,在《系辞》中,数字与天地的对应关系得以形成。遗憾的是,正如冯友兰指出的,如果接受上述四季排列顺序,就会造成一种不太正常的季节排序方式:冬对应的是水,夏对应的火,春对应的是木,秋对应的是金,那么五行的顺序与传统的节气顺序就无法一一对应了。在这里,李克谈到了日本学者户田丰三郎的观点,他说户田丰三郎在其《五行说形成考》中,专门讨论了《幼官》一文。户田丰三郎认为数字及其对应的季节安排与五行说并没有任何关联,在邹衍生活的时代之前,五行说仅仅是与五音、五味、五色等类同的五类分法,与《幼官》中所言的数字对应内容并没有实质性的联系。那么,五行与数字之间的对应又是如何形成的呢? 户田丰三郎认为数字与五行之间的对应源于《易经》中的阴阳观念,天、地同易卦中的象数对应:北一,南二,东三,西四,中间是数字五,循环之后才到数字"十"。

李克并不认同户田丰三郎的这一观点。李克认为户田丰三郎把《幼官》的成文时代追溯到公元前 4 世纪令人质疑。第一,尽管五行说在《幼官》中并未直接出现,但五行说的痕迹至少在公元前 4 世纪末的文献中就已经出现了。第二,并不需要引入一个第五季节或者中间的季节来对应五行说,以便让五行的每个元素都能够发挥其作用。第三,把数字与《易经》中的象数系统对应起来,与《幼官》成文于公元前 4 世纪相矛盾,因为《易经》中的五行思维直到汉初才得以形成,所以五行说与数字之间的对应关系依然可以讨论，并无定论可言。

李克认为《管子·幼官》仅是汉及汉前时期的一种历法，对于其他的早期历法，有必要回顾一下，并对它们进行比较分析。整体说来，历法的制定随时间的发展而从自然的具体事项发展为抽象内容，起初其内容多涉及农业现象，而后带有抽象的政治色彩。

（一）战国初期的《夏小正》。《夏小正》这个历法载于《大戴礼记》中的第二章第二部分。《夏小正》载一年分为12个月，春天在冬天的第三个月开始。《夏小正》说明了每月的相关自然现象及农事安排，并没有提及五行说。

（二）《时训解》，是《逸周书》的第六章，是周朝的文献汇编，但其真实性备受中外学者的质疑。但有学者认为《时训解》是周朝的文献，把一年分成24个阶段，每个阶段是15天，而每个阶段又细分为3—5天，一年有360天。每个阶段的第一天，其名字与《淮南子》中24个阶段的名称基本相同，仅有顺序上的不同；每个五天都列有相应的自然现象，比如昆虫的惊蛰、大雁的迁徙等；如果相应的自然现象未曾发生，就会出现相应的灾难。

（三）《吕氏春秋》的前12章又以《月令解》的形式载入《逸周书》中。由于《吕氏春秋》写于公元前240年，我们可知《月令》至少在此时期已经成文；但其最终成文的时间仍无定论，鉴于其内容的复杂性，可以推知文字约成书于公元前3世纪，部分内容也可能成文更早。《月令》把一年分成四季，每季三个月，其内容较早期的两个历法文本《夏小正》《时训解》更有政治色彩，更加强调统治者在每个季节中的政治活动，这也是首次将五行与其所指的内容进行联系的历法文献，并将第五元素"土"进行了合理安排，"土"对应着夏天的最后一个月，但没有安排具体的时间。

（四）《淮南子·时则训》在形式上类似《月令》，但又涉及更多的对应互补——方位、兵器及动物；它还缺失皇帝及保护神的对应信息。在处理五行中的"土"时，它创造性地运用了夏天最后一个月作为单独的中心季节，这样照顾了四季及一年12个月的传统历法。而《淮南子·天文训》将一年分为24个15天，这一分法并没有出现在《时则训》中，却出现在《夏小正》和《月令》中。另外，《管子》中的《四时》《五行》《轻重己》都谈到了一些历法内容。

李克认为《管子·幼官》与其他历法的最大不同在于，除了四季，它还把一年分成30个阶段,每个阶段是12天,共有360天;其中八个阶段分给春和秋,七个阶段分给夏和冬。每个阶段都有适当的农事安排,并伴有相应的政治活动,其中有些阶段的名字与《淮南子·时训解》中的历法名称类似,但多数名称不相同,有些也因竹简腐蚀而坏掉了,有些段落描述与《夏小正》《时训解》完全不同。《时训解》以数字五为基础,而《管子·幼官》则以十二或三的倍数为基础。

至于《管子·幼官》的文本内容构成,李克认为也许作者的这一文章另有所用,因为它肯定不是为了历法所写,因为它们的内容基本不相关,而且这些内容多是如何成为军事将领以及一年的四季变化。更令人不解的是,不知如何来解读这些文字。有些段落之间逻辑联系密切,有一些段落则没有任何逻辑联系。至于文本内容,可以得出的结论是其内容比较折中,含有道家、儒家、法家思想及技术术语;另外,该篇的作者可能与《管子·兵法》的作者是同一个人。因为二者的部分段落基本一样,如果将一些段落联系起来就会比较容易理解。

其后,李克又考证了《管子·幼官》的文本成文年代。界定其成文年代,最好把《管子·幼官》篇中的历法内容与文本内容分开谈论。李克认为《管子·幼官》篇的成文年代大体是公元前3世纪中叶,理由如下:(一)文中使用"卿相"来指称诸侯国的第一大臣,这一术语是战国晚期才出现的;(二)它还引用了《吕氏春秋》中的句子,而《吕氏春秋》约编于公元前240年;(三)文中使用了"帝""王""霸"等词语,编者可能熟悉"三皇五帝五霸"等历史背景,而"三皇五霸"等词语第一次出现在《孟子》中,但"三皇五帝"是后来才有的说法。虽然《周礼》提及"三皇五帝",但其成文年代不详。最早提及"三皇五帝"且成书时间已知的文献应该是《吕氏春秋》,它把"三皇五帝"放在了"三皇五霸"的前面。"帝""王""霸""卿相"的先后引用表明了文本的大体成文年代。另外,《管子·幼官》篇的作者比较熟悉《管子》初期编本的内容,而《管子》的多数内容成文于公元前3世纪。总之,李克认为《管子·幼官》篇内容的成文年代肯定在刘向校订《管子》完成之前。

对于《管子·幼官》篇中天文历法内容的成文年代,李克认为《管子·幼官》篇中历法部分的成文年代大约不会早于公元前3世纪中叶，理由是：（一）文中尽管没有提及五行元素，但已有五行概念及与其相对应的内容，而这些都与以前的农事历法内容大不相同。（二）在早期的天文历法文献中，在内容和风格上与《管子·幼官》极为相似的是《月令》，《月令》的成文年代是公元前240年左右。如前所述，户田丰三郎认为《管子·幼官》篇整体上成文于公元前4世纪；他曾引用《周礼》里的一句话"辅佐大臣主持祭祀大典，五帝郊外设坛祭祀"，并认为此处的五帝就是对应着五个季节的统治者（黄后、青后等），与《管子·幼官》篇所记类同。为此，他还引用了《史记·封禅说》，公元8世纪时，一些自然神就以颜色为自己命名。李克认为户田丰三郎的观点值得商榷，一是《周礼》的成文年代并不确定，不能作为推论其他文献成文年代的证据；二是尽管《史记》提及五帝使用颜色命名，但五帝这一术语最早出自《吕氏春秋》，而皇帝使用颜色作名最早可以追溯到汉代。而《管子·幼官》篇中提及的以颜色为名的神话人物也可能仅仅是《吕氏春秋》中季节神的别名而已。

因此，李克认为《管子·幼官》篇中的天文内容与文本一样，也许成文于公元前3世纪后期，比较确切的说法是成文于公元前2世纪后期，因为它没有把中间季节对应夏天的第三个月份，而把中间季节对应夏天的第三个月份是《淮南子》时期的习惯用法。

最后，李克在谈到《管子·幼官图》篇的成文年代时说，《管子·幼官》《管子·幼官图》中的天文内容与文字信息大约成文于汉代。因此，尽管《管子·幼官》略显粗糙，但其成文年代不会早于汉朝初期。

二、李克为庄为斯（Wallace Johnson）的《管子引得》（*A Concordance to the Kuan-Tzu*）撰写的介绍

庄为斯（Wallace Johnson）教授本科毕业于约翰斯·霍普金斯大学，博士毕业于宾夕法尼亚大学，任教于堪萨斯大学东方语言文化系。庄为斯编辑的《管子引得》（*A Concordance to the Kuan-Tzu*）一书是艾文博（Robert L. Irick）主编的"中文研究资料中心研究资料丛书"的第9册，于1970年在中国台湾出版，1983年再版。《管子引得》也是庄为斯教授编辑的第三部文献索

引著作。他的前两部同类作品分别是《唐律疏议》和《骈字类编》。另外，他还编有《韩非子引得》。

庄为斯编辑的《管子引得》以台湾商务印书馆的《国学基本丛书》中赵用贤的《管子》版本为底本，并参考了杨忱的《管子》版本和安井衡的《管子》版本。在为《管子引得》撰写的介绍中，李克主要谈论了《管子》文本的编排、《管子》的早期被引、刘向的《管子》编订、《管子》与管仲、《管子》与稷下学宫、唐之前的《管子》版本流传、唐到宋的《管子》版本流传、《管子》印本、《管子引得》所依据的《管子》版本九个方面的内容。

在《管子》文本的编排方面，李克认为《管子引得》一书为《管子》研究提供了极大的便利，《管子》一书因为篇幅大、内容杂、话题广在中国古代文献中的地位变得十分突出。《管子》一书因内容杂驳而难以归类。另外，李克对《管子·幼官》《管子·幼官图》的内容及排列形式也做了比较说明。

早期最早引用《管子》的书是《韩非子》。另外，贾谊在其《新书》中也引用过《管子》中的内容。但是，有确切日期可考的引用《管子》一书的是《淮南子》。其引文中有“管子之书”。另外，《史记·管晏列传》中有《牧民》、《山高》(又名《形势》)、《乘马》、《轻重》、《九府》(现本不存)等篇名。因此，李克认为，公元前2世纪已有管仲的《管子》一书，而现本86篇的《管子》乃汉成帝时负责皇家图书馆的刘向编订而成。

在论述刘向编订《管子》的相关情况时，李克叙述了刘向搜集整理《管子》版本的过程，认为《管子》只有80篇，而不是86篇，但《汉书·艺文志》言《管子》共有86篇，其根据是刘向之子刘歆的《七略》。

在论述《管子》与管仲的关系时，李克指出中国学界已就《管子》的全书并非管仲所著达成共识。尽管管仲多被称为法家代表，但法家是管仲之后才出现的学派，即使被列为法家，他也不同于法家的代表人物商鞅与韩非子。如《左传》所记，管仲称得上是儒家名臣的典范，因为管仲对礼、德、信、仁等十分关注。孔子和墨子对此都有所议论。庄子、孟子、荀子以及韩非子对管仲也有各自不同的评论。如贾谊在其《新书》中所言，《管子》是托名管仲所著，后人又不断增补其内容，后由刘向编订而成现本。

在论述《管子》与稷下学宫时，李克指出《管子》一书究竟是在哪里写成的已很难下定论，但人们普遍认为《管子》是由稷下学宫的诸位学者编写而成的。这也揭示了《管子》一书的内容多元杂驳及各篇之间折中处理的深层原因。李克认为《管子》的核心篇章都事关管仲，诸如《管子·大匡》《管子·小匡》，其他内容多为明君良相的交往。最后，李克认同汉学家哈隆的观点，认为《管子》一书最初成形于公元前250年，后来有所增补，最后由刘向编订为现本。

在唐之前的《管子》版本流传一节中，李克提出了一个预设问题：刘向编订的《管子》与我们现存的《管子》版本是否相同？法国汉学家马伯乐认为刘向编订的《管子》一书早已佚失，现存的《管子》版本乃后世伪作。他的这一观点受到了瑞典汉学家高本汉和剑桥大学著名汉学家龙彼得的反驳。详情不赘。另外，有证据表明，《管子》的流传自汉至唐并没有中断，这也是《管子》并非伪作的明证。自晋人傅玄开始，就有人质疑《管子》为管仲所作。应劭在《风俗通义》一书中曾引用过《管子·弟子职》，并认为管仲为《管子》一书的作者。刘勰在《文心雕龙》中也频频引用过《管子》。其他的证据还可见于《管子》一书蕴含的汉末时的古音及唐初的韵脚。因为4世纪或5世纪的作者是很难重建精准的古音韵脚的。唐宋时期的《管子》版本在《隋书》和《新唐书》中被记为19卷，而《旧唐书》的记录是18卷。藤原佐世在其《日本国见在书目录》中记载《管子》是20卷。正如龙彼得所言，此时的18卷和19卷并无实质性区别，区别仅在于19卷的版本是把文中的前言和目录单独成卷。但流传到日本的《管子》版本为何是20卷，原因尚不明了，也许是出自私人藏本，其编目与中国传统的编目不同。

现存最古老的《管子》版本可以追溯到南宋时期的《管子》24卷版本，其内容也可参照唐朝魏征所编《群书治要》中的《管子》20卷。这一版本在宋初就已在中国失传，但日本保存了《管子》这一版本，为何18卷或19卷的《管子》到了南宋却成了24卷？其中的原因至今不明。到了宋朝，18卷的《管子》版本仍然是官方保存本，曾被收录在《崇文总目》中。《崇文总目》提及1038年的《管子》仅存19原卷及评论，自第20卷起佚失。

《管子》现存最早的印刷本是杨忱版本。这一版本有杨忱写的序言，版权页上有张嵲的《读管子》一文。其中张嵲的《管子》版本可能是福建和四川的保存本,因为福建和四川没有战乱,图书保存比较完备。李克指出,学界尚不明确究竟是谁把《管子》中的尹知章或房玄龄的19卷评注与未加注释的最后5卷合并在一起,在《管子》版本的流传中,24卷本渐渐取代了18卷本。郑樵在其《通志》中收录了24卷本(房玄龄注)、未加注释的18卷本以及不完整的19卷本(尹知章注)。姚应绩在重编晁公武的《郡斋读书志》时,把《管子》列为24卷,而不再是原编中的18卷。另外,南宋官方编辑的《中兴馆阁书目》也载《管子》为24卷。同样的记载也见于陈振孙的《直斋书录解题》。自宋之后,18卷的《管子》版本就不复存在了。

杨忱版本中的"杨忱"究竟是谁?李克推测,当时的杨忱版本极有可能是南宋时开始制作,但宋末元初时才得以完成,此时才有了杨忱的序言。杨忱依旧历把成书日期写成了大宋甲申年。另外,据龙彼得推测,《管子》之杨忱版本也可能取自宋朝的墨宝堂版本,但并无确切证据可查。总之,在宋末或元初,新刻的《管子》版本加入了杨忱的序言。

杨忱版本后来成为赵用贤《管韩合刻》中《管子》版本的底本。赵用贤在其序言中说,当时流传的《管子》版本已经腐烂得不可卒读,他花了二十年时间才从朋友处得到一本相对完好的版本。文本尽管完整,但其中一些字已经无法识别,他用了三千多字来补充修正它们,但其中还有20%的部分无法确定。虽然还有十多个明朝版本,但赵用贤的版本是清朝以来保存最好且重印多次的《管子》版本。

保存下来的早期《管子》版本除了墨宝堂版本和赵用贤版本,还有一个辽时刘绩的《管子》版本——《管子补注》。由于没有序言,我们不知道这一版本刻于何时,但文中有"宋本"字样,故有人也认为是宋朝刻本。其书名的字体与文本的字体风格不一致,我们由此推知,刘绩的版本后来被重印过。该《管子》版本有缺字,而这被认为是与辽金宋的字讳有关。而刘绩的版本后来成为朱东光《中都四子》中《管子》的底本。后来的编目包括《四库全书总目》都把刘绩的版本归为明朝作品。后来,龙彼得考证说,《辽史》中的"刘绩"有可能是"刘泾",芦泉不是地名,而是明朝进士刘绩的别号;《管子补注》中的缺字有可能延续了宋本,为了避讳家人而保持空缺。中国图书馆里还存有另一个比较古老的《管子》版本,与日本学者安井衡在其《管子纂诂》收录的版本是一致的，都是对开本，没有注评，每行有21字。《管子》的这一版本有可能是元明版本。

综上，刘绩版本、朱东光版本和安井衡古本等是《管子》流传的一个支脉，而杨忱版本和赵用贤版本又构成了《管子》流传的另一支脉。庄为斯在编辑《管子引得》一书时，综合考虑了上述现存版本，最后采用了《四部丛刊》中赵用贤的《管子》版本，又结合了台湾出版的《四部备要》和《国学基本丛书》中的《管子》版本。

最后，李克称赞《管子引得》为学界研究杨忱版本、赵用贤版本、安井衡版本提供了便利的查证工具。

三、李克的论文《〈管子〉与新近发现的竹简与帛书》

在《〈管子〉与新近发现的竹简与帛书》一文的开篇，李克指出了20世纪70年代中国考古界的两次重大考古发现对研究中国古代文献的重大意义。他认为尽管没有明确的《管子》版本信息出土，但银雀山及马王堆的考古发现对《管子》研究有十分直接的影响，出土文献为《管子》中一些篇章的来源提供了直接的证据。

就《管子》内容的复杂性而言，李克认为研究《管子》成文年代及其作者的最好方法就是研究《管子》每篇的成文年代及作者。然而，在研究《管子》的学者中，只有罗根泽一人采用了这一方法。但李克也承认罗根泽的结论有时难以令人信服，因为《管子》诸篇中也有互相矛盾之处，但是他的这一研究方法值得我们借鉴。李克认为罗根泽的研究方法有其局限性，罗根泽证明《管子》可能是春秋时期的作品，这一观点得到了许多人的认可；但是罗根泽只告诉了我们《管子》不是什么时期的文本，并没有告诉我们《管子》是什么时期的文本，这无疑令其著作的价值打了大大的折扣。

李克及其他学者也想利用罗根泽的标准及方法来推断《管子》诸篇的成文年代，尽管也取得了一定的成绩，但就《管子》一书的整体状况以及它在中国思想史上的地位而言，相关研究才刚刚开始并初具规模。大众接受的一个观点是，《管子》最初的原本大约成文于公元前250年，其作者是稷下学宫的学者们，后来又添加了一些新篇章，直到公元前26年，《管子》才由汉代刘向编订而成现本。李克说,这一观点认为《管子》一书的内容与管仲本人无任何关系,只是托名管仲所撰而已。因为管仲作为齐国的宰相帮助齐桓公成为春秋首霸,功不可没,具有名人效应,故他被托名为《管子》一书的作者。尽管《管子》的内容杂驳,但是有些学者依然相信《管子》一书与管仲有着密切联系,并声称通过分析全书蕴含的政治思想,《管子》一书应该成文于春秋时期,比如萧公权在其著作《中国政治思想史》中列举了四点来论证上述观点:第一,《管子》一书论述了齐桓公帮助周王朝维持统治秩序,用词倾向有褒无贬;第二,依然尊重家及家族体制;第三,并没有拒绝人治(法家拒绝人治),依然强调礼与义;第四,依然根据民意来维护统治者的利益。

而后,李克又列引著名学者余敦康在其《论管仲学派》一文中的观点,指出余氏认为春秋时期中国形成了三种政治哲学思想:第一,鲁国的儒家;第二,晋国的法家;第三,齐国的管仲学派。管仲学派致力于维护家族法则及道德,致力于维护统治者的统治。余氏引用了管仲的几个概念:第一,在国家统治中沿用军事管理模式;第二,把礼与法作为统治工具;第三,天人合一的思想;第四,采用先给后收的国家管理政策。所以,余氏的观点是,在稷下学宫之前,《管子》文本就已存在。《管子》一书的内容就是管仲学派的著作汇集,也是其最初版本的基本内容,也是贾谊与司马迁所参考引用的文本内容。也许稷下学宫的学者添加进去的内容与管仲关系不大,但直到汉代接管了齐国档案之后,刘向根据齐国的《管子》文本而编订了《管子》一书,才成就了《管子》目前的这一文本。

李克对萧公权与余敦康的研究方法表示质疑。李克认为,在论述自己的学术立场时,萧公权并没有解释清楚他的观点来源,对文中所引用的《管子》42 篇与管仲思想有何关系,也没有交代;他仅仅提供了上述四项标准,至于与管仲或管仲思想的联系,他并没有详述;对文中所引《管子》诸篇之间的相互矛盾之处,他也没有解决。

对于余敦康的观点,李克说余氏并没有论证管仲学派究竟何指。因为《管子·形势》篇的作者与《管子·形势解》篇的作者存在着 200 年的时间间隔;《管子·形势解》篇的内容与《管子·形势》篇的意思截然不同,《管子·形势解》篇很可能是管仲学派的人在齐国灭亡之后添加进去的作品。但是萧公权与余敦康都认为《管子》书中的观点与法家和儒家的观点不大一样，而与荀子的观点十分相近。但问题是，内容杂驳的《管子》一书为何与荀子的思想那么一致？李克认为其中的原因可能是，除了法家、道家，早期中国的政治思想家都志在重建周王朝的理想统治；直到孟子时期，周王朝的梦想才得以改变，政治思想家开始探究他们的其他思想方法。如何建立稳定有序的政权，无论是通过浪漫的方法还是现实的方法，其目的都是一致的，都有要建立法律秩序的必要，这符合传统社会的和谐要求，是一脉相承的。萧公权提及春秋首霸是春秋时期的现实之举措，因为当时的情境需要管仲这样的大臣辅佐、帮助齐桓公成就其春秋霸业，以维护周王朝的统一秩序，使传统制度及德行得以保存延续。上述方法也使得法家得以崛起。春秋时期，尽管人们对思想派别极为敏感，但《管子》一书的内容不论多么复杂，其内含的政治思想都极为相似。人们都希望能把《管子》托名给管仲，以达到一种整齐划一的影响力。

至于《管子》一书的作者是谁，目前有两种推测：一是稷下学宫的诸位先生，二是楚国人。而稷下学宫诸先生的多数作品也没有流传下来，由于稷下学宫诸位学者之间难免存在争议，于是稷下学宫就有机会融合各派思想，比如融合法家、道家的思想，渐成《管子》中的黄老思想。而对于黄老思想的理解，在上述考古发现的《老子》A 本和 B 本的文献支撑下，又有了新的理解。然而《老子》的两个版本之源头依然是个谜。关于《老子》《淮南子》《管子》文本间的内在关系，李克指出，我们可以参考相关学者的考察观点，尤其是裘锡圭的观点。李克认为《管子》四篇的作者有可能是慎到和田骈。《内书》《外书》《前汉书》以及银雀山、马王堆的考古发现与管仲之间的关系，《王兵》与《三十时》等的关联，亦有待深入研究。

综上，李克强调，尽管两次考古发现对《管子》的研究有推进，但确定《管子》诸篇的成文年代及其作者归属仍然困难重重，还需要对汉代以前及汉初的知识背景多加研究，如此才能理清《管子》一书的形成及流传历史。

四、李克的论文《〈管子·心术〉四篇探源》

李克的《〈管子·心术〉四篇探源》①主要探讨了《管子·心术》四篇中道家思想的基本推想、文本用韵规律、原作者及成文时间等。

在《管子·心术》四篇道家思想的基本推想方面，李克认为它们都论及了清静无为的道家思想，也可能是《老子》《庄子》之外的早期道家思想研究中最为重要的史料文献，因此，《管子·心术》四篇也是《管子》诸篇中值得讨论的内容之一，但学界对《管子·心术》四篇的源流依然争论不一。李克在文中就道家的早期历史及其发展表达了自己的基本推想：就早期道家经典《老子》和《庄子》而言，李克赞同今本《庄子》的前七篇或《内篇》是庄周的著作，而《庄子》中的其余诸篇可能是长期以来逐渐补充进来的，有些篇章也许是迟至汉朝才加进来的。李克认为，《老子》也不是一人一时之作，而《老子》原作的成文时间可能比《庄子》更早，可能成文于公元前3世纪末，内容与今本差不多，但其排列顺序与今本不同。

尽管道家群体中的人多与稷下学派有联系，但大多是各自为主，还没有形成一个共同的学派，他们的思想还十分矛盾，在意识形态上也有诸多分歧。这主要表现在他们对“道”的概念、生命的意义以及宇宙的组成等的理解不太一致。这个道家群体大致上由三类人构成：通过方术寻求长生不老的人、用“道”来治国的人、用“道”来谋求军事胜利的人。李克指出，志在从政的道家多与稷下学派有密切联系，并受到齐国儒家和法家思想的深刻影响，他们在汉朝初期多被称为“黄老”，而当代人多称之为“道法家”或“新老学”。此时的“道”具有了新的特征，那就是自然主义的成分较多，神秘主义的成分较少。“道”有时候表现为存乎天地之间的一种创造力量，强调的是“名与形”或“实与势”的关系，强调用源自“道”的“法”和“术”来建立良好秩序；理想的统治者成为道家的圣贤，并通过“无为”和“清静”来进行统治；而行政事务多由君主任命的官吏来完成，孔子倡导的美德“仁”“义”“礼”等

---

①　《管子学刊》编辑部编：《管子与齐文化》，北京经济学院出版社1990年版，第142～155页；另见陈书仪、路英勇主编《齐文化丛书12　资料汇编　外国论文卷》，齐鲁书社1997年版，第76～92页。

受人尊重。这些都是黄老思想的特征,在《管子》诸篇中多有体现。

《管子·心术》四篇用韵广泛,《管子·内业》篇尤其如此,几乎是通篇押韵。尽管《管子》诸篇押韵并不少见,但常出现的不规则韵律能说明《管子·心术》四篇之间的内在关系。在韵律研究方面,李克参考了周法高的《汉字古今音汇》一书,还参考了江有诰的《江氏音学十书》中的《先秦韵读》以及龙宇纯发表在香港中文大学《崇基学报》上的《先秦散文中的韵文》(上)一文。龙宇纯在文中提出的不规则韵组是中外学者根据《诗经》韵型研究列出来的二十几个古代汉语的标准韵律或韵组,这个不规则韵组代表了早期中国文献的用韵模式。《管子·内业》篇的韵型和韵律十分复杂,有时候难以断定词句是否押韵。李克根据龙宇纯证实的韵组,整理出《管子·心术》四篇中存在的不规则韵组表格。该表表明,多数不规则韵来自《管子·内业》和《管子·白心》两篇,而出自《管子·心术》上下篇的较少。这表明《管子·心术》四篇的来源不同,成文的时代也不同;另外,通过比较不规则韵组的特点,李克发现《管子·白心》篇最接近于《庄子》《黄帝内经·素问》《黄帝内经·灵枢》,其次接近于《文子》《老子》;而《管子·内业》篇中的个别代表楚国方言的不规则韵并没有出现,而其用韵方式最接近于《文子》《庄子》,其次接近于《老子》《黄帝内经·素问》《黄帝内经·灵枢》《逸周书》。除《逸周书》,其他文献都出自南方或楚国,由此可以推断《管子·白心》篇和《管子·内业》篇可能最初出自南方人或楚国人之手。这一推论又被后来马王堆出土的《老子》乙手稿证实。

在翻译《管子》初期,李克本来打算通过韵律来推理文本的演变过程。但随着翻译工作的推进,他不得不放弃这一良好愿望。但是,韵律的研究确实能够帮助读者了解文本的演变背景,因此,李克对《管子》文本中的尾韵及相应的古音重建情况做了大量的探讨。

五、李克的《管子》英语译本

鉴于李克的《管子》英语全译本在西方学界占有极为重要的地位,我们较为详细地梳理一下李克在中国学方面的治学历程,见证他“要么译毕,要么放弃”的《管子》翻译心路。

李克于1921年10月26日出生在美国华盛顿州奥罗维尔市，先后就读于华盛顿大学和宾夕法尼亚大学。1948年春，李克获得宾夕法尼亚大学学士学位；8月，获得美国富布莱特奖学金的资助，与新婚妻子李又安（Adele Rickett）一起到燕京大学学习汉语，后在清华大学兼职做英语教师。1948年春，在清华大学许维遹教授的协助下，李克开始翻译并研究《管子》。1950年春，他们离开了清华大学，在燕京大学办理了入学手续，又重新当了学生；10月，抗美援朝战争爆发，第二年夏，李克被捕入狱；同年，李又安先被监视居住，后来也被送进监狱。1955年，他们先后被释放回国[①]。1956年1月，他们又都回到了费城，李克在宾夕法尼亚大学继续他的中国学研究。1960年，李克获得博士学位，并开始了在宾夕法尼亚大学的教学工作；而李又安重返学校，重续她在中国文学研究方面的求学生涯。1967年，李又安获得了博士学位，开始在宾夕法尼亚大学教授中国文学，她的专业是中国文学批评。1997年，她出版了王国维《人间词话》的英译本。她于1986年从马里兰大学退休。第二年，李克也从宾夕法尼亚大学退休。

李克研究《管子》始于1948年春。当时，李克之所以选择《管子》作为他的博士论文题目，主要因为《管子》是中国早期典籍中唯一一部还没有被译成西方语言的著作。李克认为当时《管子》没有被完全译成西文的主要原因有四：一是其篇幅太长；二是该书的版本在流传过程中，内容变化较多，文本脱字严重；三是注家纷争，意见不一，流传下来的《管子》宋刻本是现存最古老的版本，其中的大部分文本破坏严重，难以解读，除此之外，史上的《管子》评家注家有一长串的名单，这也让译者不知何从；四是《管子》长期以来未被看作中国的经典之作，在学界，《管子》一书也没有受到类似其他典籍一样的高度关注。[②] 在清华大学教授英语的两年期间，李克由中国著名学者许维遹教授指导研读《管子》。许教授曾把自己的《〈管子〉新评》草稿借给李克参考，这给李克翻译《管子》提供了很大的帮助。另外，在翻译《管子》的过程中，李克还得到了朱德熙、吴兴华、钱锺书等教授及英若诚同学的热情帮助。他们或审读李克的译文或纠正李克的翻译，这使李克在清华期间过得十分愉快。

---

① 摘自李克教授与笔者的来往电邮，2015年12月23日。

② 摘自李克教授与笔者的来往电邮，2015年12月23日。

1956 年,李克回到宾夕法尼亚大学之后,才决定对《管子》的八章内容进行系统的翻译和研究,并以此作为自己的博士毕业论文。1960 年,在宾夕法尼亚大学教书期间,李克还翻译了《管子》另外四个章节的内容。1965 年,李克把翻译好的《管子》十二章译文交给了香港大学出版社出版,书名是《〈管子〉:中国古代思想的智库》(*Kuan – Tzu: A Repository of Early Chinese Thought*)。自此之后,李克的《管子》翻译工作进展缓慢。繁重的教学任务和繁杂的行政工作使得他无暇他顾,这致使《管子》的英译工作一度停滞不前。幸运的是,在 1969—1970 学年,李克获得了美国约翰·西蒙·古根海姆基金会(John Simon Guggenheim Memorial Foundation)的研究资助,使得《管子》的英译工作得以继续。古根海姆基金会成立于 1925 年,旨在奖励在教育、文学、艺术和科学领域做出杰出贡献的个人,并支持他们在各自的领域继续发展和探索。但是在短短的一年时间里,李克只能对原来的译文进行审校,新的译文进展不大。将近花甲之年的李克觉得时不我待,于是决定放手一搏:要么译毕,要么放弃。幸运的是,1980 年,李克又获得了美国国家人文基金的翻译资助。宾夕法尼亚大学也减少了他的教学任务和行政事务。这使他终于完成了《管子》全本的首本英译力作。

1985 年,李克完成了《管子》前 34 篇的英语译文,汇成《中国古代政治、经济和哲学文萃〈管子〉的研究及翻译》第一卷,英语书名是 *Guanzi: Political, Economic, and Philosophical Essays from Early China*, Volume Ⅰ,交由普林斯顿大学出版社出版。该书被列为《普林斯顿亚洲翻译丛书》之一。1996 年,李克又完成了《管子》余下 42 篇的译文,作为《管子》英译本的第二卷,于 1998 年交给普林斯顿大学出版社出版发行,书名是《中国古代政治、经济和哲学文萃〈管子〉的研究及翻译》第二卷,英语书名是 *Guanzi: Political, Economic, and Philosophical Essays from Early China*, Volume Ⅱ。

自 1998 年第二卷出版之后,很多读者咨询求购普林斯顿大学出版的李克《管子》第一卷译本。首先,该书早已在市场上售罄,所以无法满足读者的需求。其次,第一卷译本出版之后,因为该书出现了一些低级的印刷错误,李克一直想予以纠正。再者,第一卷译本出版之后,有些汉学家如罗宾(Robin Yates)、鲍则岳(William Boltz)、安乐哲(Roger T. Ames)等提出了一些批评和建议,李克也想对此有所回应。最后也是最重要的一点是,美国 Cheng & Tsui 出版社答应资助出版《管子》英译本第一卷的修订版。基于上述原因,李克决定对普林斯顿大学出版的《管子》英译本第一卷进行全面修订,并使其与第二卷的风格保持一致。2001 年,李克的《管子》译本第一卷修订版由美国 Cheng & Tsui 出版社出版。

在第一卷的修订版中,李克添加了译文的韵脚处理,使其与第二卷保持了统一的译文风格。他同时还根据《管子》译文评论者的相关建议,对译文做了相应的改动。在《管子》方面的相关研究中,关于语言的韵脚研究具有十分重要的意义,因为韵脚可以让人们把部分章节内容与其他章节区分开来。

在李克翻译《管子》之前,中国典籍的西方译者名录已排成了一长串,这为李克翻译《管子》提供了宝贵经验。这同时也给李克带来很多挑战与启迪:自己的译文究竟要给译文读者带来哪些额外的信息,以便他们理解《管子》这本难读的中国典籍?李克在其《管子》英译本第一卷的修订版中对自己翻译《管子》的策略与方法做了详细的说明。

李克在翻译《管子》时依据的汉语版本主要有二。一是清光绪五年(1879)张瑛影刻宋杨忱刻本《管子》,宋杨忱本是现存最早的《管子》刻本。二是明万历十年(1582)赵用贤刻《管韩合刻》本《管子》,这一版本自明末以来最为通行,影响较大。在此基础上,李克在翻译中也参考了明代刘绩的《管子补注》和明代朱东光编辑的《中都四子集》中的《管子》版本。李克翻译《管子》的具体步骤主要体现在以下四个方面:第一,在翻译每一章节之前,李克对这一章节的内容和行文特点做一介绍性的评论;在评论中,李克也试图对这一章节的写作年代、与其他章节的关系以及与其他早期中国文献的文本关系做进一步的探讨。第二,在具体翻译时,力求译文准确,同时也尽可能地与原文风格保持最大可能的近似。同时,他还特别注意到中国特有的字词或术语的翻译,比如“道”“德”“常”“士”“君”“礼”“义”“仁”等术语。由于这些字词的语义变化较大,其具体含义要根据不同的历史背景和历史时期来进行具体的语义甄别。第三,在处理一个人的语言风格时,有时候有的话语会具有模棱两可的意义,但是在把它译成外语时,译者必须花大气力去消除这一模棱两可的意义空间。因此，对于原文中出现的这些模糊意义，李克也会提供大量的脚注来解释这一模糊性，并进一步说明他在译文中所做的意义选择的根据；他还会与其他章节中的类似用词进行比对，从而表明自己所做意义选择的合理性。第四，在翻译过程中，李克也对自己引用的注家评家的相关内容进行仔细辨别，在译文中对他们的研究成果做出了相应的标注，并表示了由衷的感谢。李克同时还在译文中提供了所引中国文献的页码，以便读者自行查对。

在与笔者的笔谈中，李克教授声称，自己十分幸运，能够安排好自己的时间来完成这一持久的研究工作。翻译《管子》耗去了他五十多年的宝贵时光。但是李克说，在这一漫长的翻译过程中，他自己关于中国的知识和翻译技能都得到了较大提升，也最终使《管子》的英语译本比早期的译本完善了许多，对此，作为汉学家的李克倍感欣慰，正可谓：译事虽久，光阴不虚。李克的《管子》英译本无疑为中国古代典籍《管子》的境外传播奠定了坚实的基础。他在翻译《管子》时采取的翻译方法和翻译策略无疑也对中国文化典籍的译介提供了可资借鉴的宝贵经验。历时五十余载的坚守和坚持体现了美国汉学家李克对中国典籍的热爱和奉献。

第二节 汉学家杨联陞、葛瑞汉等的管子研究

1957年，美国汉学家杨联陞(Yang Lien-sheng)在哈佛燕京学社的学刊《哈佛亚洲研究》上发表了《侈靡在经济上的正当性——中国传统中一种少见的思想》[①]一文。1963年，他在哈佛大学出版社出版的《中国制度史研究》一书中对《管子·侈靡》篇做了重要论述。文献的英语信息是 Yang L. S. "Economic Justification for Spending Uncommon Idea in Traditional China." *Harvard Journal of Asiastic Studies*, Vol. 20, June, 1957；也可参考"Economic Justification for Spending – An Uncommon Idea in Traditional China"，收于 *Studies in Chinese Institutional History*, pp. 58 – 74。

① 译文参考了陈国栋的译文。

杨联陞(1914—1990)教授早年求学于清华大学经济学系,后赴美,就读于哈佛大学历史系,博士毕业后任职于哈佛大学。他既接受过中国学术的系统训练,又受到西学的熏陶,曾被誉为中国学者真正打入国际汉学的第一人。① 杨联陞作为境外汉学的先驱者,在人文学科和社会科学诸领域都做出了开创性贡献。他曾为世界第一流汉学家写过书评,享有“汉学界的检察官”之美誉。

在论文《侈靡在经济上的正当性——中国传统中一种少见的思想》中,杨联陞指出,在经济思想领域中,很少有人留意储蓄与投资之间的关系;至于奢侈浪费与经济成长之间的关系,就更少有人注意了;但在中国历史上,我们可以发现有些零散的思想认为奢侈不一定就是浪费,奢侈在整个流通过程或经济流动中具有重要意义。他指出,以经济为理由来为奢侈作辩解可以追溯到战国时代。他还指出,郭沫若在《侈靡篇的研究》一文中曾对奢侈大加赞扬。杨联陞推测,郭沫若应是用整篇论文的篇幅来研究《管子·侈靡》篇的首位学者。郭氏指出《管子·侈廉》篇最重大的意义在于其经济论点。郭沫若在文中指出:“他是肯定享乐而反对节约的,他是重视流通而反对轻视商业的,他是主张全面就业而反对消极赈济的。为了能够实现全面就业,他主张大量消费,甚至主张厚葬。他的重点是放在大量消费可以促进大量生产这一面,因而在生产方面该如何进行,如何改进技术之类的话,他说得很少,几乎可以说没有。他在原则上是把农业生产作为本业,他虽然重商,但并不敢轻农……然而,作者尽管主张大量消费,极力奢侈,但他却是有一层不可忽略的限制的,那就是最上层的统治者不好马马虎虎地跟着一道奢侈。这是一层很重要的限制,我们不能把它轻略看过,也不能看作是作者的自相矛盾。……他的主要目的是想使下层的民众富庶,而使中层的士大夫之家(也就是地主)不能积累资金,以从事兼并,但对于商贾则不加以限制。”②杨联陞指出,以上摘要是对文献的片段加以某些校改后所做的合理解释。他还认为,像《管子·侈靡》篇这样受到严重篡改的篇章,要将支离破碎

① 刘秀琨:《“中国文化的境外媒介”——杨联陞学术交往探要》,山东大学2010年博士学位论文,第1页。

② 郭沫若:《侈靡篇的研究》,《历史研究》1954年第3期,第37~38页。

的观念重新组合出一个系统来，顶多也只是尝试罢了。

杨教授还指出，《管子·侈靡》篇的部分内容曾被译成英文收在马斐里克教授所编的《古代中国的经济对话：〈管子〉选译》一书中，该篇名被译作“*Generous Rewards*”——“厚赏”。这个篇名以及全部内容的解释大体是根据托名房玄龄（579—648 年）所做的注疏（实际上很可能是 8 世纪早期的尹知章所做）。文中有像这样的文句：“他（即统治者）一定得精通厚赏的技巧，这样才可以使兵士彻底效忠。”该书的译文及评注都有关于侈靡论的内容。在“第五篇”中我们读到：“过俭则限制商业，铺张则浪费物品。”在“第七篇”中我们看到：“如果国君赏罚失当，人民（官员）就会懈怠，他（国君）也将发现（搞成如此）是不值得的。”“用财啬则费”译成“吝啬造成浪费”，意思较广，而且也较正确。在第 330 页中，关于“失业救济”的评论，译自第六十九篇，其托名为管仲所做的原文如下：若岁凶旱水泆，民失本，则修宫室台榭，以前无狗、后无彘者为庸；故修宫室台榭，非丽其乐也，以平国策也。

最后，就训诂方面而论，杨联陞指出，所有注疏家中能够正确了解《管子·侈靡》篇的是日本学者猪饲彦博（字敬所，1761—1845）。猪饲彦博于 1798 年（日本宽政十年，即清仁宗嘉庆三年）出版的《管子补正》一书也最为郭沫若所推崇。①

另外，杨联陞教授早年还写过一篇《“管氏有三归”的确解》，刊于《大公报·史地周刊》（1936 年 11 月 13 日）。

葛瑞汉（又译为格瑞汉姆，Angus Charles Graham，1919—1991），英国汉学家，1919 年 7 月出生于英国威尔士的珀纳思（Penarth）。1932—1937 年，葛瑞汉在希罗普郡的埃尔斯大学学习，后在牛津大学神学院学习神学，并于 1940 年毕业。随后，他加入皇家空军。1944—1945 年接受日语训练后，他被派到马来西亚、泰国等地担任日语翻译。1946 年，葛瑞汉进入伦敦大学的东方及非洲研究院（S. O. A. S.）选修汉语。1949 年，他获得文学学士学位，毕业后留校担任古汉语讲师。1953 年，他获得哲学博士学位。1971 年，葛瑞

① 郭沫若、闻一多、许维遹：《管子集校》上册，科学出版社 1956 年版。

汉担任伦敦大学东方及非洲研究院古汉语教授，任职长达13年之久，直到退休。他于1981年当选为英国（文史哲）研究院院士。1991年，葛瑞汉因病逝世，享年72岁。葛瑞汉曾以访问学者、客座教授的身份于香港大学（1954—1955年）、耶鲁大学（1966—1967年）、密歇根大学（1970年）、康奈尔人文学会（1972—1973年）、新加坡东亚哲学研究所（1984—1986年）、台湾清华大学（1987年）、布朗大学（1988年）和夏威夷大学（1989—1990年）等讲学。

葛瑞汉在其《阴阳与关联思维的本质》中大量运用了《管子》书中的内容。其著作的英语信息是Angus C. Graham, 1986. *Yin - Yang and the Nature of Correlative Thinking*. Singapore: Institute of East Asian Philosophies。他在文中提及《吕氏春秋》是最早提出关联系统并带有确切年代的哲学文献，而成书较早的《管子》一书已有历法系统，蕴含有五行与朝代更替、王室历法的关联，但其历法没有涉及五德相克，只是处于一个从属的位置。他在文中提及《管子》第85章中的宫廷历法甚至可与医学经典合用一个宽容的行为公式：“生而勿杀，赏而勿罚。”

美国著名汉学家华兹生（又译为瓦特生或伯顿·沃森，Burton Watson），1925年生于纽约，1956年于哥伦比亚大学获得博士学位。华兹生教授曾以福特基金会境外学人的身份在日本京都大学从事研究，并先后在京都大学、哥伦比亚大学及斯坦福大学教授中国语文及日本语文。2017年4月1日，华兹生病逝于日本，享年92岁。他曾翻译过多部中国的诗歌、传记、佛经、哲学著作等，如《荀子概要》（*Xunzi: Basic Writings*, 1963）、《墨子概要》（*Mo Tzu: Basic Writings*, 1963）、《庄子概要》（*Zhuangzi: Basic Writings*, 1964）等。1962年，哥伦比亚大学出版社在纽约与伦敦同时出版了他的《中国的早期文献》（*Early Chinese Literature*）一书。该书包括公元前11世纪到公元1世纪的中国历史、哲学和诗歌三大部分内容，共计304页。其中的哲学部分论及《管子》一书。华兹生对《管子》一书进行了分析和评论，但没有论及《管子》一书中《枢言》《心术上》《心术下》《白心》《内业》等篇的内容，而这几篇是战国时期道家思想的主要来源。《中国的早期文献》一书还介绍了《左传》《国语》等书。书后还附有中国纪年年表。华兹生还对中国早期的历史、哲学、诗歌的发展状况进行了综述与分析。在某种程度上而言，它相当于一部中国古代文献史。该书后由夏威夷大学的罗锦堂教授译成中文出版。值得一提的是，1968 年，华兹生把《庄子》全书译成英文。出版后，华兹生的《庄子》译本被公认为《庄子》的最佳英译本，也成为汉学界引用最为频繁的一个译本。著名学者刘殿爵和杨联陞都先后为《中国的早期文献》撰写书评。

第三节　美国汉学家罗森和沙其敏等的管子研究

美国汉学家罗森（Syndney Rosen）于 1976 年在《亚洲研究杂志》（*Journal of Asian Studies*, vol. 35, no. 3, 1976, pp. 431 – 440）上发表了《对管仲的历史考察》（"In Search of Historical Kuan Chung"）。《亚洲研究杂志》是美国亚洲学会的会刊，于 1956 年创刊，被认为是亚洲学领域最有影响力和权威性的季刊。这篇文章源自罗森于 1973 年在芝加哥大学完成的同名博士论文。1978 年，罗森还在美国汉学家芮效卫（David T. Roy, 1933—2016）和钱存训（*Tsien Tsuen-hsuin*, 1910—2015）主编的《古代中国：早期文明之研究》（*Ancient China: Studies in Early Civilization*）一书中撰写了《中国先秦时期的"霸"之概念的演变》一文。该文论述了《管子》一书中"霸"的概念。

罗森曾任美国缅因州奥特维尔市科尔比学院东亚历史系的助理教授。1973 年，罗森获得美国芝加哥大学博士学位，师从芝加哥大学东亚语言文明系和历史系的著名汉学家顾理雅（Herrlee G. Creel, 1905—1994）教授。1973 年，在芝加哥召开的第 25 届亚洲学年会上，罗森将《对管仲的历史考察》一文提交会议并进行交流。

罗森的《对管仲的历史考察》一文基于《左传》和《国语·齐语》中关于管仲的史料记载，分析其权威性以及两篇文献对管仲的不同态度。罗森主要从三个方面论述了自己的观点。第一，罗森认为《左传》对齐国统治的描述不同于《国语·齐语》所述，而《国语·齐语》在官员职责的描述方面比《左传》更加明确。《左传》不称管仲为"宰"，对齐桓公军民控制的描述也不如《国语·齐语》详细。第二，通过比较二者的文本特征，罗森认为两部文献关于管仲的记述可能出于同一时期的不同作者，但二者的论述重点不同：

《国语·齐语》中的齐桓公和管仲是美德与能干的代表，而《左传》中的齐桓公爱好美色，喜欢拓疆扩土。罗森认为《左传》中的齐桓公是真实可信的，但《左传》对管仲的描述又较少。而《国语》把管仲描述为敢于担当天下的“儒家”先驱。在对管仲宰相职位的描述方面，《国语》比《左传》更加突出了管仲儒家的先驱特质，强调他对规则制度、赏罚手段的运用，指出他同时利用大环境的规范化来提升民众的社会素质，其实这些都是春秋末期的法家所为。这些也正是《左传》对齐桓公和管仲描述的缺失。第三，罗森认为《左传》对齐国的描述不同于《国语》。《左传》一书对齐国的描述涵盖了整个春秋时期，所述其政治和社会结构完全不同于《国语》描述的管仲所倡导的体制改革。根据《左传》所述，春秋时期的齐国仅是一个小诸侯国，拥有自己的封地和中央政权派驻的授权代表。《左传》也没有明显提及军民等级制度之间的关系，指出军队受君主的垂直领导。而《国语·齐语》关于军队组织的描述更加复杂、详细，军队被分为左中右三部分，君主通常负责指挥中军，军团组织变得更加等级化。另外，《国语·齐语》中关于政府职能的描述也不同于《左传》所述。《左传》中的齐国官员比较关注君主朝政、自己的家庭和军事冒险等，对政府职能的描述不太正式，带有私人化倾向；对作为统治基础的经济力量和民众支持的描述更是不足。

最后，罗森提出了一个假设，认为《国语》对齐国统治的描述多出自作者的想象，对齐桓公的描述也过于理想化。罗森建议，关于齐国的历史以及管仲的形象描述，最好参考《左传》所述。《左传》关于管仲的记载缺失正是其真实可信的体现。通过《左传》对相关社会及政治情况的描述，加上其他西周诸侯国及战国文献的记载，我们可以探究管仲在齐国改革中的影响。另外，罗森也逐一分析了孔子在《论语》中对管仲的评价（7 处），以及《墨子》（11 处）、《孟子》（9 处）、《荀子》、《韩非子》（41 处）中的相关评价。在最后的结论中，罗森认为《左传》对管仲及其事迹的描述是准确的，管仲是齐桓公的国家管理顾问，主要负责诸侯国之间的事务，辅佐齐桓公成为周王朝的护国公和诸侯霸主，而管仲的改革保证了齐国长达三百年的昌盛繁荣。管仲对保存西周王朝的正统地位和儒家先驱的价值观起到了一定的作用。而《国语》对管仲的描述在一定程度上表现了西周诸侯国之间的政治气候和政治思想的变化过程,为探讨政府的统治艺术奠定了基础。

另外,在《中国先秦时期的“霸”之观念的演变》(原书第99~114页)一文中,罗森结合其他文献就《左传》对公元前7世纪到公元前6世纪齐国和秦国的“霸”之观念做了比较分析。罗森把“霸”的动词意义与“Hegemon”等同起来,这与韦利(Arthur Waley)在其《论语》英译本中的用词及其他欧洲学者的观点明显不同,具体可参考 Arthur Waley, *The Analects of Confucius*, London: George Allen & Unwin, 1938, p. 49。他们认为“霸”与“伯”同义,都体现了西周长期以来辅佐、教育、保护国王的传统角色。而罗森认为,由于管仲的辅佐,齐桓公早年保护国王与篡位夺权或摄政并无多大语义区别,但这一思想与《左传》中对齐桓公的相关描述不太一致。

美国汉学家沙其敏(又译为撒切尔,Melvin P. Thatcher),美国华盛顿大学博士(1978年),退休后在美国犹他大学历史学系担任兼职助理教授,开设中国族谱学等课程,同时还兼任美国犹他家谱学会亚非太平洋地区部门负责人。他曾于1978年在《华裔学志》(*Monumental Serica*,33,1977—1978)上发表了《楚齐晋三国中央集权的结构比较》(“A Structural Comparison of the Central Governments of Ch'u, Ch'I, and Chin”)。作者在1975年3月亚洲研究协会的旧金山年会上还曾以“楚齐晋的政府管理比较:结构与执行”为题做过交流。沙其敏在论及齐国政治时曾提过齐相管仲。①

在《楚齐晋三国中央集权的结构比较》一文中,沙其敏重点探讨了春秋时期楚齐晋三国国家权力机构的结构性变化;三个诸侯国的中央权力机构的变化是不一样的;同名的权力机构在不同诸侯国中的地位也是不一样的。该文还探讨了权力职位与掌权人性格之间的关系。春秋时期,楚国诸侯的权力制衡集中于令尹、司马及莫敖之间,其官职的大小排序也是令尹、司马和莫敖。据楚国的历史记载,出现得最早的官职是莫敖(公元前701年),其次是令尹(公元前690年),最后是司马(公元前634年);但是历史记载的先后顺序并不一定是官职实际设立的顺序。三个官职后来又增添了几个副职,逐渐形成了三分式的楚国政府机构。但是令尹、司马及莫敖的权力也会

---

① 另参见赵锋、李兴斌译《楚、齐、晋中央政府的组织结构比较》,见《齐文化丛书 12 资料汇编 外国论文卷》,齐鲁书社1997年版,第56~69页。

因为任职者的个人地位和影响而一直处于变动之中，其中也包含了左右副职的地位变化。尽管楚国的中央政府拥有规范的官场等级结构，但有证据表明，即使有杰出才能的个人官职较低，但其实际的政治影响能超过职位比他高的人。

春秋时期的齐国政治权力集中于统治者及权贵家族，权力机构通常有一正一副来执掌。公元前 6 世纪却出现了第三个权力部门——“相”，齐国的宰相在一定程度上充当了统治者与权贵家族之间的权力制衡者和缓冲者的角色。在齐国，担任齐国二守的国氏和高氏家族（官职一正一副）是西周王朝派驻齐国的“命卿”，他们的权力都是世袭的，这也是管仲任宰相后改革的阻力所在。齐国国王希望齐国的宰相能平衡自己与周王朝派驻的上卿、命卿之间的关系。而上卿家族的政治存在是春秋时期齐国政治结构的基本形态，他们在名义上把控着齐国的朝政。公元前 685 年，鲍叔牙向齐桓公举荐管仲为相，取代了上卿高傒，尽管国氏和高氏家族依然活跃在齐国政坛，但与管仲相比，他们的政治辅佐作用对于齐桓公而言就相对弱化了不少。后来，公元前 548 年，右相崔杼杀死了国君齐庄公，另立新君，以庆封为齐国“左相”。左相官职的出现标志着公元前 6 世纪中期齐国权力机构的重大发展。齐王与高氏家族的竞争和其对官职一正一副的二元主义的偏好，是崔氏家族和高氏家族兴起的两个关键因素。而设立“相”是缓冲和平衡齐国国君与国氏、高氏家族权力的手段，也是崔氏和庆氏家族兴起的关键因素。在齐国传统的两极权力结构中，一是齐国国君，一是国氏、高氏家族的世袭高官。“相”位的设立使得齐国国君可以绕过世袭高官来贯彻自己的执政意向，从而也使得新兴的政治家族在政治影响上可与世袭的国氏和高氏家族进行竞争，从而形成了权力结构中的第三极。“相”成为国君削弱世袭高官的得力助手。而国氏和高氏家族世袭高官的存在是齐国在政治制度上奉行保守主义的标志，而保守是春秋时期齐国政治社会的特点。

春秋时期晋国的政治权力最初一直由王室及其家族垄断，后来随着宗派斗争的加剧，出现了一些新兴家族势力，传统的权力格局开始发生变化。公元前 6 世纪中期，新兴家族势力完全取代了传统贵族的官位，占据了国家的权力核心职位，进而改变了中央政府的权力结构。在晋文公之前，晋国的军事和民事管理是完全分离的，司徒管理民众，司空监管行政，辅助官职有司马（军事元帅）、司寇（罪犯）、太师、太傅等。公元前633年，晋文公开始了中央政府的权力重组，把民事和军事都集中在军队统帅的手中。为了加强诸侯间的霸权竞争，晋文公提升了国家的军事力量，设立了“中军”，把军备力量改为三路——中军、上军和下军，各由势力强大的家族来担任统帅和副统帅。原有的官员职位都得到相应的弱化。晋文公成功地把支持自己的新兴家族势力团结起来，以期为国所用，进而也稳定了中央政府的权力机构和权力运作。相对来说，晋国这一时期中央政府组织结构的变化与发展比较明晰。晋文公的这次政治改革由国君一人专制转向了多个实力家族的联盟统治，使政府结构趋于稳定。

沙其敏说，纵观楚、齐、晋三国中央政府结构的官职等级变化，楚国和齐国在政治权力结构上的变化比较保守，晋国政治权力的变化较为激进。楚国最为保守，中央政权机构几乎没有任何重大变化；而齐国在公元前6世纪中期的上层政治改革中有所创新，推出了“相”的制度，使得上层权力的两极化（国君与世袭命卿）变成了三极化（“相”之家族）构成，但齐国的政府结构整体上还比较稳定。另外，对于楚国与晋国相同职位（比如司马）的特征与时限考察，要具体到它的时间和等级序列的变化。随着时间的变化，一个官职的重要性会有所增减，从而改变其在权力序列中的位置。沙其敏最后指出，在论述春秋时期不同诸侯国的同一官职时，要对不同官员的等级结构做出具体分析。

美国学者王安国（又译为莱格尔，Jeffrey Kenneth Riegel，1945— ），1945年出生于美国佛罗里达州迈阿密市，美国迈阿密大学哲学与历史学荣誉学士、美国斯坦福大学汉语博士，曾任美国加州大学伯克利分校教授长达37年，2007年退休；后任悉尼大学中国学中心教授、语言与文化学院院长（2015年退职）。其博士论文是《〈礼记〉中的子思四篇：翻译与研究》（“The Four ‘Tzu Ssu’ Chapters of the *Li Chi*”）。他对管子其人及《管子·内业》篇进行了深入剖析。王安国对《管子·内业》篇的研究基于英国汉学家隋唐史专家杜希德（Denis C. Twichett，1925—2005）教授转录自哈隆教授的管子研究及翻译笔记。相关论述需日后再去充实。

第四节　美籍华裔学者萧公权的管子研究

萧公权（Hsiao Kung-chüan，1897—1981）于1920年赴美密苏里大学就读，师承萨拜因（George Holland Sabine，1880—1961）教授，后在萨氏的推荐下，就读于康奈尔大学，师从哲学家梯利（Frank Thilly，1865—1934）教授，专攻政治哲学，并完成其博士论文《政治多元论》。萧公权在1926年取得博士学位，之后任教于中外多所高等院校。1940年，萧公权完成书稿《中国政治思想史》。该书于1945年由上海商务印书馆出版。1979年，美国汉学家牟复礼（Frederick Wade Mote，1922—2005）将此书译成英语，并由普林斯顿大学出版社出版，英语译名是 *A History of Chinese Political Thought* 。该书的英译本在国际上产生了很大影响。

牟复礼是美国著名汉学家和中国史学家，他的中文名取自《论语》中的“克己复礼”。他是普林斯顿大学东亚系的奠基人，并将其发展成全美国乃至整个西方研究中国历史的中心之一。他的主要著作有《帝制中国：900—1800》（*Imperial China*：900—1800），主持编写了《剑桥中国史·明代史》。牟复礼的《中国政治思想史》英译本在西方影响较大。我们将其中的管子论述及后续影响也归于萧公和牟公二人名下。该书的第六章专门论述管子。该章从管子之身世与时代、尊君与顺民、以法治国、经俗、经产和经臣等方面详细地论述了《管子》中的政治与经济思想。现择要录之。

在“管子之身世与时代”一节中，萧公权分析了史上对管仲与《管子》的三种看法。之后，他提出：“殊不知《管子》书中虽主法治，而其观点及内容均与申不害、公孙鞅、韩非、李斯诸家不尽相同。以商韩之标准衡之，管氏法治恐不免‘大醇小疵’之叹。《汉书·艺文志》列之‘道家’，《隋书》始改列‘法家’之首。观分类之不一，亦可想见其内容之不纯。吾人如谓《管子》为商韩学术之先驱，而非法家开宗之宝典，殆不至于大误。其书是否确为管仲所作，或果承霸国遗教，尚属次要之问题也。”①

---

① 萧公权：《中国政治思想史》，辽宁教育出版社2001年版，第178～179页。

在“尊君与顺民”一节中，萧公权认为：“儒法根本之区分既明，吾人可进而判断《管子》思想之宗派。《管子》书盖取法家君本位之观点以论政，而犹未完全脱离封建与宗法历史背景之影响者也。荀子认为（原无此字）人君职在‘管分之枢要’，故其位不可不尊，其势不可不重。管子论君道，其大旨与此略同。”“管子本尊君之旨，行顺民之术，实上承封建之遗意，下开商韩之先河。内容间杂，乃过渡思想之通例，此其较著者耳。霸者‘假之’亦自其有历史上之原因，非出于偶然也。”①

在“以法治国”一节中，萧公权认为，“一君专制，管子所立之国体也。国体既明，当进论治术。《明法篇》曰：‘威不两错，政不二门。以法治国则举错而已。’‘法治’者管子治术之主干也”②。他进而分析礼法之狭义与广义：“礼之狭义为仪，法之狭义为刑。礼法之广义为一切之社会及政治制度。”“礼治不必废刑法，法治不必废礼仪。荀管二家之思想正可为吾人作明证。荀子屡立明刑而不失为儒家后劲，管子有时明礼而不失为法家先驱……”③他进而分析了《管子》中不同的“法”之涵义，认为法可概述为“法为一切政治制度之总称”，管子所谓“以法治国”者实无异于谓治国者必须立固定之制度，而非任君主随时以私意为裁断也。故曰：“不法法则事毋常。”之后，他又讨论了管子的法学思想与欧洲尊法思想的差异。④

在“经俗”一节中，萧公权论述了经俗乃法治之基础。《管子·重令》篇曰：“朝有经臣，国有经俗，民有经产。”此三者即完成法治之主要条件也。萧氏言，何谓国之经俗。所好恶不违于上，所贵贱不逆于令。毋上拂之事，毋下比之说。毋侈泰之养，毋逾等之服。谨于乡里之行而不逆于本朝之事者，国之经俗也。管子所谓经俗实为法治之心理基础。管子以“经俗”之术为法治之基，其说与孔子相近。然而我们试略一深究，即知二家于此亦有根本不同之处。儒家以教为政，其目的在兼善天下，使人人皆有“成人”之机会。也就是说，儒家以个人道德的发展为政治之最高理想。故其治术虽礼义与刑

---

① 萧公权：《中国政治思想史》，辽宁教育出版社 2001 年版，第 180 页、第 185 页。
② 萧公权：《中国政治思想史》，辽宁教育出版社 2001 年版，第 185 页。
③ 萧公权：《中国政治思想史》，辽宁教育出版社 2001 年版，第 185 ~ 186 页。
④ 萧公权：《中国政治思想史》，辽宁教育出版社 2001 年版，第 193 ~ 194 页。

法兼用,而礼义为主。管子教育之目的则不在个人道德发展之完成,而在人民之顺服以事君国。孔子以教为政,管子以教行法。最后,萧公权又言管子之法治与商韩之法治有异。他说:“商韩主任法而弃一切仁德礼义之教化,管子则犹欲借礼教以行法,此其相异者一。商韩倾向于以国法君威为控制人民之唯一力量,管子则犹重视家族人伦之关系,此其相异者二。”①

建立法治之另一基础为“民有经产”。在“经产”一节中,萧公权认为:“管子树立经产之术以重农政策为中心而辅之以节用,输财,济困诸端,其所立之重农政策大意与他家无甚差异。如《牧民篇》谓‘积于不涸之仓者务五谷也。藏于不竭之府者养桑麻育六畜也’。《治国篇》曰:‘民事农则田垦,田垦则粟多,粟多则国富。’”②管子完成经产之作用在富国而不在富民等。

在“经臣”中,萧公权指出:“国赖君以立制度,资民以为富强。佐君以整民者则为各级之官吏。故经臣与经俗经产同为法治不可缺之条件。‘何谓朝之经臣?察身能而受官,不浮于上。谨于法令以治,不阿党,竭能尽力而不尚得,犯难离患而不辞死。受禄不过其功,服位不侈其能,不以毋实虚受者,朝之经臣也。’”③

综上,萧公权对《管子》一书蕴含的政治与经济思想做了较为详细的论述。后来其弟子、美国汉学家牟复礼(Frederick Mote)教授穷十余年之力翻译此书。上卷已由普林斯顿大学出版社印行,共778页。汪荣祖云,书出未久,已为彼邦学者购买一空,纯学术性著作销售如此,洵不多见,同时也可知此书的历久不衰,经得起时间的考验。④ 由此可见萧公权对管子之政治经济思想的宣传之力,伟哉!

第五节　美国汉学家田浩和罗浩的管子研究

美国汉学家田浩的论文《论早期儒家的个人美德与社会贡献的对立发

---

① 萧公权:《中国政治思想史》,辽宁教育出版社2001年版,第198页。

② 萧公权:《中国政治思想史》,辽宁教育出版社2001年版,第199页。

③ 萧公权:《中国政治思想史》,辽宁教育出版社2001年版,第203~204页。

④ 汪荣祖:《先师萧公权写〈中国政治思想史〉》,见萧公权《中国政治思想史·序言》,中国人民大学出版社2014年版。

展:兼论对管仲与霸业的不同态度》载于《东西方哲学》1981 年第 31 期,第 17 ~ 28 页。该文献的英语信息是“The Development of Tension between Virtue and Achievement in Early Confucianism: Attitudes toward Kuan Chung and Hegemon (pa) as Conceptual Symbols”。

田浩(Hoyt Cleveland Tillman)出生于 1944 年,本科时学习美国史和欧洲史,研究生阶段开始转向中国史研究。他于 1976 年获得哈佛大学东亚语言与历史学博士学位,导师是史华兹(Benjamin J. Schwartz)和余英时。毕业后,他担任美国亚利桑那州立大学历史哲学宗教学院的历史学系教授,主要从事宋元思想史研究,先后任教于哈佛大学、夏威夷大学、北京大学、中国人民大学等。他曾任杭州师范大学国际宋学研究中心荣誉主任以及北京大学古代史研究中心的访问教授。他著有《儒学话语与朱子说的主流化》(*Confucian Discourse and Chu Hsi's Ascendancy*, University of Hawaii Press. 1992)和《海外中国研究丛书》之《功利主义儒家:陈亮对朱熹的挑战》,并编有《宋代思想史论》。

《论早期儒家的个人美德与社会贡献的对立发展:兼论对管仲与霸业的不同态度》一文最初曾被田浩拿在 1976 年哈佛大学和美国国务院高等学会合办的中国古典思想研讨会上交流,并受到多位与会专家的好评。该论文通过管仲和霸业的象征符号探讨了早期儒家对道德伦理和事功伦理的看法。这一方法类似于西方学者常用的动机与后果的分析研究。但田浩在文中巧妙借用了中国思想史家的用语来研究伦理学中的社会伦理问题。该文集中探讨了孔子、孟子、荀子等对管仲和霸业的相关评论,梳理了早期儒家对管仲个人道德伦理及功业的不同评论。

孔子力倡内圣外王,认为臣民的温饱和安全等福祉由君王负责,君王应以身作则,引领臣民步入社会正轨。孔子关于管仲的评论区别于后世儒家的观点。尽管孔子对管仲褒奖有加,但孔子仍然认为管仲的某些个人行为不符合当时的社会礼节和社会道德要求,而管仲这一内圣外王的矛盾心态在后来的儒家中又有所推进。田浩还分析了 12 世纪的陈亮与朱熹对管仲的相关评论。而孟子的性善论有利于理解管仲的这一矛盾心态。在个人伦理与社会伦理的对峙中,孟子认为尽管管仲协助齐桓公成就霸业,但是管仲并没有让齐桓公行王道。因此,孟子对管仲颇有微词,对别人把他誉为管仲再世也不以为然。孟子甚至认为齐桓公没有行王道,实为管仲办事不力。

荀子对内圣外王之道也是极力推崇的。与孟子相比,荀子更加务实,更加关注事情的结果,不太关注动机的好坏,也更加关注齐桓公的霸业研究。像孟子一样,荀子对齐桓公称霸的动机和霸业也多有攻击,对管仲的人格也颇多微词。他认为管仲只是个"功臣",而非"圣臣"。在霸道和王道之间,荀子认为管仲过多关注了功业和实际知识,而没有追求更高层次的仁政与廉政,没有完成从霸道到王道的提升。

与孔子的观点不同,孟子和荀子都很看重道德背后的动机以及外在取得的成就。他们也同时意识到了二者之间的对立关系。孟子不主张为了实惠去行善,因为这样的动机可以为恶,使人变得自私自利。荀子认为一个人的社会成就与个人的道德关涉不大,在追求善行的过程中也可顾及实惠。另外,荀子比孔子更加关注一个人的社会价值和政治价值,更加关注一个人的行为道德和社会意义。

美国汉学家罗浩(又译为哈罗德·罗斯,Harold D. Roth),美国布朗大学宗教研究与东亚研究系教授。罗浩教授主要研究古典中国宗教思想、古典道教、经验的比较等。他先后出版了多部著作,如《〈淮南子〉的文本历史考证》(亚洲研究协会,1992 年)、《原道:〈管子·内业〉篇及道教神秘主义基础》(哥伦比亚大学出版社,1999 年)、《道教的身份认同:宇宙学、谱系和仪式》(夏威夷大学出版社,2002 年)、《〈淮南子〉:中国汉朝政府管理的理论与实践指南》(合著,哥伦比亚大学出版社,2010 年)、《〈淮南子〉基础读本》(合著,哥伦比亚大学出版社,2012 年)等。他还撰写了 50 多篇关于中国道教传统的历史和宗教思想的文章。

在《原道:〈管子·内业〉篇及道教神秘主义基础》(*Original Tao: Inward Training and the Foundations of Taoist Mysticism*)一书中,罗浩重点分析了《管子·内业》篇。我们根据托马斯·迈发表在《宗教杂志》上的书评择要译出,以飨读者。

罗浩认为《管子·内业》篇是战国以来至汉初关于中国早期道教思想的最为著名的文本资料。传统意义上的道教文本首先指《老子》和《庄子》。

但传统并不具有真正意义上的社会活动的性质，并且《管子・内业》篇所说的道家思想与公元前2世纪流行的道教具有本质上的区别。罗浩认为作为早期道教文本资源的《管子・内业》篇要远远早于《老子》和《庄子》。他认为早期的道教应该具有丰富的社会学意义。《管子・内业》篇是解释道家神秘主义思想的一把金钥匙。

该书共分五章。第一、二章是对《管子・内业》篇文本的解读和英译。罗浩认为《管子・内业》篇不仅是中国早期道教的最早文本，而且还是早期道教发展的一切根源。《管子・内业》篇记载了系统修行的道家方法，能使人身心合一。第三章是对《管子・内业》篇文本结构和几处关键术语的解读。第五章是对早期道教新发展的一种独特解读。罗浩认为《管子・内业》篇作为早期道教的文本，其特点就在于它表现出的独特操作性，也就是我们所说的道术。道术是道家自我修炼的基本方法。而这些方法又散见于战国时期的许多文献中。但这些道家道术往往受到人们的误解，或被传统学术弃之不用。罗浩认为《管子・内业》篇提供的这些方法是道家神秘主义自我修炼的最古老的文本资源。而所谓的道家就是那些根据《管子・内业》篇所提供的方法而进行自我修炼的实践者。罗浩这部著作的一个重大成果就是揭示了道教文本之间存在的深刻而又密切的联系。这使我们认识到《管子・内业》篇与《老子》《庄子》之间的内部关联，换言之，在早期道家的谱系发展中，它们具有共同的或同样的修炼方法。罗浩提出了大胆的设想，那就是《管子・内业》篇给我们梳理了战国时期这些道家文本之间的变化，其中包括师徒传承关系以及道家的正确修行方法。罗浩认为道家能够通过正确的呼吸方法来达到身心合一、与道同在的境界。罗浩在第四章使用了神秘主义这一术语来解释《管子・内业》篇，这是对《管子・内业》篇非常流畅的现代解读。罗浩认为这些道家表现出来的神秘主义是基于他对正常人的经验和其他经验对比得出的。罗浩认为达到身心合一的得道境界是道家内修的一个基本目的。早期道家的神秘主义从本质上来讲，是要追求实现人的完整性、身心合一的和谐性。尽管我们努力地去理解早期道教从业者追求的内心修炼，但是我们通过现在的学术手段，对神秘主义、最初的道、道之为道、何谓道等又能给予一个怎样的解答？

另外，罗浩还在《早期道家思想中的心理与自我修炼》（“Psychology and Self-Cultivation in Early Taoistic Thought”）中论述了中国早期道家传统的情况，包含老子、庄子以及《管子》和马王堆出土的黄老手稿等。在《〈管子〉的编写考证与中国早期道教史》（“Redaction Criticism and the Early History of Taoism”. *Early China* 19：1－46. 1994）中，他还把《管子·心术下》篇与《管子·内业》篇进行了比较说明，并论述了它们对诸侯统治术的启发。

第四章　21 世纪的欧美管子研究

进入 21 世纪后，欧美管子研究的相关文献也不是太多。我们将在本章予以简介。

第一节　美国汉学家罗斌和麦安迪的管子研究

罗斌(Robin McNeal)于 2000 年在美国西雅图华盛顿大学历史学系获博士学位，同年任康奈尔大学亚洲研究系助理教授，2006 年升终身教授。罗斌曾任康奈尔大学东亚研究中心主任，曾在北京大学中文系进修。罗斌教授是美国著名的中国先秦文化和古代史研究方面的汉学家，在康奈尔大学亚洲研究系教授中国古代思想史，近年来的研究领域为中国早期信仰、民俗、文化。他已经发表了 30 多篇关于中国古代文化与先秦文明产生问题的研究论文，如《略说美国"汉学家"对中国历史的研究方向和方法》《〈逸周书〉中兵书的基本理论及其风格特征》《古代中国神话解析》《历史与神话：我的中国研究》《中国社会早期的战争思想》《现代中国如何构建一个古老的神话》等。他还出版有《中国早期的文字》《征服与管理：〈逸周书〉中的中国早期军事文本研究》等研究中国问题的专著。

在《古代中国的博物学家的思想发展：李克〈管子〉译本的书评》("The Development of Naturalist Thought in Ancient China: A Review of W. Allyn Rickett's Guanzi", *Early China*, *Vol.* 28:161 - 200. 2003)中，罗斌首先肯定了美国汉学家李克首次完成《管子》英语全译本的学术意义，并简要分析了译本对原文章节的年代考证与内容概括情况，强调了《管子》译本对理解早期古代中国的意义所在。罗浩根据司马谈的六道之论来反思《管子》的学派归属问题,认为《管子》的学派归属直接制约了后人对《管子》的解读与流传。

美国学者麦安迪(又译为安德鲁·迈耶,Andrew Meyer),纽约市立大学布鲁克林学院历史系副教授;1989 年毕业于布朗大学东亚系,获学士学位;1999 年毕业于哈佛大学东亚语言与文明系,获博士学位。他还在中国研修汉语四年。其主要研究领域是中国中古时期的知识分子史,代表作有《〈淮南子〉:中国政府管理理论与实务》。

麦安迪的论文《社稷戚于亲——论知识分子参政的齐国模式和稷下学宫》("The Altars of the Soil and Grain are Closer than Kin: The Qi Model of Intellectual Participation and the Jixia Patronage Community")于 2010 年发表于《古代中国》。麦安迪在其论文中描述了战国时期田齐政权推动的知识分子独特的参政模式。他在文中指出,多数学术文章往往假设中国古代的"师""徒""学派"等术语具有常规的稳定意义,而知识分子参与公共生活的社会模式总是沿着这些稳定的思想路线进行。然而,相关文献证明,中国早期文献描述的知识分子生活都受到了强烈的质疑,并且这些术语的意义和用法易于出现变动,因为不同的利益集团为知识分子的生活准则建立了不同的首选参数。齐国的田姓诸侯为篡夺姜齐政权而进行辩护,进而提倡知识分子应该承继《论语》里的那种师徒生活。众所周知,《论语》中的师徒对话是学者参政议政的方式,其实不然。因为田齐政权运用"赞助人"的方式来引导知识分子参政。那么,田齐政权的赞助人政策是如何实现让知识分子参政,又是如何影响中国早期社会、政治、文化的发展的呢?

麦安迪说,在《管子》和《晏子春秋》等官方编纂的文献中,田齐诸侯主张知识分子应从理论上认同田齐的合法地位,而不应以个别"大师"或特定的"学派"来评价田齐政权,主张思想家、教师、学生等知识分子应该默默为田齐政权服务。《管子》和《晏子春秋》等文献本身就是一个历史推演的过程,也是齐国田氏政权赞助知识分子的结果。麦安迪在文中通过对比《论语》和《管子》,展现了知识分子参政的不同模式。麦安迪同时强调指出,《管子》一书蕴含有齐国田齐政权的执政观点与政策,凸显了田齐政权中知识分子参与公共生活的特有模式。

麦安迪在谈到稷下学宫的特殊性时说,稷下学宫的出现是田齐政权与知识界妥协的结果,多数知识分子通常倾向于维持个别大师的个人声望。稷下学宫的成立基于齐国田氏政权的资助,而来自权贵的资助在战国时期十分广泛,也很流行。但是,稷下学宫在这些被资助者中又是非同寻常的。与其他的被资助者不同的是,稷下学宫是由知识分子组成的,他们作为齐国政权的门客而存在,而不是哪一个权贵的门客。此外,隶属于某个权贵的门客在供养上不同于稷下学宫里的门客。稷下学宫的门客并不像其他受资助群体那样受到严格的限制,而是向养有大量门客的个别权贵做了薪酬的"转包"。因此,稷下学宫满足了齐国田齐政权使知识分子的活动服从于国家意志的政治愿望,同时也在一定程度上保留了知识分子选择权贵的自主特权。

第二节　德国学者施维礼的管子研究

德国学者施维礼在他的论文《〈管子·心术上〉中之"虚"》中探讨了"虚"这个概念所扮演的角色。不同于一般论文的是,他在该文中没有把它放到《管子》四篇中来谈论,而是单独处理这一篇,原因是郭沫若设定的将四篇放在一起来讨论的方法或者说这种"概念等同化"的方法虽然流行①,但他对这一方法持保留态度,他认为仅从概念的运用来说,四篇的统一性就是一个大问题,至于讨论范围,则见仁见智。施维礼同时也梳理了西方关于《管子》四篇的学术传统。早在1927年,德国汉学家佛尔克将《管子》四篇视为不同于一般的《管子》书,认为其蕴含有道家神秘主义色彩的思想传统。而后来的学者葛瑞汉和罗浩都接受这个看法,他们关注的是"道"的神秘色彩与个人修养之间的关系。葛瑞汉认为统治者经过个人修养而后拥有"道"的神秘色彩,从而获得统治的特殊能力。罗浩则单独讨论《管子·内业》篇,使用西方神秘主义理论来判定《管子·内业》篇的特殊性。施维礼认为西方这种传统也有弊端,那就是学者很少做详细的义理分析,宁愿用西方的现成

① 施维礼解释为:比如郭沫若认为四篇中的一些核心概念如气、神、心、虚等,不过是"道"的别名。

观念对中国思想进行归类,他们忽视了概念在文句中的不同内涵,可以说是带着“先入为主”的态度来对待原典的。

对于《管子·心术上》篇中出现的“虚”字,施维礼分别从经文和解文两个部分来分析。“虚”字在经文中出现了四次,在解文里出现了十六次。正因为解文多次用“虚”字来说明经文中的一些核心概念如“因”“应”,所以,“虚”字是施维礼认为的用来解释经文的核心概念。在对经文中出现的四处“虚”字的分析中,施维礼指出,“虚”的含义一方面指叙述人应采取的态度,另一方面它描述的是“道”的主要性质;而“虚”的第二层含义已不仅牵涉处世与治国的问题,同时也涉及天地之间的一切。通过对经文中之“虚”字的探讨,施维礼指出“虚”在《管子·心术上》篇所扮演的角色:“虚”的概念所涉的范围包含了主导外界的“天”、主导人间的“君”以及主导身体的“心”;它又涉及状态和行为,如“欲”“私”和“虚”是对立的,而“神”“智”“明”则为“虚”的良好结果。

“虚”字在解文中出现了多次。施维礼首先分析了第二段里的“虚”,认为此段主要是强调“虚”对统治者的重要性。其后,他又分析了第四、五、六段中的“虚”字,认为这是在说明君主用“虚”的意义。最后,施维礼又讨论了第三段中的“虚”在天范围内的作用。施维礼指出,解文对天道的描述其实是描述统治方法的理想状态,也可以理解解文作者为何用“虚”来形容“天”,他把“虚”的范围从人的心理状态扩大到天所拥有的性质,就是为了给君主统治的合理性提供一个较深的理论基础。按照解文作者之意,“虚”不仅是人间秩序的先决条件,同时也是影响外在世界秩序的因素。① 通过细致分析,施维礼阐释了“虚”字在解文里的两种特质,一是“虚”字意义内容的界定,一是“虚”牵涉的范围。

为了更清楚呈现《管子·心术上》篇中“虚”字的特殊意义,施维礼将其与《庄子》和《荀子》里“虚”字的运用情况做了比较。首先,他分析了《庄子·应帝王》篇里出现的“虚”字。在“无为名尸,无为谋府;无为事任,无为知主。体尽无穷,而游无朕;尽其所受乎天,而无见得,亦虚而已!至人之用

---

① 施维礼:《〈管子·心术上〉中之“虚”》,《止善》2008 年第 4 期。

心若镜,不将不迎,应而不藏,故能胜物而不伤”中,施维礼指出,这里的“虚”与《管子·心术上》篇中的“虚”不同,《庄子》一书并不关心君主对事物的正确判断,而是关心人面对外物时不要在情感上受挫折。因为对外界的无可奈何,所以这里谈的“虚”在于劝人对外界不要有期待;《管子·心术上》篇中的“虚”是劝人对外界不持任何立场。施维礼认为《荀子·解蔽》篇中“虚”的心理状态并非心中无物,而是“心”里面的过去经验不会影响人们对新事物的理解。这与《管子·心术上》篇中之“虚”的含义完全不同。他分析说,《管子·心术上》篇是要求人保持“虚”的状态去名事物,而《荀子》一书认为人需要做些统合工作,才能保证正确的理解和行为。《管子·心术上》篇所理解的对象为“物”,而《荀子》所理解的对象为“道”。可以说,这种简单比较使我们对《管子·心术上》篇中之“虚”字的含义体会得更加清晰。同时,施维礼使用的分析方法不同于他所谈到的20世纪末期德国汉学家所用的方法。他用西方已有的概念来归类独具特色的东方思想。他通过扎实详细的义理分析,站在东方的思想视野和逻辑观念下,阐释了“虚”在《管子·心术上》篇里的含义与范围,这是可贵的。他最后得出结论说,《管子·心术上》篇中的“虚”不仅把君主的心理状态与行为方式联系了起来,而且把人间的统治与整个外界的运行方式连接了起来。

中编

日韩的管子研究

《管子》是管仲学派从春秋到战国代代积累的论文总集。它既有对管仲思想的记录和发挥，又有管仲之思想在不同历史时期的发展和运用，是一部经邦治国的百科全书，具有包罗万象、宏博精深的鲜明特点。这样一部中国传统文化重要典籍不仅为我国历代学者所关注，也为世界上其他各国学者所重视。[①] 但是又因《管子》各篇非一时一人之作，时间跨度很长，作者众多，文字艰涩，成书情况也极其复杂，所以相对于其他诸子的研究来说，国外的管子研究还是很薄弱的。纵观境外的管子研究，以日本为最盛。日本在管子研究方面取得了突出成绩，虽然在日本的汉学研究中或者说在日本的诸子学或史学研究中，管子研究是一个极小的分支。本编试图在现有资料的基础上，对日韩的管子研究做一梳理，提供一些日韩管子研究的信息。日本管子研究方面的资料主要源于日本国立情报学研究所开发的日本学术论文资料库、日本国立图书馆、东京都立图书馆以及一些大学（如早稻田大学、名古屋大学、庆应义塾大学、北海道大学、筑波大学等）的图书馆。但因语言问题，很多文章还待日后细细研读，且因学力与眼光所限、所获取资料的有限，信息也未必确当，挂一漏万的情况在所难免，还请读者谅解。

对管子的研究，首先是对管仲本人的研究。在17世纪早期，也就是江户时代（1603—1867）早期，当时的学者大儒就已针对孔孟对管仲的评价展开讨论，比如伊藤仁斋和荻生徂徕，虽然他们没有直接关于管子的文章，却

① 池万兴：《〈管子〉研究》，高等教育出版社2004年版，第7页。

在自己的作品中谈到了对孔孟管仲论的看法。他们作为当时“古义学派”和“古文辞派”的代表人物，他们的观点是相似的，都认可孔子评价管仲是“仁者”的看法，对孟子对管仲的评价持批判态度。这种对孔孟管仲论的看法到了百十年后仍有回响，成为当时学术界的一个重要论题。从17世纪后半期开始，也就是江户幕府时代，有学者开始对《管子》文本进行注释、校勘，并出版了专著。这些学者受到乾嘉学派的影响，从考证学来校释《管子》，并且多有发明。这方面的成果有1773年户琦允明的《管子考》(三卷)、1802年冢田虎的《〈管子〉笺注》(六卷)等。比较受注目且颇有影响力的如1789年猪饲彦博的《〈管子〉补正两卷》、1864年安井衡的《管子纂诂》(二十四卷)、1870年出版的《〈管子纂诂〉补正》，“这些书参考诸本，旁稽群书，附以己见，纠正讹脱，多为中日学者所征引”①。此时期也出现了论述《管子》书、管子其人以及《管子》思想的论文。比如1803年松村良猷的《管仲论》，该文是对江户时代早期两位大儒之观点的回应。此时也出现了一批关注中国经济思想史的学者。他们对管子的经济思想进行了不同程度的研究，也在当时的日本报刊上发表了一些研究管子经济思想的文章。此一时期的研究基本上是训点、校注、译文，没有脱出传统清儒的治学方法，也没有将西方的思想理念融入进来。

进入明治时期，如学者李庆所说“日本汉学是沿袭了传统的文化，吸取了自明治维新以来在日本扩展开来的西方文化的观点和方法，利用了19世纪末在中国及其他国家新发现的各种文献资料，并在当时的历史条件下确立和形成的”②，日本汉学萌生，大量的西方思想也渗透到学术研究领域，自然也对管子的研究带来了有利的影响。虽然在这一时期并无有影响力的专著和论文出现，但是在此时期出生和成长起来的一批学者得到了很好的汉学训练，同时又受到了西方思想和分析方法的影响，到了20世纪后，他们的成果也就将管子的研究带到了一个新的高度。就《管子》文本文献来说，1920年，第一本全译本《管子》著作出现，即公田连太郎的《国译〈管子〉》，之

① 陈书仪:《齐文化研究在国外》，见《齐文化丛书12　资料汇编　外国论文卷》，齐鲁书社1997年版，第10页。

② 李庆:《日本汉学史》(第一部)，上海外语教育出版社2002年版，第114页。

前有1914年菊池三九郎的《管子(上·下)》和冢本哲三的《管子》,但都是节译本。1938年岩村忍的《倭汉洋管子书目》是管子研究方面的目录学成果。到了20世纪50年代后,1963年神谷正男的《管仲》、1967年松本一男的《管子》、柿村峻的《管子》、月洞让的《管子入门》大都是从思想角度来诠释《管子》文本,不但利用文献考据,还运用西方的学术方法和角度,可以说是从更全面的视野来解读《管子》。1989年到1992年历时三年出版完成的远藤哲夫的《管子》为日本学界提供了一部最有权威的版本。管子思想研究方面的专书成果以金谷治的《〈管子〉研究》为集大成者。该书对《管子》与管仲的关系、《管子》的成书背景与版本,以及《管子》书中的政治思想、经济思想、法律思想、哲学思想、军事思想等做了非常系统的介绍,是一部重量级的作品。而1989年谷中信一的《日本—中国:管子研究论文、文献总目索引》也是一部很有价值的工具书,为管子研究提供了资料上的参考。

从20世纪30年代开始,就不断有管子研究的专题论文出现,比如小林升的《管仲观的变迁》、木村善尧的《〈管子〉中体现的君臣思想》、重泽俊郎的《〈管子·立政〉"九败"臆解》、穗积文雄的《〈管子〉的经济思想》、武内义雄的《〈管子〉的心术与内业》、木村英一的《〈管子〉成立二三考——〈管仲语录与管子的书〉中一部分》、宇都宫清吉的《论〈管子·弟子职〉篇——古代专制体制与社会各集团的关系研究》、赤冢忠的《道家思想的原始形态》、小野泽精一的《齐鲁之学中的气的概念——〈孟子〉与〈管子〉》、原宗子的《〈管子·地员〉篇中对土壤认识的一个侧面》等。有些学者在管子研究上用力很深,发表了一系列论文,比如木村英一、町田三郎、宇都宫清吉、赤冢忠、原宗子、金谷治、久保田刚等。他们对管子展开了系统深入而全面的研究。可以说,在他们的带动下,管子研究进入了黄金时代。

进入21世纪,日本学者对管子研究还是给予了相当的关注,论文有十多篇,探讨的范围也很广泛,比如竹佐靖彦的《〈管子〉的文献领域编成》、蜂屋邦夫的《水的哲学——中国古代水的思想是〈管子〉的中心思想》、木村清顺的《〈管子〉的军事思想和〈孙子〉的关系——以白石〈孙子兵法选〉的探讨为中心》、若江贤三的《春秋时期农民的耕田面积:对〈管子〉治国篇资料学的再次探讨》、南部英彦的《关于〈管子〉四篇的政治思想》、近藤则之的《中国古代"情"的语义思想史研究——〈管子〉中"情"的语义验证》等。

笔者通过研究搜集到的近百篇论文,发现学界对管子的研究主要集中在以下几个方面:一是对《管子》文本文献的研究,其中包括对管仲其人的研究;二是对《管子》四篇的研究;三是对管子经济思想的研究;四是对管子科技思想的研究等。

在学术方法上,可以说在20世纪50年代以前,学者们讲求分析和逻辑的实证,重视具体材料,研究的视野也不仅限于日本,而是扩大到整个欧亚大陆或更大的视野。日本学者普遍反对大而化之的论题和泛泛而谈的议论,坚持言之有据,用材料说话。所撰论著的观点来自详细的分析和认真的论证,结论力戒武断和简单化。① 20世纪60—70年代后,我们借用台湾学者黄俊杰的观点来描述学者的研究状况,就是从"内在研究进路"向"外在研究进路"发展②。内在研究进路指从管子思想内容本身出发。外在研究进路指在历史的发展脉络中去阐释管子的思想内容。当然,两者并不是孤立存在的,是互相渗透甚至互补的。尤其是20世纪70—80年代后到21世纪,随着新的出土文物和文献的出现,日本学者开始结合新的材料,更深入地解读《管子》一书蕴含的思想。

管子成为韩国学者关注的热点只是近四五十年的事情。学者严灵峰在20世纪70年代编纂《周秦汉魏诸子知见书目》时,还没有提到韩国的《管子》典籍。介绍管子思想的《管子》一书,韩文全译本只有一部,由松树出版社出版(2006年)。韩国学者对中国古代思想家的研究多以老子、孔子、孟子以及后代的墨子和荀子等为中心,而对中国古代政治家的研究主要集中在《三国志》里的诸葛亮、曹操等人物身上。究其原因,韩国自古以来深受中国儒家文化的影响,以至于在思想层面的研究多集中在儒家人物身上,同时又受到中国历史方面文学作品的影响,所以韩国学者对管子的关注较少。

---

① 徐水生:《日本的中国哲学研究述评》,《海外人文社会科学发展年度报告2010》,武汉大学出版社2010年版。

② 黄俊杰主编:《东亚文化交流中的儒家经典与理念:互动、转化与融合》,华东师范大学出版社2012年版。

韩国学者主要在政治理念、哲学思想和经济观方面对管子展开了一系列研究。管子的经济思想是他们关注的最热点。因为各方面原因，我们没有对韩国的管子研究情况展开全方位论述，主要集中论述管子经济思想的研究情况，关于韩国学者对管子其他思想的研究情况以期来日万全。

第一章 日本对管子的相关研究

日本最早期对管子的研究无疑是从《管子》文献本身开始的，时间大约是江户时代(1603—1867)。在这段时期，日本的汉学研究或者是对管子的关注更多受到传统汉学的影响，也就是广采诸家之学，注重实证的考据，主要的研究方法是校点、训诂、译文，未脱传统的治学方法，也较少见到运用西方研究方法研究的思想成果，但是相较其他国家来说，日本仍是最有成果的，正如尚永亮所说的："在域外汉文化圈中，日本是至今仍使用汉字并在汉籍保存、汉学研究中最为引人注目的国家。"①所以在这一时期，日本学者对管子的研究主要是对《管子》文本的研究，不论是有关《管子》书部分内容的注释、笺注著作还是整个全文的注释本大约有 24 种之多②，但其中未见的有 15 种，以上通过严灵峰先生的著作可知③。论述管仲其人的文章有 3 篇，其中 1 篇未见。但学者在其作品中提到并议论管仲的有数篇。到了明治时期(1868—1911)，关于管子的研究并没有大的突破和进展，相关的专著和论文也少见。进入 20 世纪，对《管子》文献及管子其人其思想的研究有了很大进展，出现了一批影响力很大的学者，也出现了完整的《管子》译本和研究管子思想的专书，对管子的研究不仅有从宏观视野着眼的，也有从微观着眼的，可以说从 20 世纪 50 年代开始，对管子的研究就向纵深和多元化的方向发

---

① 尚永亮：《日本汉学研究的几个特点及其启示意义》，《中州学刊》2005 年第 5 期，第 193 页。

② 根据谷中信一《日本—中国：管子研究论文、文献总目索引》整理，早稻田大学出版社 1989 年版。

③ 严灵峰：《周秦汉魏诸子知见书目》，中华书局 1993 年版。以下严氏云，皆据此书，不再标注。

展。我们在本章中主要介绍日本学者对《管子》文本文献的研究情况，而日本学者对管子之哲学思想、经济思想、农业科技思想等的研究，我们将在其他章节中专门阐述。

第一节　江户时代的管子文献及对管仲其人的相关研究

我们可见的最早的研究成果是邦正的《管子抄倭语解》(1688 年版)。该书对《管子》的部分内容进行了解析，包括三个部分的内容，第一部分是菅原显藏做的序，第二部分是邦正对《管子·牧民》篇的释义，第三部分是他做的后序。

江户时代早期的两位大家——伊藤仁斋和荻生徂徕虽然没有直接发表专门研究《管子》的文章，但在学术探讨中谈到了对管仲的看法。他们所持的观点直到百年后仍有影响，引起了学者的关注和思考。伊藤仁斋是“古义学派”①的代表，荻生徂徕是“古文辞派”②的代表人物。张崑将在《日本德川时代古学派之王道政治论：以伊藤仁斋、荻生徂徕为中心》中谈到了两人的不同看法，给我们提供了一个视角。伊藤仁斋在《论语古义》中论及管子之仁时说：

> (孔子)但举九合之功，以称其仁，何者？甚能修举王法，挽回风俗，

① 伊藤仁斋(1627—1705)，名维桢，京都人。他从各种不同角度对儒学加以思考，在吸取诸家看法的基础上，对程朱之学进行分析和批判，注重研究《论语》，建立了自己以阐明《论语》《孟子》等“古义”为特色的理论。其著作主要有《论语古义》《周易乾坤古义》《心学原论》《性善论》等。参见李庆《日本汉学史》(第一部)，上海外语教育出版社 2002 年版，第 22 页。

② 荻生徂徕(1666—1728)，名双松，号徂徕，江户人。当时，伊藤仁斋的古义说盛行，徂徕著《蘐园随笔》来驳伊藤的古义，50 岁后，别创一家之言，著《辨道》《辨名》二书，提出读古代儒学著作必须懂得原文之意、从原著出发等见解，对程朱之学提出批评。徂徕豪迈卓识，其作品规模宏大，被称为“江户时代第一文豪”。其对《论语》《韩非子》的研究也被中国学者重视。清代学者钱泳编了他的《辨道》《辨名》，在国内刊行。参见李庆《日本汉学史》(第一部)，上海外语教育出版社 2002 年版，第 23～24 页。

利泽恩惠，远被于天下后世，则其为德甚大矣！故曰："如其仁！如其仁！"盖仁大德也，非慈爱之心顷刻不忘，则固不可许，而济世安民之功，能被于天下后世，则亦可以谓之仁矣。故孟子以伯夷、伊尹、柳下惠，君于百里之地，皆能朝诸侯，有天下为仁，是也。此所以虽高弟弟子，不许其仁，而反于仲许之欤！①

我们从引文中可以看到他是赞许管子之仁的，认为他的功德可与伯夷、伊尹、柳下惠相提并论。虽然伊藤仁斋很推崇管子的仁，也赞许他的事功，但他又认为"管仲非王佐之才"。他说：

问："管仲何以不得为王佐之才。"曰："有志、有才、有学，而后可以行王道。无其志，则不能以天下为己任；无其才，则不斡旋大事；无其学，则虽有志、有其才，然在区区功利之间，而不能济大道，此管仲之所以止为管仲也。若使管仲知汤武之道，便是伊、吕之俦。予尝序《鲁斋心法》曰：'有实学，而后有实德，有实德，则实材随焉，是也。'管仲虽有材，而不足为实材者，为其无学也。"②

对于伊藤仁斋对管仲的评价，张崑将说：仁斋论王道乃就"实德"的成效而言，无关乎个人的道德修养，故推尊管仲之事功是极自然之结果。仁斋所非议管仲的亦非"实德"，乃在管仲之"无学"。因"无学"故不能有"实学"，因不能有"实学"，故仅在区区功利之间打转而不能知"汤武之道"，因此无法成为伊尹、太公望之王佐之才。仁斋并不似孟子或宋儒将"仁"视为或可尽天下之理，仁斋的"实德"不限于"仁"。"仁"既被降位与诸德同等地位，而仁斋又重"实德"之功效，因此称管仲为仁人也就顺理成章了。而管仲之

① 伊藤仁斋：《论语古义》第七卷，第211～212页。转引自张崑将《日本德川时代古学派之王道政治论：以伊藤仁斋、荻生徂徕为中心》，华东师范大学出版社2008年版，第111～112页。

② 伊藤仁斋：《童子问》上卷第四十九条，第217～218页。转引自张崑将《日本德川时代古学派之王道政治论：以伊藤仁斋、荻生徂徕为中心》，华东师范大学出版社2008年版，第111～112页。

所以仅为"霸才"乃因其无"实学",因无"实学",故管仲之"才"非"实才",所以只在区区功利之间,不能济大道。如此我们可知仁斋认为"实学"的重要性甚于"实材""实德"。①

荻生徂徕在谈到管仲时,就"管仲之器小"说:

> 孔子无尺寸之有,亦异于汤与文武焉。使孔子见用于是邪,唯有管仲之事已。然其时距文武五百年,正天命当革之秋也,使孔子居管仲之位,则何止是哉。故孔子与其仁而小其器,盖惜之也,亦自道也。夫孔子小之,而终不言其所以小之,可以见已。夫管仲以诸侯之相,施政于天下,可谓大器已,而孔子小之,或人之难其解,不亦宜乎。扬雄曰:"大器犹规矩准绳,先自治而后治人。"(《法言·先知》篇)是书生常言。……仁斋曰:"器小,谓管仲所执之具甚小,不济用也。"可谓不知字义已。②

荻生徂徕反对扬雄对管仲"器小"的定义,从事功方面大赞管仲,也不赞同伊藤仁斋的观点,认为伊藤仁斋觉得管仲"器小"是没有真正理解字义。荻生徂徕不谈德性,从事功方面来看待"仁",认为管仲何止是仁而已。总起来说,他们两人对管仲的看法是轻德性偏事功。这种看法引起了后儒的很大争论。争论背后折射出的是学者对当时现实政治的一种关怀,后面还会谈到。

1740年的梁楸昆的《弟子职》主要是校释篇章内容的。1773年,户琦允明做《管子考(三卷)》。户崎允明(1724—1806),初名哲,字子明,后改字哲夫,号淡园,通称五郎大夫、净岩。他著述宏硕,要者有《周易约说》《周易古断》《诗经考》《书经考》《左传考》《国语考》《论语征余言》《学庸证》《读荀子补》《读韩非子补》《读老子正训》《庄子考》《管子考》《申子考》等。户琦允明师出以荻生祖徕、太宰纯为代表的古文辞派一系。户琦允明继承了老师的传

① 张崑将:《日本德川时代古学派之王道政治论:以伊藤仁斋、荻生徂徕为中心》,华东师范大学出版社2008年版,第112页。

② 荻生徂徕:《论语征》乙卷,第68页。转引自张崑将《日本德川时代古学派之王道政治论:以伊藤仁斋、荻生徂徕为中心》,华东师范大学出版社2008年版,第112~113页。

统,他的治学思路跟他老师的治学思路一样,受到了清代考据学派的影响。他的《管子考》主要有两部分内容,包括题辞、正文及札记,但影响不太大。

到了 1798 年,猪饲彦博的《管子补正》(两卷)问世(宽政十年平安书肆植村藤右卫门刊本,后又收载到《管子国学解》,1911 年,早稻田大学出版部刊)。猪饲彦博(1761—1845),初名安次郎,字文卿、希文,通称三郎右卫门,号敬所,名彦博,近江人。他著有《逸史纠缪》、《史记三书管窥》(三卷)、《四书标记》、《论孟考文》、《读礼肆考》、《荀子补遗》、《西河折妄》、《四书标记》、《诗经集说》(二册二卷)等。猪饲彦博是折衷派的学者。所谓折衷派指当时的一批学者摒弃门户之见,折中古今,杂采汉宋,形成了自己的特色。当时折衷派非常盛行,因为他们博采众说,又吸收借鉴了清人考据学的方法,所以很多学者颇有建树。

而猪饲彦博也是当中优秀的学者。陈书仪说《管子补正》刊于日本宽政十年,即中国的嘉庆三年(1798),颇能找出疑窦并给予解答。解说虽很简略,但时有可取之处。[①] 此书包括上卷和下卷注释两部分内容,据严灵峰《周秦汉魏诸子知见书目》所言,札记以朱养和及朱长春注本为底本,参照诸本,旁稽群书,附以己见,正其脱误,前有题言、管子总评和朱长春的《管子》序。因为猪饲彦博偏重于用考据学的方法,他的考证既有文献依据,又有文字训诂,所以此书在当时和后来的影响都很大,可与当时清人《管子》文献研究方面的著述相媲美。

冢田虎是日本江户时代折衷学派的另一位儒者,著有《管子笺注》(六卷,1802 年)。冢田虎(1745—1832),字叔貌,号大峰、雄冈,名虎,通称多门,信浓人。西野忠阵在《尾张名家志初编》中曰:"从学于室鸿巢。大峰资性明敏豁达,年十六游江户,力学有年,诸经传皆自作解,其意在以经解经。于是自诸侯大夫至草野之士,执抧贽入门者日多月盛。天明纪年,仕明公为侍读。文化辛未擢明伦堂督学,乃改立学规,增学职,益生员,专以经术诱掖后进。乙亥又加赐秩禄。其讲经援引赅博,教诲恳到,听者心醉。老而克壮,著述不倦。"他著有《冢注孝经》《冢注论语》《冢注家语》《冢注毛诗》《冢注

① 陈书仪:《管子大传》,齐鲁书社 2008 年版,第 343 页。

尚书》《冢注老子》《冢注孔丛子》《冢注孟子》《荀子断》《春秋左传增注》《国语增注》等。冢田虎是一位著述颇丰的学者，可谓遍注群书，而且常以“冢注”来命名书名，也可见冢田虎强调其注的独特性。此书于 1802 年出版，有注释和题解两部分内容。

松村良猷的《管仲孟子论》（1803 年，见《日本儒林丛书》）是可见的较早关于孟子评价管仲其人的论文。我们需要介绍一下这篇论文的写作背景，因为这篇论文的出现与当时德川幕府时期儒者在孟子对管仲评价方面表现出的激烈态度有关，之前伊藤仁斋、荻生徂徕对管仲的看法成为德川幕府时期儒者争论的“导火线”。争论的缘起是荻生徂徕的弟子太宰春台著《孟子论》上下二篇，里面有斥责孟子不尊君、管仲论、养气论、王霸论等议题。于是松村良猷著《管仲孟子论》批驳太宰春台，后来古义学派的深谷公干著《辨非孟论》上中下三篇，为伊藤仁斋及孟子辩护。另外单篇发论者有伊藤东涯在《辨疑录》中附有《管仲论》，程朱学者森鉠大年《非辨名》、薮孤山的《崇孟》，徂徕学者中山城山的《崇孟解》，折衷学派皆川淇园（1734—1807）所著《论语绎解》、东条一堂（1778—1857）的《论语知言》等，均有论及管仲之问题。在此绝对不止是管仲是否仁者这般单纯的论辩而已，其背后蕴含更深层的政治意涵①。这里，我们可以将各派谈到管仲论时的看法稍加叙述，以了解德川时代学者对管仲看法的整体概况，其背后指向的政治现实不在我们讨论之列，我们只是将他们的观点呈现以作为资料备查。松村良猷在他的《管仲孟子论》中驳斥太宰春台道：“太宰子又有《孟子论》，其所辩斥太甚，此欲矫宋儒及仁斋之尊崇孟子已盛而过激害之者也。且其人崇称管仲殆逼周孔，而孟子既卑管仲甚矣，故反揄扬管仲以压孟子者，亦过激之势使然也，太宰子已好管仲过实。”②他认为太宰春台批评孟子太甚，又尊崇管仲太过，但他本身同意徂徕对管仲的看法。他又说：“夫仁之功夫不同，尧舜自有尧舜之仁，汤武自有汤武之仁，伊周自有伊周之仁，管仲自有管仲之仁，比而同之，岂不诡哉！夫管仲所谓善人也，不践迹，亦不入室，虽先王之制不必

① 张崑将：《日本德川时代古学派之王道政治论：以伊藤仁斋、荻生徂徕为中心》，华东师范大学出版社 2008 年版，第 183 页。

② 松村良猷：《管仲孟子论》，见《日本儒林丛书》第十二册，第 8 页。

从焉，随时而变，应俗以化，非圣人而自作，何屑屑从事于学者之务哉！故奢而失礼，亦不害其仁也。”[①]他认为“仁”有多种，认同管仲是仁者，也就是说管仲建功立业同样是仁，在这一点上，他和荻生徂徕的观点一致，只不过他是站在尊孟的立场上，而荻生徂徕和其弟子是站在批孟的立场上。伊藤仁斋的儿子伊藤东涯作《管仲论》，驳斥一般学者对管子不死君难而非仁的观点，他盛赞管仲之志，说他是因为不忍天下苍生陷于水火之中才忍耐的。到1775年，薮孤山（1732—1790）作《崇孟》驳斥太宰春台尊管仲为仁者的论点。他认为，孔子对管仲的看法也不过是褒贬参半，孔子只是尊重管仲的事功，管仲不过是“非仁者而有仁同功者也”[②]。学者皆川淇园（1734—1807）赞同管仲是“仁者”，他是从管仲尊周和为天下去除杀戮的角度来看的。[③]而东条一堂（1778—1857）是一位在幕府末期用很多篇幅来谈论管子的学者。他在《论语知言》一书中谈到自己对管仲是否是“仁者”的看法。他综合各家之说，称赞管仲的事功，而且他认为周王室之所以不亡，也是管仲的功劳，在他看来，管仲功业至伟，所以他主要从外在事功来看管仲，对内在德行没有过多强调。[④] 日本还有一位对管仲有详细论述的学者，即折衷派学者日尾瑜（1788—1859）。他在1851年发表的《管仲非仁者辨》中反对皆川淇

① 松村良猷：《管仲孟子论》，见《日本儒林丛书》第十二册，1803年，第7页。

② 薮孤山说：仁之功也，非仁之德也。则先儒将何据断之，曰仁之功也？曰：“孔子尝曰：‘克己复礼为仁’，焉有仁者而不知礼者哉？仲既不知礼，其为不仁者，亦以昭昭矣。”此先儒所以断之曰仁之功也。或曰：“唯仁者然后宜有仁之功，则仲既有仁之功，谓之仁者，不亦可乎。”曰：“礼云，与仁同功而异情。”谓有非仁者而与仁同功者也。如管仲者，可谓与仁同功矣。”

③ 皆川淇园说：桓公有霸诸侯之志，管仲辅之，教桓公尊周，以号令诸侯。……乃管仲之所以为天下胜残去杀者，故曰：“管仲之力也。”“如其仁！如其仁！”者，言召忽非不善也，唯管仲为天下去其杀，则其仁甚大矣，故召忽虽善，终不如管仲之仁也。皆川淇园：《论语绎解》，见关仪一郎编《日本名家四书注释全书》第五卷，第240页。

④ 东条一堂说：向使管仲之器大，则东周可为，而文武之道，再明乎世。管仲不能至乎此者，其器小也。他又说：仁者爱人，而爱有大小焉。利泽之及民者，其心虽未必出于爱，爱在其中矣。此亦众人之所难能，而能之虽不至于圣，亦可谓得人之所以为人矣，故夫子许管仲以仁。他又云：按翼载天子，安定储位，周室之不亡者，实管仲之功也。外则攘夷狄，而存三亡国；中国不变左衽之俗者，实管仲之功也。管仲有济世安民之功，而其利泽恩惠，远被后世，丰功伟绩……如管仲之大功，谓之非善人仁者，可乎？东条一堂：《论语知言》，见关仪一郎编《日本名家四书注释全书》第八卷，第155页、401页、403页。

园和东条一堂的看法。他说，“如”读为“何如”，“如其仁”犹言“何如其仁”也，言九合诸侯不以兵车，实是管仲之功也。其功不为不多，然是非服膺先王之道以得民者也。假仁义以威服之者也，何如其仁哉！① 他认为管仲的仁不过是假仁义，而诸侯无非是慑于此而威服。他又说：管仲之为人，力功不力义，力知不力仁，所引孔子之言，明白确实，而犹未信。谓孔子许管仲以仁，则非盲则聋，又奚足谈圣经之蕴奥哉。② 以上是我们对学者在德川幕府中后期对管仲论之看法和争辩的一番总结。

佐藤一斋的《孔孟论管仲异同论》刊于1829年（1977年文化书房复刊）。佐藤一斋（1772—1859），江户时代末期具有代表性的儒学者。他曾随中井竹山、林述斋学习，后任昌平坂学堂教授，主讲朱子之学，并受到阳明学的影响，著有《言志四录》。此书主要比较分析了孔子和孟子对管仲的评价，先比较两者观点的异同，再提出自己的观点，但具体内容不详。

1851年西岛长孙的《弟子职笺注》（一卷）是对《管子》单篇内容的注释。西岛长孙（1780—1852），字元龄，号兰溪，江户人，江户时代后期的儒学者，著述颇丰。他早期师从西岛柳谷，研习三礼，后来潜心于朱子学研究和中国古典诗歌研究。他著有《坤斋诗存》《历代题画诗类钞》《读书杂钞》等。此书为嘉永四年和泉屋金又卫门刊本。其内容包括藤森大雅的序和中村益的序言、《管子·弟子职》篇的序、注释和跋。据严灵峰云，此书引用了房玄龄、任兆麟和方望溪各家的说法，广为征引，并附按语。

在《管子》文献研究方面最有成就的学者是安井衡。他于1864年出版的《管子纂诂》（二十四卷）和1870年出版的《〈管子纂诂〉补正》最为世人注目。《管子纂诂》后附有应宝时长序一篇，署为“同治六年”，即1867年。“其书据赵用贤本及刘绩、朱长春、梅士享、安正堂本与《群书治要》参校异同，虽所见不多，而字梳句栉，多就原文，不假引申，有时反出乾嘉诸大师之上”③，为时人所重。安井衡（1799—1876），字仲平，号息轩，日向人，其父朝完，曾从皆川淇园学，宗徂徕之学，故学有渊源。他是江户时代考证学派的

① 日尾瑜：《管仲非仁者辨》，见《日本儒林丛书》第五册，第4～5页。
② 日尾瑜：《管仲非仁者辨》，见《日本儒林丛书》第五册，第4～5页。
③ 陈书仪：《管子大传》，齐鲁书社2008年版，第343页。

儒学者、现代汉学的奠基者。他初学于昌平坂学堂,后学于松琦慊棠,后担任昌平坂学堂教官,著有《论语集说》《左传辑释》《书说摘要》《毛诗辑要》《息轩文集》等。此书有元治元年刊本、庆应元年玉山堂新刊本、1915 年富山房“汉文大系”本、1976 年台湾河洛图书出版社影印“汉文大系”本。其内容包括解题、管仲传、《管子》的由来、管子的学说、盐谷世弘序、自序(一)、应宝时序、本文及附录。

第二节　20 世纪前半期的管子研究

在明治时期(1868—1911),日本对管子的研究相对比较沉寂,既没有之前那种各派学者针对管仲论而展开的讨论,也没有更多关于管子的著述和论文出现。进入 20 世纪 20 年代,管子研究有了新的进展,也可以说是从明治时期出生、成长起来的一批学者开始担负起学术研究的责任,他们与之前江户时代的学者不太一样。西方的各种新思潮开始在汉学研究中扎根,开始融汇成新的研究方法,这一研究方法自然会渗透到管子研究领域。首先是 1914 年由早稻田大学出版的菊池三九郎的《管子(上・下)》。菊池三九郎(1859—1923),字仲干,号玉溪、晚香,纪伊人,明治时期汉学者、诗人。他毕业于东京专门学校,师从菊池海庄,早稻田大学教授。他著有《汉文纲要》《汉文玄纽》《楚辞和解》《列子和解》《庄子和解》等。《管子(上・下)》包括上下两卷,上卷的内容由七部分组成,即序说、总论、内外的形式、管子的功劳、管子的心事、各篇概要、从《牧民》第一至《内业》第四十九篇;下卷首先是序说各篇概要,然后是《封禅》第五十至《轻重庚》第八十六(亡)、名言拔萃、司马迁的管子传、梅士享的管子尊攘传、管子人物评、管子著书评、管子文章评、管子意义评,最后附猪饲彦博所著《管子补正》。

接着在 1915 年,小柳司气太的《校订眉批〈管子纂诂〉》(二十四卷)出版。小柳司气太(1870—1940),日本道学研究的先驱,道教学研究家。他于 1894 年毕业于东京帝国大学汉学科,先后担任山口高等学校教授、学习院大学教授、大东文化学院院长等。他早期着重研究儒学,在深入研究宋代儒学之后,其学术兴趣又扩展到道家和道教研究领域。他著有《白云观志》《老庄思想和道教》《道教概观》《道教的本质及其对本土的影响》《明末的三教关系》等。《管子纂诂》为“汉文大系”版本,本书内容为头注评语。据严氏云,此书以安井衡的《管子纂诂》为底本,加以眉栏批校,散录安井衡的补正和考伪于正文各条之下,同时加入明清各家的杂说。1916年,小柳司气太又发表了《管子的文本批评》(《东亚研究》第6卷,又被收入《东洋思想的研究》,1938年,关书院刊)。文章主要谈论了管仲之后的史实,分析了文本中的重复之处与错简,诠释了《管子》与其他经典的关系,讨论了《管子》与《韩非子》在文体上的相似、思想上的一致以及《韩非子》中的管子。小柳司气太还补译过《管子诂》,他治学重视考察文献,有很好的汉学功底。

1920年,第一本全面的《管子》译著出现,即公田连太郎的《国译〈管子〉》(入《国译汉文大成》,国民文库刊行会刊)。这本译著的出现自然对日本读者了解《管子》、日本学界诠释《管子》大有助益。公田连太郎(1874—1963),1894年入文学博士根本通明门下学经书诸子,从青年时代开始,就专事汉文的校读翻译。他主要从事先秦诸子和史传文章的注释和翻译工作,译著很丰富。其主要著作有《易经讲话》(明德出版社,1958年)、《庄子讲话》(明德出版社,1960—1961年)。他翻译注释、整理的中国典籍有《书经原文释义》、《庄子》(翻译)、《史记》(书、世家部分)、《史记》(列传部分)、《刘向说苑》、《兵法全集》、《资治通鉴》(1—4辑,与加藤繁合译)、《读通鉴论》(译注)、《十八史略》、《呻吟语》(译注)、《聊斋志异》(田中贡太郎译,公田注)等。① 此书有三部分内容,即对《管子》一书的解题、对《管子》文本内容的翻译(附语释)、《管子》的原文。可以说,公田连太郎的这些翻译也反映了这一时期日本汉学界出现的把中国古典著作译成日语的倾向。

1922年,狩野直喜发表了《孔子与管仲》一文。这篇文章的发表也与当时日本学界的一个热点问题即对孔孟管仲论的看法有关。他还有一篇关于管子的文章——《管仲及其学说》。这篇文章在他死后才发表,1953年被收

① 李庆:《日本汉学史》(第二部),上海外语教育出版社2004年版,第489页。

入《中国哲学史》(单行本,岩波书店刊)。狩野直喜(1868—1947),号君山,京都帝国大学名誉教授、日本近代大儒、中国古代历史学家、中国哲学与文化研究专家,毕业于东京帝国大学文科大学汉学科,就职于京都帝国大学文科大学。他最主要的成就在于中国哲学思想史研究与中国文学研究两大领域。他的主要著作有《中国哲学史》《君山文》《两汉学术考》《魏晋学术考》《清朝的制度与文学》《论语孟子研究》《春秋研究》等。作为一代大儒,他对管子的研究并不算多。

1928 年,冢本哲三的《管子》出版(汉文丛书,有朋堂店书刊),内容主要涉及《管子》的作者、《管子》的由来和《管子》的思想(法治主义、经济学说等)。他的主要著作有《国文解释法》《汉文解释法》《国汉文要语词典》《徒然草解释》等。

1939 年,小林一郎的《管子》问世(收入《经书大讲》,单行本,平凡社刊)。小林一郎(1876—1944),横滨人,毕业于东京帝国大学哲学系,在东京帝国大学、东洋大学、中央大学等学校任教。其早期兴趣在西方哲学,后来转向佛教。他的著作有《日莲主义概论》、《法华经大讲座》(全 13 卷)、《易经大讲座》(全 12 卷)等。此书分为上、下两部分,上部是序说,下部是《管子》的篇章(包括形势、权修、立政、乘马、七法、版法、幼官、幼官图、五辅、宙合、枢言)。

1935 年,小林升发表论文《管仲观的变迁》(《历史学研究》第 4 卷 6 号,后又被收入《历史观与隐逸思想》,1983 年,早稻田大学出版部刊)。这篇文章可以说是对我们之前谈到的江户时代学者对管仲论看法的持续观察,探讨了儒家是如何看待管仲、战国末期的诸象,还有对《史记·管晏列传》的批判和结论,还梳理了日本学者对管仲之看法在历史中的演变情况。小林升(1916—2010),出生于京都,帝国大学经济学系毕业,福岛大学教授、立教大学教授。他是经济学家,除了有经济学专著,在蒙古史、游牧社会史、元代典章方面也多有著述。1938 年,他又发表了《关于〈管子〉的一考察》(《东洋思想研究》第二,又被收入《历史观与隐逸思想》,1983 年,早稻田大学出版部刊)。其内容主要包括两部分,第一部分介绍了《管子·牧民》篇和《管子·权修》篇以及两篇的思想,第二部分介绍了其他各篇。

关于管子研究的目录学著作,岩村忍[①]在1938年发表了《倭汉洋管子书目》。这为研究管子的学者检索以前的学术成果带来了便利。

第三节　20世纪后半期的管子研究

20世纪50年代以后,日本的汉学有了长足的进展,出现了很多研究成果,日本对管子的研究也是如此。可以说,随着世界史研究的进步,更多的学者从世界文明发展的宏观视野来研究中国的古代典籍和思想。《管子》的文献研究方面出现了新的专著和译本,也出现了专门研究管子思想的专书。日本学界对管子的研究可以说是更系统、更全面、更深入,上了一个新的台阶。

研究《管子》文本的专书首先是1963年出版的神谷正南的《管仲》。该书包括三个部分的内容——管仲的事迹、文本内容、管子的思想。作者在第三部分重点介绍了思想系谱、思想流派、哲学立场、政治思想(富民主义、法制主义、官僚主义)、经济思想(重农主义、轻重敛散法)等。1967年,松本一男[②]的《管子》(《中国的思想》第八卷,德间书店刊)出版,内含解题和本文两部分。他认为在群雄争霸的春秋时代,基于新型的经济政策,管仲通过巧妙的政策掌握人心,使齐国成为最富强的国家。他仅通过把握现实中的政权,便掌握了实践政治论的精髓。该书侧重于翻译,解题包括特异的思想家、管仲的生涯、《管子》的思想、《管子》的构成四部分,本文包括大匡——管仲的前半生、中匡——管仲和霸主齐桓公、牧民——关于养民、形势——为政者的姿态、权修——通往霸主之路、立政——施政的要领、乘马——经济制度、

① 岩村忍(1905—1988),北海道人,日本史学家专家,京都大学教授。他的研究领域很广,在蒙古史、游牧社会史、元典章方面多有著述。其主要著作有《13世纪东西交涉史序说》、《蒙古的欧洲远征》、《蒙古史杂考》、《马可·波罗研究》、《蒙古研究文献目录》、《蒙古社会经济史研究》(两卷本)、《校定本元典章刑部》等,还有《元朝之笞杖刑》、《元典章·刑部之研究——刑罚手续》、《元代之肉刑》、《五户丝与元代地方制度》(1962)、《元代纸币之膨胀》等多篇力作。

② 松本一男,1925年生于台湾,毕业于东京大学。他多年来主要从事中国学及金融方面的研究,著有《中国人和日本人》《中国人的智慧——日本人对中国人的看法》《毛泽东评传》《周恩来的处事之道》《〈三国志〉中的座右铭》等。

轻重——管仲的经济政策、重令——尊重法令、五辅、七法、枢言、霸言、小称等内容。1970年，柿村峻的《管子》(明德出版社刊)出版，内容包含解说(管子的生涯、《管子》的由来及研究书籍、管子的思想)、正文和后记。柿村峻(1906—1997)，大阪人，1930年毕业于东京大学文学部，熊本女子大学教授。1978年，中岛匠在《管晏列传读法》(《人文论丛》第13辑)中对如何阅读理解《史记·管晏列传》给出了自己的见解，大都是言之有理的意见。其他的研究成果还有1984年月洞让的《管子入门》等。1999年中村聪的《管子的学说——霸道》出版(明治书院)。该书主要介绍了《管子》书中的政治经济理论以及这种思想政策给当代社会提供的启示。该书包括十个部分，即管仲的前半生、管仲和齐桓公、民生之道、政治家的姿态、通往霸主之路、施政要领、经济制度、管仲的经济政策、尊重法令——近代化的条件、慎重制定法令。

关于《管子》的译本，有1965年出版的西田太一郎①的《管子》(被收入《诸子百家》，单行本，筑摩书房刊)。本书包含两部分内容，第一部分是《管子·牧民》篇到《管子·轻重》篇的译文和注释，第二部分是解说(管仲传记、《管子》的构成、《管子》的研究书、翻译的原则方针)。特别有价值且完整的是1989年至1992年问世的远藤哲夫的三卷本《管子》(明治书院，《新译汉文大系》第42、43、52卷)。这是日本的第一部全译本《管子》，对《管子》现存的76篇逐篇翻译，内容分为解题、中文原文、日文译文、校勘、通释、注解、分析七部分。该书广泛吸收中日学者的研究成果，为日本学者进一步研究《管子》提供了一部最有权威的译本。②

专门研究管子思想的集大成者是金谷治③。1987年，其专著《管子研

---

① 西田太一郎(1910—1982)，大阪人，毕业于帝国东京大学文学部哲学科，法学博士，历任京都外国语大学教授、京都大学名誉教授。其主要研究方向是中国社会思想史和中国法制史。其著作有《汉文法要说》《中国刑法史研究》《汉文的语法》等，其翻译和校注作品有《〈明夷待访录〉中国近代思想的萌芽》《袁采〈袁氏世范〉》等。

② 陈书仪:《管子大传》，齐鲁书社2008年版，第345页。

③ 金谷治，1942年考入东北大学法文学部，1961年获博士学位，1962年任东北大学文学部教授，1983年退休后为追手门大学教授。其主要学术著作有《〈管子〉研究》《秦汉思想史研究》《荀子文献学的研究》《庄子内篇》以及《论语》《孟子》《大学》《中庸》四书的译注等。

究——中国古代思想史的一面》问世。金谷治是管子研究领域非常突出的学者，不但有研究专著，亦有多篇研究管子的论文，这在以上提到的学者中并不多见。因为对他们来说，管子研究并不是他们学术研究的主要方向，但对金谷治而言，管子研究是他学术研究的重要组成部分。此书在岩波书店出版，内容由八部分组成，主要论述了《管子》与管仲的关系、《管子》书的背景与版本、《管子》诸篇的意味以及《管子》书中的政治、经济、法学、强兵、哲学、时令等思想。作者在最后一章探讨了《管子》在思想史上的地位(包括稷下学与《管子》等)。这本书在问世后产生的影响很大。相关的书评有三篇，分别是1987年谷中信一①的《〈管子的研究〉——中国古代思想史的一面》(《中国古典研究》第32号)、细川一敏的《引入新出土资料的管子研究——金谷治著〈管子的研究〉》(东方书店，1988)、村山吉广②的《管子的研究》(《新汉文教育》第6号，1988年)。他们三人都从不同角度肯定了书的价值和意义。

谷中信一编著的《日本——中国：管子研究论文、文献总目索引》是一部目录学大作。该书搜集了中日1989年之前发表的《管子》版本、研究论文和著作的目录。全书有六节——版本、序跋、考伪、专著、论文、未见一览，每一项都有细节内容，可以说是一部非常实用的资料工具书。笔者在寻找很多资料方面也受益于此书。

研究《管子》文本内容的论文有木村英一的《〈管子〉成立二三考——〈管仲语录与管子的书〉中一部分》。文章介绍了之前关于《管子》成书的研究成果、《管子》一书的构成和其他书中所见到的《管子》书。木村英一是日本汉学研究中有代表性的一位学者，是一位特别具有宏观视野的中国史研

---

① 谷中信一，东京人，毕业于早稻田大学，文学博士，日本女子大学教授。他还是(日本)中国出土资料学会理事、(中国)老子文化研究中心特邀研究员。其研究方向主要是古代中国思想史。其主要著述有《晏子春秋(上)》《晏子春秋(下)》《齐地思想文化的展开与古代中国的形成》。他另编著有《日本中国〈管子〉关系论文文献总目索引》《楚地出土资料与中国古代文化》《出土资料与汉字文化圈》等。

② 村山吉广，日本早稻田大学教授，著名汉学家。他对中国古典主义的研究涉及经史子集诸方面，取得了比较丰硕的成果。其主要著作有《论语选读》《诗经研究文献目录》《朱东润的生平和学术研究》等。

究专家。其他研究成果还有1963年高田真治①的《孔子对管仲的评价——作为华夷论的一部分》(《东洋研究》第6)、1966年樱井芳朗的《关于〈管子〉与周礼的关系》(《东京学芸大学纪要》第18集第3部门社会科学)、小野泽精一的《〈论语〉所见的〈春秋〉关系资料考察序说——以管仲论为中心》(《人文科学科纪要》,第71辑,1980年)、町田三郎的《〈管子〉与〈吕氏春秋〉》(《中国哲学论集》7,九州大学中国哲学研究会,1981年)。町田三郎认为这两本书都记述了战国到秦汉这一历史时期的特质与变迁。文章从总体的角度来分析这两部典籍,考察它们在思想史上的意义。作者在文章中指出,《管子》和《吕氏春秋》发挥着集战国思想界之大成的作用,这种作用中最关键的是"外交辞令",而这种"外交辞令"作为一种思想理论,使战国时期的诸思想得以归属,也因此尝试开辟出了独立的一家派别,同时,这种所谓的"外交辞令"虽然有其思想局限,但为即将到来的秦汉时期的"外交辞令"的出现奠定了基础。其他文章还有谣口明的《孔子与司马迁眼中的管子晏婴形象》(《汉字汉文》第14卷27号,1982年)。该文包括孔子和司马迁对管仲的人物评价、对晏婴的人物评价、相关结论三部分内容。到了21世纪,相关的研究成果有佐竹静彦的《文献〈管子〉的领域编成》(东京都大学人文学部《人文学报》,2003年3月号)和高田哲太郎的《〈管子〉的圣人》(集刊东洋学,2011年)等。

---

① 高田真治(1893—1975),日本中国哲学研究家,大分县人。他于1917年从东京大学中国哲学系毕业,历任汉城大学副教授、东京大学教授、大东文化大学教授、斯文会(汉学研究机构)研究部部长等。他于1936年获文学博士学位,后曾向日本天皇进讲《汉书》,1946年从东京大学退职,为名誉教授。他晚年多从事中国古代文献的研究工作。他是一位多产的研究者,研究对象多为先秦儒家的著作,晚年转为研究文学、注译汉诗。其主要著作有《儒教的历史性概观——论语讲座(研究篇)》、《论语的文献、注释书——论语讲座(研究篇)》、《儒教的精神》、《禅的思想》、《易经》、《诗经》(上、下)等。

第二章　日本学者对《管子》四篇的研究

《管子》一书思想内容驳杂，兼有道家、法家、儒家、阴阳家、名家等诸家的特点。刘节与郭沫若首先对《管子·心术上》《管子·心术下》《管子·白心》《管子·内业》四篇展开系统研究，认为这四篇应为战国时期宋钘、尹文的作品。而近年来不少研究者认为它们出自稷下黄老学派或者稷下道法家之手。关于《管子》四篇的研究也成为日本学者重点关注的《管子》研究内容之一。当然他们关注的兴趣点也许和国内的学者有些不同。比较早谈到《管子》四篇的是日本的贝塚茂树。他在《诸子百家》中著述，并认可刘节和郭沫若之四篇乃宋尹遗著的说法。但是总的来说，在日本，学者对刘节、郭沫若的四篇乃宋尹遗著的说法多持批判意见。日本学者多从依照内在线索考察《管子》四篇自身思想内容的角度来开展研究。① 日本学者对《管子》四篇的研究较多，本文不可能一一详述所有的研究成果，主要选择较重要学者的研究成果来介绍，使读者可以窥见此方面研究的样貌。

第一节　《管子》四篇中的道论思想研究

武内义雄是比较早从《管子》四篇所蕴含的道家思想来关注《管子》的学者之一。武内义雄(1886—1966)，号述庵，三重县人，日本哲学家，中国古代思想研究专家。他在1910年于帝国京都大学哲学科毕业，1919年留学中国，历任日本东北帝国大学教授、东北大学名誉教授、日本学士院会员、名古屋大学教授。他的著作主要有《老子研究》《老子和庄子》《诸子概说》《论语

① 原宗子:《〈管子〉研究的现状与课题》，《流通经济大学论集》，1984年，第2页。

研究》《易和中庸的研究》《孟子》等。武内义雄深受乾嘉考据派的影响，被称为实证主义中的社会思想史学派的学者，重视对文献的细密解读和对思想脉络的整体把握。可以说，他就是以中国传统的目录学、版本学、校勘学为主要研究方法的[①]。他于1941年发表了《〈管子〉的心术与内业》。该文后又被收载到《武内义雄全集》第六卷（诸子篇一，1978年，角川书店刊）。文章主要分析了《管子》这两篇文章中的道家思想。他还对《管子·心术上》《管子·心术下》《管子·内业》进行了比较研究，但没有更深入展开研究。

一、道家思想原始形态的展开

这一方面很有代表性且有成就的学者是赤冢忠。赤冢忠（1913—1987），文学博士、东京大学名誉教授、著名楚辞研究专家，早年毕业于东京帝国大学文学部中国哲学文学专业，先后任职于神户大学、东京大学、二松学舍大学，曾为日本中国学会理事长、东方学会常任理事、日本甲骨学会会长，主要从事中国古代哲学与文化及楚辞学研究。他的著作主要有《中国古代文化史》《中国古代思想史研究》《儒家思想研究》《诸子思想研究》《诗经研究》《楚辞研究》《甲骨金文研究》《新释汉文大系》等。[②] 赤冢忠对《管子》四篇中的道家思想尤为关注，且自成一家，影响很大。1963年，他发表了《虚静说在老子中的发展》，探讨了老子思想中神与虚静的问题，认为道家的虚静说从管子到老子已有了新的变化与发展。接下来，他在1967年发表了《道家思想的原始形态》（《东京大学文学部研究报告》第三，被收入《赤冢忠著作集》第4卷），在1968年又发表了《〈庄子〉中的〈管子·心术〉篇系统学说》（《日本中国学会报》第20集，被收入《赤冢忠著作集》第四卷）。在这两篇文章中，赤冢忠提出了一种新的思考角度。他在《道家思想的原始形态》中指出《管子》四篇保存了道家思想的最初形态，并认为这种思想源于古代的信仰体验，为此考证了《管子》四篇的成书时代及各篇的特点。而在《〈庄子〉中的〈管子·心术〉篇系统学说》这篇文章中，他从《庄子》的序言、外篇、杂篇的思想系统来探讨《庄子》和《管子·心术》篇的关系。其研究自成一

① 李庆：《日本汉学史》（第二部），上海外语教育出版社2004年版，第227页。
② 李庆：《日本汉学史》（第三部），上海外语教育出版社2004年版，第625页。

种风格，所涉及的研究对象也多与他人不同。而且他认为《管子》中的道家思想比《老子》还古老，源于中国古代的信仰体验，这都是他的新说，值得参考。这与很多学者认为《管子》四篇在《老子》之后并受到了《老子》的影响不同。

在《道家思想的原始形态》一文中，赤冢忠首先总结了武内义雄和津田左右吉博士对道家思想的分析和各自的不足，然后提出要考察道家思想的原始形态就应该排除道家传承者的论述而只以公认的原始文献为依据。他认为，原始文献中虽然没有直接表明道家思想的资料的脉络，但会有显示这一系统思想之起点的资料，而以这一思想的原始形态为基础，就有利于更进一步以实在的证据重新认识中国古代思想的发展。而其对《管子》四篇基本特征所做的进一步探究是为了考察它们在道家思想史上的特有地位。

赤冢忠首先分析了《管子・心术上》篇，上篇前半部分是"经"，后半部分为"解"。解文是对经文的说明与阐发。他以"心之在体"到"与人并处而难得也"这一段韵文为例指出，解文与经文有着某种程度的差异是客观事实，解文以经文为根本，导入了新的命题和概念，尤其是强调了"心术之虚"，并力图展开论述，说明解文和经文并不是同时产生的。作者结合先秦典籍常规的情况，联系《管子・心术上》篇的情况，分析《管子》是把有韵之文作为经文的，而他所引述的《管子・心术上》篇之经文中的有韵之文，则是先于整个经文而成的、固有的、被传承下来的"原经"，我们看到的该篇的经文则是对"原经"的解说。基于他的推断，他将《管子・心术上》篇分为三个部分："原经""经文""解文"。三个部分代表"心术"系统发展的三个阶段，"原经"则体现了这种思辨的原始形态。他指出，"原经"是《管子・心术上》篇和《管子・心术下》篇的古经，先于《老子》和《庄子》出现，是现存最古老的道家文献，道家思想即由此展开。

他在对《管子・心术下》篇进行考察的基础上，指出下篇中的"凡物载名而来，圣人因而财之"与上篇之经文、解文中的"物固有形，形故有名，名当，谓之圣人"所揭示的意旨是同一的，下篇承继了"原经"的系统，而且对"原经"有所否定，从而提出了"专意一心"而达至"精气"的主张。赤冢忠认为《管子・心术下》篇是以新概念的提出来展开的，《管子・心术下》篇首先提出了“气”的概念。“气”这一概念的产生源于对人外形与内心的分析，它是人之精神的一种形态。下篇提出的第二个概念就是“心”的能动作用，如“心安是国安也，心治是国治也。治也者心也，安也者心也。治心在于中，治言出于口，治事加于民”①。上篇也谈及“心”，但主要是对否定自我意识的一种反省。而下篇中的“心”更强调由心而生成的先验意志，与“气”合为一体而发挥作用，其实是在强调身心的调和统一。下篇还提出了“养生”的观念，如“人能正静者，筋肕而骨强”“凡民之生也，必以正平”②。

在分析《管子·内业》篇时，他指出本篇提出了独立的主张，主要体现在三个方面：其一，强调“道”，明确了道、心、气三者的关系。其二，对“心”的认识尤为显著。《管子·心术下》篇对“心”的认识也有论述，但把“心”置于“气”之后，指出由专意一心、内省以达至精气。而《管子·内业》篇指出不管修道也好，获得精气也好，都依赖于心。“正心在中，万物得度”③，这种主张和儒家倡导的统率万物者是心的观点是一致的，也许是受到了儒家思想的影响。其三，强调了“和”的作用。《管子·内业》篇主张抑制自我，如此便可达到一种和谐状态。心之和谐与养生说在《管子·心术下》篇中都显露端倪，《管子·内业》篇又将其发扬光大，而且把个人的身心安静当作一个重要问题来论述，正好显示了道家思想发展过程中的一种形态。

最后，赤冢忠对《管子·白心》篇进行了考察。他认为《管子·白心》篇承接的是《管子·心术上》篇，并试图将这一系统进一步展开。当然，《管子·白心》篇也提出了新的主张，并与《管子·心术上》篇有诸多不同。其一是倡导“以时为宝”，从而赋予“道”以“时”的成分。其二是主张“以政为仪”，主要的着眼点是“应物”。《管子·白心》篇中的“应物说”有两个特征。一是与重视“时”相适应，二是倡导“和则能久”“人不倡不和”，主张君主之和。

在这篇论文的最后一部分，赤冢忠把《管子》四篇各自的内容和构成归纳为脱离了道家思辨的原始形态，与时共进，逐次展开，认为由此可以看出

---

① 赵守正：《管子注译》（下册），广西人民出版社 1987 年版，第 12 页。

② 赵守正：《管子注译》（下册），广西人民出版社 1987 年版，第 13 页。

③ 赵守正：《管子注译》（下册），广西人民出版社 1987 年版，第 78 页。

道家思想形态的发展过程。原宗子在她的《〈管子〉研究的现状和课题》中说:“《管子》书中为何、又是如何保存了这些各类的论说?或许这是稷下横议的遗说,却又未能找到任何确认这一点的证据。从战国末期到秦代,存在《管子》之类的文献,这是确定无疑的,就是法家的著作。西汉末期,经过刘向的编订,大致成为现在的形式,但究竟是如何传承下来的还不清楚。《管子》的成书之事及在学术史上的性质仍是尚未解决的问题。从这点上来讲,以上各种论说是否妥当还要画上一个问号。但是即便如此,通过探讨心术系统之说在《老子》《庄子》等其他文献中如何展开,可以提升这种假设的可信度。”我们也可以看到,随着时代的发展,其理论也发生了相应的变化,也就是说《管子》四篇体现了道家思想由原始形态逐步发展的一个过程。

二、《庄子》对《管子·心术》篇之道家思想的传承

在此篇论文的基础上,赤冢忠又发表了《〈庄子〉中的〈管子·心术〉篇系统学说》。他在这篇文章中对《庄子》与《管子》四篇进行比较研究,以探讨两者的关系。作者首先比较了《庄子·人间世》里的“心斋寓言”和《庄子·养生主》里的“庖丁解牛”寓言与《管子·心术》的关系,认为这些寓言显然是继承了《管子·心术》系统之类型相异的寓言。比如《庄子·人间世》中的“心斋寓言”,结尾说:“夫徇耳目内通,而外于心知,鬼神将来舍。而况人乎?”其中“鬼神将来舍”与《管子·心术上》“原经”中的“虚其欲,神将入舍”几乎无异,由此可以知道“心斋寓言”和《管子·心术》关系之密切。在逐句逐字解释了彼此的对应关系后,作者指出“心斋寓言”的主要问题在于心的状况,在于“万物之化”,这与《管子·心术上》所说的对象完全相同,所以它是属于《管子·心术》系列的论述。而“心斋寓言”提及的“先存诸己,而后存诸人”也暗承了《管子·心术下》中的“形不正者德不来,中不精者心不治。正形饰德,万物毕得”,修“内德”是《管子·心术下》的主张,而“心斋寓言”提倡“德”,也提倡“人气”“人心”,这些都是受《管子·心术下》的影响。另外,“心斋寓言”与《管子·白心》篇中的主张也有应和之处。作者在举例详细阐述后指出:从系谱上来说,《管子·心术上》“经”中的“虚无无形,谓之道”及其“解”中的“唯圣人得虚道”“虚者,万物之识也”“故物至

则应,过则舍矣。舍矣者,言复于以虚也"等,都是强调"虚道"乃至得道,因此,"心斋寓言"中的"气也者,虚而待物者也,唯道集虚"结合了《管子·心术上》中的"虚""道"与《管子·心术下》中的"气"。其后,作者又分析了《庄子·养生主》中的"庖丁解牛"寓言及《庄子·德充符》中的王骀、哀骀它等寓言,认为它们均与"心斋寓言"相关,而"心斋寓言"是基于"原经"、在对《管子·心术下》《管子·白心》之主张进行批判的基础上发展而来的。

接下来,赤冢忠又分析了《庄子·大宗师》中的"坐忘寓言""见独寓言"及《庄子·寓言》中的"大妙寓言"等。他认为这些寓言都是根据"心斋寓言"乃至《管子·心术上》《管子·心术下》或至少是以其观点为基础而展开的。在他看来,这些寓言的主旨在于得道的境界,显示出了道家思想成熟的极点,这些寓言大抵与《管子·内业》篇同时。至于《庄子·外篇》的《在宥》《天地》《天道》等,属于主张虚静无为的帝王之道的类型,此类型晚于"见独寓言",呈现出了道家思想的衰落,较《管子·内业》晚,由此可知,《管子》四篇之学说的传承经历了很长时间。总之,《庄子》书中有传承《管子》四篇之《心术上》系统的学说,而且《庄子》一书也受到了《管子·心术下》中思想的影响,而将此传承作为其思想发展的重要一环。

对于赤冢忠的学术研究,原宗子这样评价:"为了研究《老子》《庄子》或者道家思想,作为使用《管子》言辞的研究者,我们看到了最具良心的辩证法之一。赤冢忠的这些论说并不只限于道家思想研究,也大致概括了利用《管子》解析事情的大部分日本研究者的态度。不管怎么讲,赤冢忠的目的在于探索道家思想的展开,而非对于《管子》的解析说明。他以'道家思想的原始形态'中的结论作为基础,按实际顺序使用《管子》四篇,对《老子》《庄子》的各个篇目也展开了扎实的分析论证。"①赤冢忠在发表的这四篇文章中,对道家思想体系的源起、发展、传承的脉络给出了很透彻的论证和思考,在日本学界备受关注。

① 原宗子:《〈管子〉研究的现状和课题》,《流通经济大学论集》,1984 年,第 9 页。

第二节　《管子》四篇中的气论研究

在对《管子》四篇的研究中，小野泽精一从“气”这一观念的思辨发展过程入手来分析，很有见地。小野泽精一（1919—1981），出生于东京都滝野川区，1943 年 9 月毕业于东京帝国大学文学部，先后任教于东京大学、二松学舍大学、御茶水女子大学、名古屋大学、东京大学。他有《韩非子》《中国古代传说思想史的考察》等著作。他的《齐鲁之学中的气的概念——〈孟子〉与〈管子〉》（《气的思想》，单行本，东京大学出版会刊，1978 年）阐述了两个方面的内容，一是齐鲁之学中之“气”的思想史，二是《孟子》书中的“气”与《管子》书中的“气”的不同（《孟子》一书强调“心”对“气”的制约，《管子》一书强调“气”向“心”的扩张）。

小野泽精一首先分析了日本学者对《管子》四篇中“气”之观念的认识和提出的过程。他说武内义雄在《老子和庄子》（1930）和《中国思想史》（1936）中注意到这是稷下之学中的道家之言，特地把《管子·心术上》与《管子·心术下》《管子·内业》进行了比较，但未能提出“气”的观念。而对“气”加以注意的是栗田直躬。他在《中国上古思想之研究》（1949）中以追究用语意义为资料，考究了从呼吸的原意开始到生命原理为止的发展，在抽象出具有跨越肉体和心理两方面的冲动性质的同时，还对“气”、心、魂魄等文字出现以前的阶段加以关注。但是，他对《管子》的关注很少，也未谈及“气”为什么会出现这个问题。小野泽精一指出：黑田源次在《气的研究》中从小学的角度出发，以“氣”字的构成要素“米”和与“气”字通用之“既”字的构成要素“皀”都是谷物为根据，提出了“气”是以饮食为基础的生气这样的假定，另一方面，黑田源次认为人的血气向自然之“气”的发展也涉及《诗经》到《淮南子》之古文献中阴阳五行思想之类的东西。根据小野泽精一的观点，赤冢忠的《道家思想的原初形态》探讨了《管子》中的这四篇作品，也谈到了“心”“气”“道”，但作者主要是在假定道家思想原始形态的基础上，从其发展过程来考察四篇作品的成立关系。综上，小野泽精一对之前的日本学者对齐学和《管子》四篇中之“气”的研究做了一个梳理，然后他重点分析了《管子》书中之气的思想，他依据的主要素材就是《管子》四篇。

小野泽精一认为，《管子》中的“气”从受“心”和“气”这两个范畴制约的理论立场上来说，未见有与《孟子》特别不同之处。甚至，就连在重视“气”本体的《管子・心术下》《管子・内业》中，“心”也受到比气更多的重视。作者指出，即使同样使用的“心”这个词，我们可以看到它在《管子》四篇中的表述是有变化的，在《管子・心术上》中，“心”用“宫”来表达，但在其解说中，则有作“智之舍”的意思。在《管子・心术下》《管子・内业》中，“心”虽然多次被提到，但有与“外”相对的“内”（或曰“中”）作为替代“心”之物被多次使用的情况。关于生存方式，《管子・心术上》要求的是人去欲去智，追求虚静、因顺、被动的生存方式，而到了《管子・心术下》，则发生了所谓“‘气’为身之充……其充不美，则心不得全”这样的变化，产生了主张靠“专一”这种精气的集中来积极对付的变化。另外，小野泽精一分析，《管子・内业》中“心气”的用语显示了“心”和“气”的交错；还有，“心”不仅具有广泛性，还具有深入性的要素。而这种“心”深处之“心”，被称为“意”。同一个“心”成为具有广泛性又具有深入性之物，就变成了具有和《管子・心术上》以前的东西完全不同性格之物。《管子・心术下》《管子・内业》使用的“意气”或“气意”“心意”，可以说是显示了与“心”之“气”交错的“意”之深层状况。所以，在小野泽精一看来，从《管子・心术上》到《管子・心术下》《管子・内业》发生的变化情况可以看到：人认识或行动的主体不仅有“心”，还有“体”，就是“心”的内涵不仅具有广泛性，还企图朝中间深入的内层发展。

在接下来的分析中，小野泽精一说《管子・心术下》和《管子・心术上》的根本不同之处不在于认为是“神”还是“道”这些他律的规范决定人的形成和生存方式，而在于企图通过在身体中充实自然之“气”，由自律的集中力来把握外物和世界。到了《管子・内业》，人的形成和行动中的“气”的主导性更鲜明地彻底化了。《管子・内业》不仅发展了《管子・心术下》的“气”，而且还综合了《管子・心术上》由“心”来受容神和道的一面。在已经过了体验到身和“气”的阶段，“心”在意义上有着广度和深度的伸缩，无论在作为主体的身和形方面，还是在作为对象的神、道和“气”方面，都产生了变化。在这种变化中，最引人注目的是作为生命力的“气”的渗透性，它不仅涉及人之身，而且进入了包括所有物的广阔范围；在“气”中高度升华的“精”带着比神、道更多的新鲜性被独立提了出来。小野泽精一在这篇文章中，通过典籍资料，通过广采前人成果，探讨了“气”逐步成为一个哲学概念的思辨过程。当然，在将《管子》中的“气”和《孟子》中的“气”做比较时，他还提出了这样的观点：“《孟子》也好，《管子》也好，都认为‘气’是充实身体之物，在这一点上，是共同的；而在‘气’和志或者和心所占的比重上，《孟子》虽也重视‘气’，但认为‘志’最为优先；与此相反，《心术下》《内业》虽也重视心，但认为‘气’更为优先。二者可以看到这样的差异。同样是围绕‘气’和心，如比较起来，也可以看到，在同一个山东半岛（即齐国和鲁国之中），也存在着泰山南面邹地的孟轲偏重于心，即精神方面；泰山北面齐地的《管子》则偏重于‘气’即身体方面的倾向。”有的学者并不认同他的结论，比如刘长林提出《管子》诚然非常重视身体，然而正如《管子·心术上》强调的“心之在体，君之位也”，故与身相比，《管子》一书更重视心。从《管子·心术》《管子·白心》《管子·内业》之篇名亦可见，其所论气均从属于心。如果将《管子》四篇与《孟子》相比，只能说四篇对“气”概念的论述较之《孟子》更为详尽，但在心与气的关系上，二者的基本观点是一致的。从认识和实践的角度说，“气”与心相联系，心能够主使“气”，修心是关键，故心优先于“气”。《管子》四篇正是这样做的。①

探讨《管子》四篇中这个问题的文章，还有室谷邦行的《〈管子〉中的“气”》（《北大史学》第 18 号，1978 年）。文章主要探讨了《管子》书中“气”“道”的概念以及“气”“道”的关系，详细内容不再赘述。

第三节　《管子》四篇中的“养生说”研究

从体悟“道”到依照虚静之法加强心之修养，从而实现与宇宙合一、达到“养生”的愿望，对《管子》四篇中的“养生说”探讨比较深入的是鬼丸纪的《〈管子〉四篇中的“养生说”》（《日本中国学会报》，1983 年）。文章重点对《管子》

---

① 刘长林：《中国象科学观：易、道与兵、医》（下册），社会科学文献出版社 2007 年版，第 896 页。

四篇中的早期道家思想与“养生说”形成之前的原始状态的关系展开探讨。

在“道”的体悟与养生这一部分，作者认为在《管子》四篇中，“养生说”是以“虚静说”来体现的。鬼丸纪援引了《管子・心术上》中的文字，指出从中可以看到虚静之道本是自然界的法则。它规定着自然现象的发生。人如果遵循自然之道，便能规定人事现象。人在最初形成这一认识时，是把自然法则导入人事，是把人与自然的合一作为一种理想。人若遵循自然之道，在人世间便会遂心如意，同时也便形成了能够“化育万物”的心理。体悟了自然界的理法，便与自然界成为一体。作者指出，这即《管子・心术上》中的“养心说”。

接着，鬼丸纪又考察了《管子・心术下》和《管子・内业》中的“气”的概念以及“气”与“心”的关系问题。他说从这两篇文章中可以看到“意”存在于“心”之深奥处，是先于“言”和“思”活动的，也就是说，“意”是人进行思维以前的一种精神活动，而“气”也是人进行思维以前的精神活动状态。具有这种性质的“气”在《孟子》和《庄子》中同样可以看到，但又有不同。根据鬼丸纪的观点，这两篇文章并没有明确将“气”与“心”区别开来，但把“气”作为一种存在于心底的意识，我们在《管子》之前的文献中并没有见到，所以他认为这是人们认识上的一大进步。《管子・心术上》论述由舍弃人知、人为而体悟自然界法则，从而达至理想状态，而《管子・心术下》在对“心”做了深刻考察的基础上，论述了“气”的作用，指出“气”作为自然界的一部分，是存在于人之心底的，因此，“养心说”逐渐为“养气说”所取代。“养心说”应该是“养生说”本来的形式，随着“气”这一概念的形成，“养气说”成了“养生说”的核心。

在第三部分中，鬼丸纪指出，《管子・心术下》和《管子・内业》篇中的“气”具有两重特性：它存在于人的内心，是超越人知的；它生成万物的能量遍流宇宙全体。为了搞明白为什么《管子》把“心”之修养与化育万物相结合以及为什么“气”具有两种完全不同的特性，作者把《管子》四篇对“人”的认识做了一番考察。《管子・内业》篇云：“凡人之生也，天出其精，地出其形，合此以为人。”鬼丸纪认为，这里解释了人由“气”而生成，“精气”造就了人，人与宇宙是密不可分的，两者在本质上是相同的。而随着以万物的主宰者为中心的自然观被新的价值观取代，人们对人生的关心加强了，“养生”成为此时的一个重要问题为人们所思考。《管子》四篇中出现的"气"的思想抑制了有神论的自然观，构建了观念上的新的价值体系。

在最后一部分中，鬼丸纪先对《管子·内业》篇中提出的"和乃生"的生命观进行了分析。他认为人的生命是禀自然界之"精气"和"形气"而成，因而"和"乃人产生的根本条件。"和"一旦遭到破坏，人便会有喜怒之情，于是出现了一种作为养生方法的"虚静说"。而《管子》四篇中的"养生说"正是用"虚静"法养"气"，与自然合一，如此便能体悟"道"。这就是养生的终极目的。他强调，理想中的君主便是以养"气"来正确主宰万物的，其行为也会对自然之顺调产生一定影响。

他指出，《管子》四篇中的观点后来成为道家"养生说"的主流，而"和"的生命观对老子、庄子、孟子的养生说有很大影响。

第四节　《管子》四篇中的其他问题研究

在《管子》四篇的研究者中，町田三郎也是很重要的一位。町田三郎（1932—　），毕业于日本东北大学，文学博士。他先后任教于日本东北大学、日本九州大学。町田三郎一直致力于中国古代思想史的研究工作，特别是在先秦两汉思想研究领域有着极高的学术造诣，对日本江户、明治时代的汉学和汉学家也有深入系统的研究。在日本先秦诸子的研究重镇日本东北大学求学期间，町田三郎继承了武内义雄、金谷治等中国思想史研究大家的研究传统。同时，町田三郎对日本幕府末期、明治时期汉学的论述也得到了当今日本汉学界的高度评价，特别是其对九州地区汉学家的发掘和梳理，更弥补了日本汉学史的一大缺失。在日本的管子研究领域中，他是很有成果的学者。他的著作有《秦汉思想研究》《孙子译注》《吕氏春秋译注》《韩非子译注》《朱子语类》《明治的汉学家》等。

他不但着眼于《管子》文本的整体研究，也关注《管子》四篇的思想。他写了两篇文章——《关于〈管子〉四篇》（《文化》，第25卷1号，又被收入《秦汉思想史研究》，1961年，创文社刊）和《再论〈管子〉四篇》（1966年，《东北大学教研部纪要》第4号）。在这两篇文章中，他的关注点是《管子》四篇与

《管子》的关系。他在《再论〈管子〉四篇》中指出，通过比较四篇与《老子》《庄子》可以看出《管子》四篇的思想是不成熟的、朴素的，其中包含着道儒法及其他鬼神养生论的折衷主义态度，即四篇这样的特点实际上就反映了内含有四篇的《管子》全书的普遍特性。在这样的构架下，四篇并不是偶然混入《管子》之中的，毕竟它是以《管子》的土壤为自身的养分生成的。在町田三郎看来，贯穿《管子》全书的思想也是折衷主义的，并不惟《管子》四篇。这是他个人有独特意味的观点。这个观点发端于他的《论〈管子〉四篇》。他在文章中提出了一个"中"的观念，他认为这是《管子》四篇的实践规范，《管子·白心》篇论述了"中"这一概念。他在《再论〈管子〉四篇》中说，《管子·白心》篇从道的思想分离开，逐渐向创造另外的规范——"中"的方向前进，这也表明《管子·白心》篇的思想是最晚熟的。

对町田三郎的研究手法，原宗子给予了这样的评价："他的研究方式，面对的研究对象正因为是'杂乱之书'——《管子》，因而显得更有意义。对他而言，《管子》是独特性的，是包含各类思想逐渐膨胀生成的道家，所谓《管子》的独特性，是说在与道家、儒家、法家等的比较当中，可使其逐渐显现出来。"①町田三郎明确指出了《管子》四篇与道家的关系，但他也指出，从这些篇章里可以看出学界对形而上的世界的关注已经在淡化，转而探究形而下的日常实践规范，而这也是《管子》全书的方向。

石田秀实在1985年发表了《关于〈管子〉四篇与〈荀子·正名〉篇中"语言"的问题》。他是从古人思维方式的角度来分析比较两篇文章之关系的。日本学者佐藤将之在评论这篇文章时说，石田秀实认为《管子》四篇提倡"虚心"而完全排斥所有知识、判断的标准，是一种特别的心理状态，也就是"气"之充分扩张的状态。在这种构架下，由自己的"身体动作"来掌握对象，以因循"不言之言"。相形之下，荀子提倡"虚——而静"的"大清明"，这其实是荀子将《管子》四篇的"虚心"用在日常认知过程中而形成的一种境界，但若如此，"大清明"境界系指"完全空白"的状态，所以无法产生对象世界的名字。因此，荀子的知识论中有"类"概念的范畴。但如此又会碰到问题，即"类"的范畴既然

① 原宗子：《〈管子〉研究的现状与课题》，《流通经济大学论集》，1984年，第11页。

是普遍的,何以会产生不同语言和“奇辞”等“异常”情况。石田秀实认为,荀子提出“约”的概念来说明普遍的“类”范畴产出不同语言的理由。整体而言,石田秀实对中国古代的认识论、对认知过程及语言之间关系的分析,为我们提供了一条关于《管子》(乃至齐学)与荀子哲学发展的不同脉络。①

1990年,幸本千寻发表了《〈管子〉的心和“神”——以〈心术〉上、下和〈内业〉篇为中心》。他从《管子》四篇中的三篇入手,关注“心论”的特征,也在探讨心与“道”“神”“气”“精”的关系。幸本千寻说,不可否认,《管子》四篇作为《管子》书中传授道家思想的集大成之作而被广泛印证、论述,无论哪一篇都是关于心之修养的文章;在对待心的机能作用上,其实道家是持否定态度的,儒家却给予了充分重视,所以他认为《管子》学说中“心”的特征应该是丢弃“神”的一种状态,而把“心”和“气”“精”结合起来。而在道家思想中,“神”应是取代“心”的一种存在,所以他对《管子》中这个“心”和“神”的概念的思考是,《管子》四篇中的“心”其实是经过儒家孟荀而得到提升和完善的,而道家把这种“心”和其重视的“神”相结合加以采用,并将这种思想意识下之心的概念作为一种新的思想加到“心”原有的含义中,并用道家思想来修正“心”。而《管子·内业》篇中首次出现了“道”“神”“气”“精”相结合的说法。他说,这些篇目所蕴含的思想是当时时代的思想,不仅仅是一家思想的阐述,吸收利用诸家的思想来阐述自家学说的杂家就在这样的背景下应运而生,但它也非诸家主张的拼凑,而是具有一定的立场和方向性。通过《管子》四篇,我们希望探寻《管子》这本书在道家立场下是如何实现现实目的的,这些思想又是通过什么样的人、经历怎样的过程形成的,因此《管子》各篇的形成、思想倾向和意义也是作者今后关注的重点。

第五节　《管子》四篇的形成年代及其他学者的研究

很多学者对现行的《管子》四篇进行了细致的分析,他们根据各篇的特

---

① 佐藤将之:《二十世纪日本学界荀子研究之回顾》,见黄俊杰编《东亚儒学研究的回顾与展望》,华东师范大学出版社2008年版,第82页。

征,关注了“道”“气”“心”“精”“和”等词汇,探讨了这些词汇背后的概念及其蕴含的思想史意义,从而对《管子》四篇的形成年代进行时间排序,而很多论证也是在这样的时间序列上得以展开的。我们在此呈现一些学者在论文中对这个问题的看法,供大家思考。

赤冢忠在他的《道家思想的原始形态》中说:《管子·心术上》之“原经”用了道家思想的主要概念如道、物、真人、明等,显示了由虚静达至神明智的否定和飞越的哲学论理。而且作者将这些概念和论理同《老子》《庄子》中的思想做比较,认为它们都是朴素的,可以看出它的某些原始形态。所以他认为“原经”大概成书于公元前4世纪至公元前5世纪之交。

在对《管子·心术下》的考察中,他认为下篇承继了“原经”的系统,而且《管子·心术下》是以新概念的提出来展开的,提出了“气”的概念、心的能动作用以及“养生”的概念。这种“养生说”在《管子·白心》篇和《管子·内业》篇中都得到了进一步发展。他认为《管子·心术下》篇大概成书于公元前4世纪后半叶。接下来,作者又分析了《管子·心术下》篇与《管子·内业》篇的关系。通过对文本的分析,赤冢忠指出《管子·内业》篇的写作年代不仅晚于《管子·心术下》篇,也晚于《管子·心术上》篇和《管子·白心》篇,《管子·内业》篇是对其他三篇内容的综述。

在分析《管子·白心》篇时,赤冢忠认为此篇承接的是《管子·心术上》篇,同时又提出了新主张,指出《管子·白心》篇还谈到了“和”与“义”的关系,这种思想与“天欲义而恶其不义也”(《墨子·天志下》)同属具有墨家思想特征的主张。作者认为此篇受墨家思想的影响,应该成书于公元前3世纪至公元前4世纪之交。

鬼丸纪的观点同赤冢忠的观点有相似之处。他并没有论证《管子》四篇的大致时间,但其所排顺序和赤冢忠基本一样。他认为《管子·心术上》篇最早,《管子·心术下》篇次之,而《管子·内业》篇则较晚,《管子·白心》篇的写作时间同其他三篇联系起来比较困难。

金谷治在他的《管子的研究》一文中指出,他不赞成刘节、郭沫若两人将《管子》四篇作为整体来看的观点,认为证据不足。他承认《管子·心术》上下篇和《管子·内业》篇三篇无论从资料的前后关系还是从内容上看都有一定的关联，但《管子·白心》篇与这三者之间的关联很小，应该将它们分开来。金谷治推定《管子·心术上》作于战国中期或者末期，《管子·心术下》《管子·内业》《管子·白心》三篇作于战国末期。

町田三郎在考虑《管子》四篇的形成年代时，根据金谷治的观点，认为《管子·心术上》篇之经与解的关系与汉初老子文献派对待《老子》的态度是相适应的。据此，他认为《管子·心术上》篇出自老子文献派之手，甚至进一步认为其余三篇也一样。无论《管子》四篇中的哪一篇，在秦汉时期基本上与老庄派都有些重合。

对于《管子》四篇的研究，其他的日本学者也着力不少，但我们没有获知文章的具体内容，只把题目介绍出来以备搜索查找，比如穴泽辰雄的《〈管子〉四篇中的思想——“心术”上篇的思想》（《东洋学论丛》第36集，1982年）、《〈管子〉四篇的思想——“心术”下篇与“内业”篇的思想》（《东洋学论丛东洋大文学部纪要》第38集，1985年）、《关于〈管子〉四篇的思想（其三）——“白心”篇的思想》（《东洋学论丛》六，1986年），还有柴田清继的《〈管子〉的“心术”上下篇与“内业”三篇》（《高松工业高专研究纪要》第18号，1982年）。1984年，柴田清继又发表了《〈管子〉四篇中的神道》一文（《日本中国学会报》第36集）。

南部英彦于2015年发表的《关于〈管子〉四篇的政治思想》（《研究论丛》）算是最新的研究《管子》四篇的文章了。文章论述了四篇中的道和统治问题，想探明四篇中理想的统治形态是什么样子的。作者通过比较资料推定论述了四篇出现的历史背景和意义。

综上，我们梳理了日本学者对《管子》四篇的研究情况，重点是介绍日本学者的观点，而不是通过批判观点来凸显笔者本人的观点，希望可以为国内外的管子研究学者提供一些《管子》四篇研究的相关信息，为后续更加系统的研究和专项研究打下基础。

第三章　日本学者对管子经济思想的研究

我们知道,《管子》一书是一部著述汇编,它所论述的经济问题甚为广泛,凡是我国封建社会早期出现的经济问题,它几乎无不涉及。可以说,终中国封建社会时期,这是一部论述封建国家经济问题最为全面和最为丰富的著作。①《管子》一书所体现的经济思想的深刻内涵一直是学者们所关注的。在日本的管子学研究中,管子的经济思想一直是日本学者的关注重点,这方面的研究也取得了很大成果。

当然,在早期不光是日本学术界,多数学者多是通过文献学的方法来探讨管子的经济思想,也就是通过校勘、辨伪、整理文献,从史料中发掘、探求管子的经济思想。多年来,无数学者通过辛勤探索,在管子的经济思想研究方面取得了不少优秀成果。早在19世纪后半期,日本就出现了一大批研究中国经济思想史的学者。他们对管子的经济思想进行了不同程度的研究。当时日本报刊上关于管子经济专题研究的论文及学术著作日渐增多,早期如田岛锦治的《东洋的经济学史——中国上古经济思想》。他在文中对中国的上古经济思想大加赞扬。② 田岛先生是留学西方、供职于京都大学的名教授,从1894年开始发表相关论文。尤其值得重视的是,他在京都大学开课讲授中国经济思想史,对中国的经济思想一直给予了特别关注。③

① 巫宝三:《管子经济思想研究》,中国社会科学出版社1989年版,第1页。

② 唐任伍:《中外经济思想比较研究》,陕西人民出版社1996年版,第2页。

③ 中国经济思想史学会编:《中国经济思想史研究》,上海财经大学出版社2008年版,第23页。

第一节　穗积文雄和《〈管子〉的经济思想》

1941年，穗积文雄发表了《〈管子〉的经济思想》（《经济论丛》52卷4号，1941年版）和《先秦经济思想史序说》（《经济论丛》，1941版）。穗积文雄，1902年生，日本经济学家、经济学博士，1926年毕业于京都大学政治经济学专业，曾任上海东亚同文书院教授，1932年赴欧洲留学，1939年任京都大学副教授，1945年任教授，1966年退休后为京都大学名誉教授，后任名古屋学院大学教授。他主要研究中国经济思想史，著有《墨家的经济思想》《先秦经济思想史》《近代社会思想史》等。①

穗积文雄的这篇文章是早期比较系统关注《管子》书中之经济思想的文章。他开篇即强调说，管仲的"仓廪实而知礼节，衣食足而知荣辱"表述了物质生产对精神和观念的作用，同时也表明了物质生产的重要性。他认为这是管子的唯物史观乃至经济史观的基调，也是管子对物质财富生产的基本认识。穗积文雄接下来说，从物质生活里的生产与消费这一统一过程来看，管子已谈到自然（土地）、劳动力和资本这三要素，在《水地》《牧民》《立政》《禁藏》《兵法》等篇中都有体现。当然，他指出管子把发展生产力的两个重要因素——土地和劳动力作为重要的指标，土地非常重要，但作为劳动主体的劳动者数量的多少和劳动效率的高低决定了创造财富的多寡，从这一点上看，管子的"分业说"很有价值。管子的分业是在"四民说"的基础上展开的，它反映了当时社会的发展，同时也较"四民说"有了新的内容。所谓"分业"就是按照社会经济发展，使人民从事农、工、商各业。当然对于农工商，管子是区别对待的。穗积文雄认为管子的重农体现在很多方面，管子认为发展农业生产是物质财富生产的立足点，重农政策主要体现在三个方面，即土地的开辟、水利的开通和民力的涵养。

穗积文雄还指出，管子重视农业，但不意味着管子不重视工业，他尤其重视兵器的制造。管子不仅重视物质财富的生产，也很重视商品流通。产

① 杨允中、王毅成主编：《外国经济学家词典》，中国广播电视出版社1992年版，第284页。

品若流通，自然就会涉及价格和需求供给的关系。对于这个问题，管子也提出了相应的政治措施。在商品流通中，货币的作用得以凸显。穗积文雄说，管子指出了货币作为交换的媒介物这样一个本质，它与谷物一样，都是一国经济的关键要素，要运用货币这个交换手段来掌握国家的谷物。谷物已经开始商品化，商品价格是其价值的货币体现，市场上谷物价格的高低与货币有了直接关系，国家怎样运用货币手段来达到储存谷物和其他的目的呢？一是对谷物等的供需和价格进行调节，二是调节和控制谷物等的流通量，使其符合社会的需要，这就是敛轻散重、调节价格。最后，作者又谈到了管子的消费论——“侈”和“俭”的问题。整体来说，穗积文雄在这篇文章中谈论了管子经济思想的主要层面，虽然谈得比较简略，但从宏观上对这一思想做了梳理。

第二节　重泽俊郎和《〈管子·立政〉“九败”臆解》

1956 年，京都大学的著名学者重泽俊郎发表了《〈管子·立政〉“九败”臆解》（《京都大学文学部五十周年纪念论文集》，1956 年版）。重泽俊郎（1906—1990），出生于东京，1932 年毕业于京都帝国大学，曾任第三高等学校教授、京都大学助教授，1952 年为京都大学教授，从 1972 年退休起为京都大学名誉教授。他长期从事中国哲学史和思想史的研究，主要著作有《周汉思想史研究》（弘文堂书房，1943 年）、《先秦政治思想史》（翻译，创元社，1941 年）、《中国的大思想》（日本科学社，1947 年）、《原始儒家思想和经学》（岩波书店，1949 年）、《汉代批判哲学的形成》（大东文化研究所，1957 年）、《中国哲学史研究》（法律文化社，1974 年）、《中国历史中活着的思想》（日中出版，1975 年）、《中国的传统和现代》（日中出版，1977 年）等。①

重泽俊郎的著作很多，涉及的面也很广，他的研究范围开始是先秦、汉代的思想、学术，后来慢慢扩大到六朝、唐、宋、明、清各个时代。当然，他的

---

① 李庆：《日本汉学史》（第三部），上海外语教育出版社 2004 年版，第 238 页。

研究重点是中国古代思想。李庆在《日本汉学史》(第三部)中这样评价他:重泽俊郎在《周汉思想史研究》中,对荀况、董仲舒、司马迁做了较具体的个案研究。尤其是对司马迁,从思想史的角度来探讨他的史学思想和自由主义思想,在当时日本的汉学界可以说是颇有新意。所辑的"春秋董氏传"对汉代春秋学的研究很有参考意义。重泽俊郎认为,对中华人民共和国成立以后的哲学史研究的评价不能只从个人的好恶出发,应该从"是非"出发。他认为对中国的研究应该在了解的基础上进行评判,表现了对当时中国思想史研究的一定程度的理解。同时,重泽俊郎也试图用新的方法对中国古代的思想史进行新的探索。如他在《中国哲学史研究》中,基本上是根据"唯物主义"和"唯心主义"的区分法,对先秦到汉代、六朝的思想家进行了再论说。到了晚年,他的研究又涉及社会问题。如针对中国 70 年代"批孔"的"学术"批判,他质问:"宣称是站在唯物史观的立场,为何要舍弃根据实事求是的原则而得到的结论,去偏袒主观主义的见解呢?"他认为当时中国学术界的问题在于"放任于外加的、实质是僵硬的大原则观念,而实际上,对一个个史实缺乏精细的、从基于客观分析的科学评价出发的原则性态度"①。这些话应该说是切中肯綮之论。

在谈到他的研究方法时,李庆又说:他有着讲求把思想研究和史学研究相结合的倾向,而不是专门侧重于纯思维或概念的考察。他早期较注重个案研究,后期则多宏观之论。在个案的具体研究中,虽说仍有可商榷之处,但间而也不乏新见。②

在《〈管子・立政〉"九败"臆解》这篇文章中,重泽俊郎认为后世治《管子》者,从尹知章、刘绩的注释,到清代戴望的《管子校正》、日本安井的《管子纂诂》,尽管对此篇文字的释义比较精准,但都忽视了对思想内容的剖析。他把管子提出的九种政治社会弊害按顺序排列,指出后五种难说是有体系的政治思想,而且与形成的社会现象之间仅是浅层因果关系,前四说却不同,前四说是有体系的思想,包含的内容丰富深广,之前却无人深加析解,很是可惜。

① 重泽俊郎:《中国哲学史研究》,日本法律文化社 1974 年版,第 110 页。
② 李庆:《日本汉学史》(第三部),上海外语教育出版社 2004 年版,第 241 页。

他首先分析指出这四说体现了四种系统思想，进一步说是社会理想，这四说从本质上看与《管子》一书所阐述的社会理想是矛盾的，如果盛行，会对《管子》书中所阐述的社会理想构成很大的威胁，所以《管子》一书的作者通过预测四说占优势可能带来的不良社会现象来阐述捍卫自己的观点。接下来，重泽俊郎一一对这四说做了阐发。

重泽俊郎认为“寝兵之说”是一种政治思想，代表人物是战国时代的宋钘。通过对宋钘思想的分析，重泽俊郎说：宋钘的“寝兵说”决不单纯是由战争表面的厉害导出的，而是根植于其独特的世界观。他的“见侮不辱”思想、他的“别宥”思想是他主张“寝兵”的思想基础。重泽俊郎认为宋钘的这种价值观产生于对人的认识能力的不信任，是基于怀疑论立场生成的一种意识，宋钘消极主义的哲学基础也在于此，这体现出宋钘思想与道家思想的部分一致性。重泽俊郎又说，宋钘的这样一种怀疑立场使他对权威的依赖感也比较淡漠，甚至给予否定，这与倡导富国强兵的思想主张是尖锐对立的。宋钘的价值意识是以对权威的怀疑为基础的，这也是其“别宥”思想形成的契机。别宥就是不为事物所累或从事物的拘执中超脱出来。重泽俊郎强调，不拘泥于事物的态度尤其是怀疑自我主张之根据的态度，其价值取向在于排除事物特殊性与普遍性的差异，主张平等。这种思想作为一种理论展开，自然会导致对法家理想中的社会状况弃之不理，所以，这一思想与管子的基本思想是背道而驰的。管子强调富国强兵，并希望以此在政治上称霸天下，他自然不会首肯取缔武力的主张，也不会将阶级、权力视为“宥”而主张“别宥”，所以从哲学意义上看，宋钘的思想与管子的思想存在着矛盾，两者是相互对立的。因而这种思想理论会被管子视作威胁，被重点提出。

作者其后又分析了“兼爱之说”和“全生之说”，兼爱思想是墨子提出的，而“全生之说”主要是杨朱的思想。兼爱是利他之心，但杨朱的“全生”是要保持人的天性，不为外物所累，追求完全自由。重泽俊郎说：对杨朱来说，利他是全性保真的大敌，他强调弃绝一切利他意识，人们总把精神消耗自己的最大原因归结为反自然的行为，反自然的行为会歪曲毁损本真。杨朱强调守静，因为杨朱认为自然是由守静确立的，不利他就是为了主观上的守静。但杨朱的不利他也非世俗的利己观念，换言之，杨朱的“全性保真”要求静性，同时也要求克服动情，守静的本质在于贵己，亦即尊重自己作为人的本性。对人所具有的非“静”的东西，杨朱是持否定态度的，而“兼爱”这种极端的“利他”行为就更激起了杨朱的非难。重泽俊郎分析说，杨朱排斥“他”，目的在于纯正自我，作为一种人生哲学，它并非世俗的快乐主义，是需要积极的努力才能达成的，它的核心是贵己。但是贵己精神的极致是“无君”，如果主张“无君”，那么国家社会的成立也就不可能，这一思想与管子的思想是相抵触的。重泽俊郎认为文章曲解了杨朱学说的内涵，没有看到真正的“全性保真”思想的出发点，将“全生之说”与追求滋味声色结合起来，意即人君如听从“全生之说”，那么上下就会纵欲妄行，男女无别，礼义廉耻就立不起来，这种解释不得不说是大错特错的。同时，“兼爱”的墨家主张也会使人对战争持强烈批判态度，如果“兼爱之说”占优势，导致“士卒不战”也是不言自明，自然要被强烈反对。

至于“私议自贵之说”，解文是以隐遁思想来解释的，重泽俊郎分析道，隐遁思想可以表现为对社会全面的、根本的否定，也表现为一时的、部分的否定，主张从权力秩序的统治下脱离出来而营造一种别样的世界。解文将“私议自贵之说”与隐遁思想结合起来是正确的，正因如此，《管子》的作者才将这种想法视为很大的威胁，认为长此以往，将会上令不行。重泽俊郎认为这种思想源于道家尤其是庄子的思想。综上，他对“九败”中的前四说做了详细探讨，认为它们分别是以宋钘、杨朱、墨翟、庄周的思想为根据而生出的议论，这些理论基础均是当时被称为显学的思想，也都形成了各自的体系，但与管子的思想格格不入，也正因为各自的政治思想不同，才被《管子》的作者认为不可小视，因此才被列入“九败”之中。

20 世纪 60 年代以来，日本学者对管子经济思想的研究有了更多的进展，高质量的论文也日趋增多，一些著名的汉学研究者都投入了相当的精力来关注这个问题，比如木村英一、宇都宫清吉、町田三郎、金谷治、神谷正南等。

第三节　木村英一和《关于〈管子〉“轻重”诸篇》

木村英一（1906—1981），1930 年毕业于京都帝国大学文学部，曾到中国留学,1939年为京都帝国大学文学部讲师,1944年为京都帝国大学人文科学研究所研究员,1949年为大阪大学文学部教授,1970年退休,又为追手门大学教授。他是第二次世界大战后京都、大阪等日本关西地区中国思想史研究的代表性学者。其主要著作有《法家思想研究》(弘文堂,1944年)、《中国民众的思想和文化》(弘文堂,1947年)、《中国的实在观研究》(弘文堂,1948年)、《老子的新研究》(创文社,1959年)、《慧远研究》(遗文篇、研究篇,创文社,1960年)、《孔子和论语》(创文社,1971年)、《中国哲学探究》(创文社,1981年)。[①]

他晚期的著作可以说代表了他的主要思想观点。比如他在《中国思想史学的对象》这篇文章中谈到要明确中国思想史的研究对象,就需要明确"何为中国?何为思想?何为历史"这三个问题。他不仅一一阐发了对这些问题的理解,而且在中国思想史的时代区分方面,也表达了自己的看法。他认为甲骨文时期到孔子时期是"充分自觉的世界观和人生观还未存在"的思想史准备时期;孔子到汉武帝时代是诸子百家终结、经学统一的时代,是思想史的第一阶段;从汉武帝时代到1911年辛亥革命是"只以中国的世界作为基础的中国式世界国家的终结"的时代,是"以儒学思想统一终结"的时代,也是中国式世界文化成熟的时代,是思想史的第二阶段;从1911年到现在是"大革命"的时代,是思想史的第三阶段。我们从他的观点中可以看到他对体系构筑的追求,也可以看到当时日本学术界对有关历史分期的论争。而在《中国哲学研究》的"自跋"中,他谈到了研究方法论,谈到了对日本之中国研究的看法,以及在新的历史时期必须要关注的一些新问题。他认为日本对中国的研究,有"充分尊重历来的汉学成果以求新的展开"者;有"前往中国,学习现代中国语,体验中国人的日常生活,从这一角度,对历来的汉学认识加以批判,想要改变"者。研究日本汉学的学者李庆这样评价他:他是这一时期日本最有宏观视野的中国思想研究专家。也可以说,他是经历了战争和战后日本社会思想变动的洗礼,努力重新构筑新的世界观和中国思想史研究体系的一代学者的代表之一。他的研究同时又有微观的分析部

① 李庆:《日本汉学史》(第三部),上海外语教育出版社2004年版,第241~242页。

分，从概念和定义出发，再逐步展开，概念清楚，逻辑推理严密。他的研究也在随着时代的进步而发展。

木村英一对《管子》的关注时间很长。早在20世纪40年代，他就写过《关于〈管子〉成书的几个问题》，但没有再进行深入研究。直到20世纪60年代，他得到了《管子集校》一书，又研读了“轻重”诸篇，结合自己的很多想法，写了《关于〈管子〉“轻重”诸篇》（《福井博士颂寿纪念东洋思想论集》，1960年）这篇文章。作者在文章中分了四个部分来阐述。作者在第一部分指出，从《史记·管晏列传》可知司马迁当时所见的《管子》中有“轻重”诸篇，而且司马迁在论述管仲时，参阅了《牧民》《山高》诸篇，司马迁对“轻重说”也给予了相当程度的重视，但问题是，《史记》所论的“轻重”和今本《管子·轻重》诸篇之内容是否相同呢？

对于这个问题，木村英一在第二部分指出，虽然今本《管子·轻重》诸篇不完全是《史记》所言“轻重”的可能性很大，但两者之间必然有一定的关系。他说，有人曾指出今本《管子·轻重》诸篇中的部分内容反映了汉代的社会现实。如马元材、郭沫若、安井衡等学者都通过实例考证得出这样的结论，虽然不能说诸位学者的看法完全正确，但至少可以认为《管子·轻重》诸篇中的一些论述是基于汉代社会现实的。另外，木村英一认为，汉昭帝时的《盐铁论》一书中的论题多与《管子·轻重》诸篇内容相通，甚至行文也有共同之处。虽然此事实不足以说明《管子·轻重》诸篇成于汉代，但《管子·轻重》诸篇在汉代受到了当时经济政策的影响，因为它的论述在某种程度上反映了汉代的社会现实是不容置疑的。木村英一强调：司马迁看过《管子·轻重》诸篇应为客观事实，《盐铁论·轻重》篇既然影响了当时的经济政策，那《管子·轻重》诸篇也极有可能受到了时人的加工，后来刘向又进行搜集、校雠，使之成为今本之面目。木村英一通过对具体篇目的综合分析指出，《管子·轻重》诸篇非一人一时之作，而是对在一个相当长的历史时期内形成的轻重学派之理论的记录，这便是今本《管子·轻重》诸篇的原型。至于这一学派的形成、展开、存在期，应是自《史记》至《别录》的两汉中、后期，而《史记》之前的西汉前期和秦汉之际则是这一学派的源头期。

木村英一分析指出，《管子·轻重》诸篇中之含有诸多学派思想成分的经世说表明《管子·轻重》诸篇很有可能是产生于齐地的各地杂说的集合，而且是假托管仲而作，诸篇所论的货币流通、物价变动的经济政策正与齐国的商业自战国至汉初一直发达的客观事实相吻合。作者通过摘引的几段文章例子说明，虽然这种经世之说与法家都倡导富国强兵，但有相异之处。它并不极力主张拓土扩疆，而是提倡在执行赏罚并重原则的同时，注重调节物资、货币以掌控流通和分配。它依照货币经济、商业经济的原则，对内进行统治，对外发展外交，旨在实现富国强兵、一统天下的目的。最后，木村英一得出结论：作为一个学派，它至少是在周末期（大概在秦汉之际）兴起的，在汉初一段时间发展起来，为了加强这种经世说的权威性，便假托管仲遗说。它们在司马迁时代已成雏形，后不断增益，经刘向校勘整理后，也就是今本《管子·轻重》诸篇的原型。当然，作者认为，今见《管子·轻重》诸篇与刘向校勘本中的“轻重”诸篇有若干相异之处，需要留待日后再做讨论。

第四节　宇都宫清吉和《〈管子·弟子职〉篇探研》

在日本六七十年代的史学界，宇都宫清吉是一位有自己明确见解的学者。宇都宫清吉（1905—1998），生于名古屋，1931 年于京都大学文学部史学科毕业。当时，受到冈崎文夫《魏晋南北朝通史》的影响，再加上中国国内对“部曲”等的研究也非常兴旺，故宇都宫清吉开始从事汉代的研究。1935 年，他成为当时京都大学“东洋史谈话会”的成员。1934—1936 年，他与人合作《册府元龟奉使部外臣部索引》。1937 年，他成为东方文化研究所研究员。第二次世界大战后，他回到日本；1946 年，任大阪外事专门学校教授；1947 年，转入京都大学做助教授；1948 年，任名古屋大学教授。20 世纪 60 年代，他和京都大学、名古屋大学等的中青年研究者组成“中国中世史研究会”，研讨中国中世（魏晋到唐）的历史。1969 年，他从名古屋大学退休，为名誉教授。①

① 李庆：《日本汉学史》（第三部），上海外语教育出版社 2004 年版，第 512 页。

宇都宫清吉研究的主要问题是中国古代和中世的社会构造的基础——家庭的形态问题。他的主要著作有《册府元龟奉使部外臣部索引》(东方文化研究所,1938年)、《汉代社会经济史研究》(弘文馆,1955年)、《颜氏家训译注》(平凡社,1969年)、《中国古代中世纪史研究》(创文社《东洋学丛书》收入,1977年)。他还主编有《中国中世史研究》(东海大学出版会,1970年)等。

宇都宫清吉对《管子·弟子职》篇的关注与他对中国家族构成形态的研究是分不开的。他没有分析文章所反映的教育思想,而是将目光放到文章所映射出的古代专制体制和社会各集团之间的关系上。他发表了相关的两篇论文,即《〈管子·弟子职〉篇探研》和《论〈管子·弟子职〉篇——古代专制体制和社会各集团的关系研究)(《名古屋大学文学部研究论文集》29,1963年)。我们重点介绍《〈管子·弟子职〉篇探研》这篇。

首先,作者认为《管子·弟子职》篇大约是战国时代的作品,《管子·弟子职》通篇皆用韵文写成,是出于学生们暗诵和日常服膺的需要而将其随意韵文化了。此篇是学生们咏唱学问集团内部生活规律的歌,也可以说是一种校歌或校训之类的东西。那么这一学则应用于什么地方呢?作者指出,对于熟知战国时代曾存在着庞大规模的孔墨学徒的人来说,应该明白社会必然存在着使用这一学则的大规模学团。而《管子·弟子职》记叙了学团内部学生对老师应有的态度。在宇都宫清吉看来,这些语词就是表示家庭生活场合人际关系的用语。在家族共同体内,先生是按年龄序齿对处于上位者的称呼,也可以称为父兄;子弟则是与父兄相对应而处于下位者,在学团中,这样的称呼意义并无不同。恭敬孝悌是子弟对父兄所守的德义,而学团内学生对教师应遵守的德义也是恭敬和孝悌。因而他强调,这种将表示家族间人际关系的用语移入学团内的现象,说明学团内的生活秩序是完全以家族生活秩序为模式建立起来的。而《管子·弟子职》成书于战国时代,这种学团也只能是儒家学团。在宇都宫清吉看来,孔子时代的中国古代家族不是被氏族宗法秩序束缚的家族,它是具备完全独立性的家族,因此他将其称为三族制家族。他说,所谓三族制与家族成员数没有任何关系。它是专门就家族构成本质而言的体制问题。人口在五口左右,这一形态的家族在自由中小农民社会里，原则上是以父亲为共同劳动中心，经营独立的经济。父亲管理家财，子弟可以共同使用其财产……父亲作为行使父权的客观存在，并不强硬推行自己的主张，家族的生活秩序是以父亲为主体来确保维持的观念，竟是出人意料的淡薄。家族生活的关键是作为最长者的父亲受到子弟的尊重和尊敬。① 他分析认为，这种家族构成若干血缘家族的三族集团，扩大到里、乡，乡里社会也就成了以血缘关系为基本特征、家族性人际关系强烈流露的家族制社会，孔子正是以这种普遍存在的家长形态为基础而树立起其思想体系的。孔子发现了作用于家族人际关系中的秩序原理——孝，他认为孝是人类存在的基础，因而在孔子的学问体系里，个人是“家族的个人”，个人的一切行为都应该按照“家族的人”的行为来加以正确、自觉的规制，这个规制体系就是“礼制”。但是，这种“礼”具有期待个人自觉遵循的特点，所以它本身并不含有强制的意思。毕竟，孝与高高在上、以强权维持家族秩序的所谓“父权”具有相反的性质。它是针对子弟方面以父亲为中心、维持家族秩序的自觉义务而言的。

宇都宫清吉指出，日本学者习惯使用“家父长制”概念来表示这种社会秩序的存在状态，但他反对使用这种概念，因为在他看来，被称作“家父长”的强权父亲在人们的意识里并没有强烈的表现，家族秩序是靠家族成员自身来维持的。他认为用“家族制”概念来替代“家父长制”是更合适的。《管子·弟子职》篇其实可以看作是以这种“家族制”秩序为基础的儒学集团学生的规范。它不仅使用了表示家族间人际关系的用语，而且规范的内容也是与儒家礼制完全共同的东西。因而宇都宫清吉说，《管子·弟子职》篇所记载的学生规范只是礼的一种，它并不带有强制意义的法制性格。它虽然作为礼制记载了学生的规范，但不是具有强制性的法则。这表明学则的规定是遵从礼制本意、期待学生自发循守的。② 其后，作者又通过与《吕氏春秋·尊师》篇的比较分析指出，儒家学团具有的秩序性格与结构正好是家族

---

① 刘俊文主编：《日本学者研究中国史论著选译》第三卷《上古秦汉》，中华书局 1993 年版，第 220 页。

② 刘俊文主编：《日本学者研究中国史论著选译》第三卷《上古秦汉》，中华书局 1993 年版，第 224 页。

制的规定。家族制的秩序不靠父亲的权力来维持，而是靠家族成员的子弟们按年龄序列实践孝悌来维持。儒家学团强调子弟单方面守则的立场。因而，宇都宫清吉得出的结论是，儒家学团具有家族制的秩序，是学生为了求达儒学真谛，在“学”的内在家族制道德观念驱动下，自发遵循学团家族制的秩序并维持这种秩序。也就是儒家学团内部的行为模式是参照家族生活的规范建立起来的。换句话说，儒家学团内部倡导长幼有序、尊卑有等的秩序样态与学团外之现实生活中的家族秩序有着共通之处。

在分析了儒家学团的内在秩序后，作者在第四部分开始探讨墨家学团的情况，因为在春秋末期到战国时代，最著名的学团就是儒家学团和墨家学团。他认为墨家学团应该有和儒家学团相异的学团规约。作者通过分析之前的学者如孙诒让、梁启超、郭沫若、渡边卓、增渊龙夫等的观点指出：在墨家的巨子集团里，即便是父子关系也被消解于集团规约——“墨者之法”中。也就是说，“墨者之法”，其内在方面，靠巨子与团员间以学问为媒介结成的私人关系为保证；其外在方面，则是通过所谓“天下之大义”来维持。真正有效的权威并非只是靠这种私人间的内在关系和普通道德规律的保证就能够形成的，实际上它是靠包括死刑在内的“法”的严格性、不可侵犯性和巨子强有力的执行权来保证的……巨子的性格决不同于前面“家族制”秩序中“父”的性格；而且必须说，“墨者之法”本身也与“家族制”秩序中的“孝悌”具有大为不同的特点。反而言之，它具有一种通过否定“家族制”秩序而确定的非“家族制”的秩序性格。① 宇都宫清吉分析指出，墨子虽然承认应该保留“孝悌”这种道德，但未对“家族”这一重要侧面给予重视，对墨子来说，家族集团是一个个散在的个人、没有任何内在必然性而集合起来的集团。因而，墨子对政治世界的构想是一种所有人都对君长丧失自主性的天子专制体制。在孔子那里的“家族之壁”和作为家族中心的最长者“父”的性格也被“家君”完全舍弃了。所以与家族秩序相反，巨子集团的秩序是由作为政治机关的“家君”通过外部即上级机关输入、赋予的强制（赏罚必信之法）来维持的。“家君”否定“家族制”的人际关系，把“墨者之法”置于其他一切

① 刘俊文主编：《日本学者研究中国史论著选译》第三卷《上古秦汉》，中华书局 1993 年版，第 234 页。

秩序原理之上,并成为执行者。所以宇都宫清吉认为,墨家集团的人际关系是主客结合的人际关系,它是非"家族制"的,可以称之为"首领制"的人际关系。比较儒墨两大学团就可以发现,儒家学团否定由权力支撑的单方面的秩序,它将人视为家族的个人,它拥有的是根据家族制人际关系原理建立起来的秩序;墨家学团则完全否定"家族制",把人视为单个的个人,它建立的是以首领制人际关系原理为依据的秩序。那么,代表这两种学团特质的不同秩序的构建在古代社会中的关系又是怎样的?宇都宫清吉的观点是,两者既互相对立又互相作用。

通过对典籍的分析,宇都宫清吉提出,不管是"家族制"的还是"首领制"的秩序体系,都共存于同一个时代。即一个是家族、宗族、乡里、父老子弟等关系,一个则是一个个主客结合的关系,两者是一种相互矛盾对立的关系。这两种矛盾对立的人性把握类型在历史上,一个极端是作为权力体系而具体化了的秦汉一君万民体制,另一个极端则是作为活跃的社会集团而具体化了的豪族社会。在宇都宫清吉看来,这两种客观存在互相影响、渗透,构成了思想、政治、文化和经济等一切历史现实的景观。他进而又通过典籍中的例证指出,秦汉的"家族制"是在首领制秩序和首领制权力作用下形成的家族制,一方面,它确实是家族制的集团,另一方面,它又以首领制秩序为媒介,通过其现实的活动,达到两者的统一。他又说,即便对国家专制体制来说,情况也不例外。具体而言,秦汉帝国的一君万民体制是首领制秩序体系的最高体现,是一种专制体制,它与民间广泛存在的家族、豪族、父老子弟家族集团的秩序形成了必然的对立关系,这种对立的集中体现就是一个极端的古代帝国专制体制和另一个极端的秦汉豪族社会的对立。实际上,秦汉的历史可以看作是两个极端在矛盾对立中相互作用的过程,在这个过程中它们互相改造,到最后也没有丧失各自的本来性格和秩序改造的程度。① 可以说,宇都宫清吉关于这个问题的观点在日本引起了比较大的争论,有赞同者,也有持反对意见者。在他之后,又有矢野主税、越智重明、谷川道雄、川胜义雄等学者对家族的构成形态展开了研究。

---

① 刘俊文主编:《日本学者研究中国史论著选译》第三卷《上古秦汉》,中华书局 1993 年版,第 250 页。

宇都宫清吉关于《管子》研究的另一篇论文是《论〈管子·弟子职〉篇——古代专制体制和社会各集团的关系研究》。作者在这篇文章中继续探讨了上篇我们分析过的内容。我们虽然没有看到文章的具体内容,但可以通过日本学者谷川道雄对它的评价窥见一斑。谷川道雄说:"这一论文的旨趣,在于提出了秦汉帝国与豪族体制之矛盾关系的主张,其理论根据即上述所言。其中最值得引起注意的是,对阶级关系与共同体关系,以'首领制'与'家族制'的概念,作为相互对立的矛盾原理提了出来。换言之,与西岛、增渊相反,提出了'家族制'即非阶级秩序原理存在的主张。而且,这种'家族制'并非以往氏族制秩序遗制,而是作为克服古代帝国的豪族体制的一个侧面,带有强烈原理性的进步事物。若将宇都宫氏有关三国以后中世时代的见解一并考虑的话,就会发现正是这一原理,不久又产生了中世的共同体。"①

第五节　町田三郎及其管子经济思想研究

町田三郎是管子思想研究中比较重要的一位日本学者,对管子的经济思想也有很深的思考。其研究成果有《关于〈管子〉的"轻重篇"》(《日本中国学会报》,第15集,1963年)和《〈管子·侈靡〉篇研究》(《东洋史研究》,第44卷4号,1986年)。第一篇没有相关的内容资料,但后一篇被节译刊登在了《管子学刊》上。在《〈管子·侈靡〉篇研究》这篇文章中,町田三郎说,虽然《管子·侈靡》篇内容繁杂,但依然可以将其归类分为三个部分:一为侈靡之法,国内经济的活性化;二为国内体制的强化,传统体制的拥护强化;三是理想政治,顺从自然而应时变化。他认为尽管《管子·侈靡》篇中有部分内容意义不明,但仍然可以看到有统一的思路贯穿全篇,那就是文章通过质疑紧扣政治性的整体构造,来创造适用于现实的政策。

在町田三郎看来,《管子·侈靡》篇的第一章可以看作是全篇的序言,反映了作者对现实的认知。作者认为政治阻碍了农业生产,需要采取措施、制

① 谷川道雄著,马彪译:《中国中世社会与共同体》,中华书局2002年版,第133页。

定政策使世间活性化,那么给出的方法就是实施侈靡之法,轻视实用的(如粟米、手工业),尊重无用的(如珠玉、礼乐制度)。"只有提倡侈靡,高贵者重视无用之物,贫贱者拥有实用之物,才能使鳏寡独老的弱者也能得以生活下去,这是天下均平的开始。"①所以,町田三郎指出,富人高度消费,给贫者创造就业机会。为了驱动人民为君王出力,君王用利益诱导人民,这就是侈靡之法,就是奖励侈靡的政策。同时,国家也创造一些利益,使商人与其有了关联。金钱在商人的贸易中流通起来,国家保护、利用商人,以刺激经济、活跃市场。侈靡政策背后的受益者其实是国君。这是町田三郎通过分析看到的《管子·侈靡》篇的基调逻辑。他并没有分析实行侈靡政策背后的思想倾向属于哪家学派,只是单纯就内容展开分析。

町田三郎在第三部分分析了《管子·侈靡》篇所构想的理想政治是怎样的。首先,需要采取重视亲近、国内优先的政策,也就是因循天地自然之道,选择人才,量才任职。在君臣关系方面,要严正,法度是维护君臣关系的大本,在维护君权的同时,也要尚贤使能。顺其自然地实施政策是正确的,但也要根据变化及时采取相应的对策,如此才能使国家稳定发展进而成为强国。同时,对小国也要给予敬爱之心,如此民众才可能服从上位者的命令。另外,根据国力的对比来确定与他国相处的策略,做国力和道义并立的国家,就会使对立的诸国臣服。町田三郎指出,这就是《管子·侈靡》篇为霸国设计的方案。

第六节　冈田巧对管子经济思想的研究

进入七八十年代,有不少学者在持续关注管子的经济思想,也发表了相关的论文和专著。日本学者冈田巧在1970年发表了《管仲的经济思想》一文(日本明星大学人文学部《研究纪要》第5号)。他从数个方面谈论了自己对管子经济思想的理解。冈田巧是研究经济学的学者,出版过一部专著。在这篇文章中,他分别从管子经济思想形成的原因、唯物观念、欲望论(消费

① 町田三郎著,邓红译,周桂钿校:《〈管子·侈靡〉篇研究》,《管子学刊》1993年第1期,第15页。

观）、重农政策、重商政策、财政相关的思想、工业国有政策和经济杂论等方面来阐述自己的观点，可以说是从宏观上来剖析管子经济思想的整体框架。在第一部分中，冈田巧认为管子经济思想形成的原因有五：一是朝廷与人民的关系由单纯的关系转化为政治、经济的多重关系；二是随着人口增加而造成的人民生活困难问题催生了管子经济思想中的富国政策；三是随着经济制度的进步和发展，经济思想也在不断进步和发展；四是诸侯国直接经济竞争的激烈化；五是齐国独特的自然环境、发达的商业。在第二部分中，冈田巧引入了马克思主义的唯物史观。他认为贯穿在《管子》书中的经济学说是以唯物主义观点为出发点的。管子所说的治国必须从经济入手。《管子·牧民》篇谈到要以物质生活为基础，精神生活是在物质生活得到保障之后展开的，正体现了唯物主义思想。冈田巧提出这种思想是管子经国的唯一纲领，也是其理论的基本出发点。他将管子的唯物论和孔孟的富民论做比较分析，认为两者都将经济理论建立在国家经济利益之上的观点是一致的，只是具体方法和表现手段存在一定差异。

论及管子提倡的消费观，冈田巧指出它是一种辩证唯物的消费观。他将其与儒家和道家的观点相比较。管子也提倡节用，但与儒家不同的是，他强调的是节俭所获取的利益。国家要力求使生产和消费处于平衡状态，所以他反对纵欲，认识到了生产和消费平衡的意义。他鼓励储蓄，但不主张极度节俭。因为消费是必要的，可以促进生产，但消费要有节度，这正是管子之消费观的辩证性。从表面上看，这与老子的“寡欲”类似，但本质完全不同。老子基于无为思想，节制欲望，主张抛弃一切欲念和活动，冈田巧认为这种消费观是放弃一切文明。而管子主张的节俭是鼓励人民储蓄，为的是促进国家经济发展，也是为了与别国更好竞争。谈到管子的重农政策，冈田巧分析说，管子认为农业的发展取决于天时、地力、民力的结合，只有农业优先发展，才可以扩大工商业的发展、改善货币制度、促进财政进步从而使国家实现富强。正因为管子的经济政策是以国家的整体利益为基础的，所以他重视农业的目的在于富国，在于战胜别国、扩张势力。这与儒家的重农是不一样的，儒家的重农是为了解决人民的生活问题，是基于君主立场的。管子不仅重农，而且也是一位重商主义者。他的重商思想不仅体现在他的业绩上，也集中体现在《管子》一书中。冈田巧说可以在多篇中看到管子强调商人的重要性，管子的这一主张也是基于他认识到了商人在货物流通方面的作用。商人间的交易活动可以促进农业生产的发展。但政府又要禁止商人通过交易谋取暴利。管子的商业政策更多针对的是对外商业，他主张以他国的需要和供给来决定本国的输出和输入，利用这种方法将他国置于困难境地，即“轻重数调”，而对外贸易中的具体策略可从《管子·轻重》诸篇中看到。

其后，冈田巧又论述了管子的财政思想、工业国有政策和经济杂论。他说，管子财政思想的主要内容是节用和轻税薄敛。对于个人用度、朝廷用度，管仲都提倡节俭。他认为这是“霸王之本”。而薄欲主要是减轻赋税、减轻刑法等，管子认为这是富民的有效方法，而厚敛必然招致民怨。减轻了赋税，朝廷的收入势必要减少，管子认识到了这点，又倡导工业国有政策，以为朝廷开辟新的收入来源。冈田巧说，这是管仲对中国经济思想的特殊贡献，也是其经济思想中最精彩的部分。管仲主张对国内资源实行官营政策，主要是针对盐铁、矿业和森林。而这一政策的实施使齐国走上了富国之路。管子的经济思想还包括其他若干经济理论，如荒政、分业、人口等，虽散见于《管子》，但也有一定的价值。冈田巧总结说，管子的经济思想对后来的政治家和学者都有直接的影响，管仲也是中国经济思想史上光彩夺目的伟大人物。

还有许多学者在关注管子的经济思想。尤其是《管子·轻重》各篇，很多学者都在探讨。1950 年，长部和雄①发表了《〈管子·轻重〉篇论》（《商大论集》，1950 年版）。神谷正男在 1962 年发表了《〈周礼〉的泉府与〈管子〉的轻重敛散法》。该文的第一部分是序言。之后，作者分析了《周礼》中的泉府与《管子》中的轻重敛散法，又阐述了泉府与轻重敛散法的地位。长谷川诚一发表了《中国古代的经济思想——〈管子〉的研究》（《研究论集》第 10 号，1967 年版）。论文主要包含三个方面的内容：管仲的生涯与其生活的时代背

① 长部和雄，1931 年毕业于京都帝国大学文学部，先后在高野山大学、神户商科大学任教，后转任神户女子大学。其主要著作有《唐代密教史杂考》《中国密教史研究》《唐代密教与日本佛教》《中国佛教史概说》《一行禅师研究》等。

景、《管子》的内容研究(民本主义和农本主义、物价政策重点主义、官业经营主义、经济重点主义、租税政策与奢侈论)及实利论的比较。佐藤武敏的《〈管子〉中的治水说》(《中国古代史研究》第三,单行本,吉川弘文馆刊,1969 年版)阐述了《管子》书中出现的治水技术、治水组织和分析结论。1974 年,水上健造分别在《和光经济》第 8 卷 1、2 号和第 9 卷 2 号上发表了《管子"经济论"的考察(一)》和《管子"经济论"的考察(二)》。第一篇包括道德与经济论、自然权与重农论等内容。第二篇包括士农工商论、农业政策论以及作者比较后得出的结论等内容。1975 年,日本华侨学者段柏林①发表了论文《先秦中国经济思想的批判——管子的经济思想的地位》(《中国综合研究》创刊号)。他在文章中分别分析了道家的经济思想、墨家的经济思想、儒家的经济思想、法家的经济思想和管子的经济思想,通过实例分析论证了管子经济思想的地位和影响。1984 年,金谷治发表了《关于〈轻重篇〉的成立》(《东洋史研究》)。金谷治通过考证《管子·轻重》诸篇的内容指出《管子·轻重》诸篇是一个完整的经济文献,并通过分析相应的内容来考察它的形成时代和历史背景。他指出,《管子·轻重》篇的内容本身显示出了它的特别复杂性,一是因为内容有许多重复的地方;二是从整体上看,其内容并不是由一个人在短时间内完成的。尽管现行版的《管子·轻重》篇来自一个单一的源头,但是,在这个源头中,我们必须分析它在成文过程中所经历的不同时期的多样性。我们可以把十六篇文章分为三个重要组成部分。另外,他把《管子·轻重》篇的各位作者统称为轻重家,称他们为经济顾问。金谷治通过对《管子·轻重》篇形成的这个传统理论与其现存内容的对比考察,得出《管子·轻重》篇有可能是在汉代成文的结论。通过这一联系,他认为现存《管子·轻重》篇的内容来源正如司马迁所理解的那样:成文于汉朝文帝和景帝期间,一直到汉武帝统治末年。这同时也完美对应了《管子·轻重》篇十六篇的内容分为三个主要部分。总之,他认为《管子·轻重》

① 段柏林,生于辽宁沈阳,1935 年毕业于东京第一高等学校文科甲类,1939 年于东京帝国大学法学部政治科大学院毕业,1942 年起任中央大学国际法讲师、教授。他于 1974 年赴日,在东京大学大学院法律学政治研究科攻读硕士学位,之后修读博士课程;1978 年后任亚细亚文化综合研究所研究员、所长。他著有《国际法基本论》等。

篇不同章节的内容表明它是在汉代被编写成书的，基本与战国时期的最初来源保持着内容上的一致性。现存的《管子·轻重》篇在一定程度上反映了汉朝的经济状况，尤其是汉武帝统治时期的经济状况，因为相关内容的改动较少。

综上所述，我们可以看到日本学者对管子经济思想的研究成果也是比较丰富的，早在19世纪后半期就已出现相关研究，真正开始是从20世纪30年代，学者在对《管子》校正、集解、注释的基础上，也对管子的经济思想给予了很大关注，在研究中也引入了西方经济学的内容和概念，可以说是在新的视域下研究管子的经济思想。不论是从宏观的经济视角研究管子的经济思想，还是从微观的视角来研究管子某一领域的经济理论，都有比较大的成果。了解日本学者的学术成果将推动国内此方面的研究。

第四章　日本学者对管子农业科技思想和自然观的研究

管子重农，强调不误农时、精耕细作，重视农田水利建设与生态保护，还将这些农业科技思想都应用到了农业生产实践中。《管子》一书蕴含有丰富的科技思想，在中国古代典籍中是极富特色的。对于这方面内容的考察，日本学者原宗子是比较全面投入的一位学者。

她多从环境发展的角度研究中国古代经济，较关注管子的农业科技思想。

第一节　原宗子和《古代中国的开发和环境——〈管子·地员〉篇研究》

原宗子(1948—　)，毕业于庆应义塾大学文学部，1995 年获得博士学位。她的博士论文是《古代中国的开发和环境——〈管子·地员〉篇研究》。她后为流通经济大学教授、中国出土资料学会理事、日本秦汉史学会编辑会员。她研究的领域主要是中国环境史、社会经济史等。她的主要著作有《古代中国的开发和环境——〈管子·地员〉篇研究》(研文出版，1994 年)、《从环境思考的东亚农业——历史的过程和现在》(勉诚出版，1999 年)、《发展中国家的经济发展和社会变动》(共著，负责“中国农业历史的基础”部分，绿荫书房，1997 年)、《讲座世界历史 3. 中华的形成和东方世界》(共著，负责“生产技术和环境”，岩波书店，1998 年)、《四大文明——中国》(共著，负责“从土壤所见的中国文明”，日本放送出版协会，2000 年)。她发表的主要论文有《关于围绕所谓“代田法”记载的诸种解释》(《史学杂志》85 卷 11 号,1976 年)、《〈管子〉中的“稷”》(《中国古代史研究》第四,单行本,雄山阁刊,1976 年)、《〈管子〉和郭嵩焘》(《增井经夫先生·三上次男先生退任纪念响沫集》,1977 年)、《中国农业史研究的明天——关中的灌溉形态》(《中国近代史研究》第 2 期,1982 年)、《〈管子·地员〉篇中对土壤认识的一个侧面》(《中国古代史研究》第五,单行本,雄山阁刊,1982 年版)、《关于云梦秦简所见的粮食关系史料》(《流通经济大学创立二十周年纪念论文集》,1985 年)、《古代中国的农政和环境》(《中国——社会和文化》第十四号,中国社会文化学会,1999 年)、《环境史所见的“商鞅变法”》(《流通经济大学论集》,通卷 125,1999 年),等等。①

原宗子是从古代的思想史研究入手,逐步切入有关中国环境思想和社会领域。她长期以来一直从事这方面的研究,并逐步扩展到对有关自然环境的农业史、社会史研究。② 她对管子农业科技思想的研究主要体现在她的《古代中国的开发和环境——〈管子·地员〉篇研究》这本书中。此书目前尚无中文译本,总共有八章内容。第一章探讨了土壤等级,第二章论述了树木的选择开发,第三章论述了“草”的实况与意义,第四章和第五章研究了粮食和麻,第六章论述了“九州之土”,第七章研究了矿物资源埋藏地和丘陵地带,最后一章探讨了《管子·地员》篇显示出的《管子》的性质。透过此书的研究,我们可以看到原宗子是一位非常擅长利用史料从微观角度来分析管子思想的学者,也是一位很注重从文献资料角度来考察思想的学者。她认为在过去的《管子》研究中,有些学者认为《管子》是驳杂之书,因而任意校订书中词句。她强调应该节制任意的校订,让《管子》可以讲述《管子》本身,所以她对《管子·地员》篇进行了分析研究。她说,如果把《管子·地员》篇反映的自然观与《管子》的其他部分进行比较,检查其有无整合性,便可以看到《管子》是否有统一性。原宗子在上述八章的研究中得出了如下

---

① 李庆:《日本汉学史　第五部　变迁和展望(1989—)》(修订本),上海人民出版社 2016 年版,第 214 ~ 215 页。

② 李庆:《日本汉学史　第五部　变迁和展望(1989—)》(修订本),上海人民出版社 2016 年版,第 215 页。

结论：

（一）将所记的土壤分为两大类，A“渎田”—J“山之侧”地域和K“五粟”—Q6“五凫”地域。原宗子指出，《管子·地员》篇认为土壤是可以通过井水灌溉、施肥等人为的改造得到开发的，作为开发的前提，要认识、确认诸如地下水位等自然地理条件。特别应该注意的是，关于“渎田”的记载表明《管子》的编者已经认识到灌溉耕地时建立必要的排水系统的重要性。这种认识对防御土壤次生盐碱化具有非常重要的作用。

（二）树木是该地土壤特点的指标。这也是按土壤特点来保护育成的对象，所以在合适的地方，也应振兴果树栽培和林业。

（三）草类是该地土壤特点的指标。草类被认为是畜牧的基础，也是可以作为生活必需品的东西。《管子》一书并不认为它阻碍了谷物栽培而应该根绝，这与《商君书》等法家文献或儒家文献的主张是有差异的。

（四）关于粮食，《管子·地员》篇特别重视麦类。不过，荞麦、山药、薏苡等后世没有被划属在粮食范畴内的东西也被当作作物记载下来。

（五）对于土壤的评价，A—J地域和K—Q6地域的土壤被认为是微酸性的，适合麦作，可以栽培黄色染料黄连，而富含腐殖质、形成团粒构造的褐土是最好的土壤。碱性、适合小米作的黄绵土在18种土壤中占第7位。

（六）关于土壤评价等级中“五沃”的土壤地区，《管子》一书特别记述了麻栽培和麻织物生产，尽管书中有关于种植桑的记载，但没有提及丝绸织物生产。这就说明“大田谷作主义”还没有覆盖华北，在可以生产麻类的地方，不必从事丝绸织物生产。

（七）矿物资源埋藏地等非谷物栽培地也受到注意。

（八）对可以畜牧、狩猎的地方，评价很好。

原宗子认为，从《管子》一书可以看出，齐国东西南北同时并存着多样化的自然环境，这丰富而多元的自然环境繁育了多元的人类集团，古代的山东可能是这类比较悠闲自在的社会。到战国时代，齐国为了适应社会变化，改革了一些统治方法。她指出管子关于社会产业构造的构思是因地制宜的，有利于保全多种自然环境的基本面貌，有利于让各个成员进行富有创造精神的生产活动。齐国实行的政策有利于保持各个地区的沟通，有利于保持产业结构的平衡,提高了一个地区整体的生产率,这就是战国时期齐国这样一个多民族国家实行的必要而有效的政策。

原宗子在《从〈地员篇〉看出的〈管子〉成立背景》①这篇文章中阐述了上述著作的主要内容。原宗子在文章的最后说,在汉代以后,管子的思想有被合理化采用,但是《管子》书中把女人作为国家成员的观念消失了,同时出现了把女子关在“家”中、女子依靠男子生存的观念。原宗子说,在以后的朝代,管子提倡的让多元的社会成员进行自由经济和文化活动的方法屡次被恢复,从而使中国文化更加丰富。

探析管子之农业科技思想的论文还有若江贤三的《春秋时期农民的耕田面积:〈管子·治国〉篇资料学的再次探讨》、小川贵宏的《〈管子·水地〉篇的著述和它的思想特色》。相关论文的详细内容有待日后的翻译研究。

第二节　町田三郎和《关于〈管子·水地〉篇》

町田三郎在《关于〈管子·水地〉篇》这篇文章中表现出的关注视角与国内的很多学者不同。他探讨的是管子的自然观。他认为《管子·水地》篇的内容不止于对水之德的歌颂,之所以把水当作第一原理,是因为认识到水是包括人类在内的自然界之一切生命的根源。从这点来说,此篇文章在思想史上应有特殊的地位。作者从两个问题出发来探讨《管子·水地》篇的主题,一是此篇的写成时代,二是它提出了什么样的思想课题。町田三郎说,之前有代表性的学者比如罗根泽认为此篇为“汉初医家之作”,郭沫若认为是“西楚霸王建都彭城时的作品”,杨向奎认为是基于齐国特殊宗教传统而作的、“战国中期以降”的作品。他认为这些论点因为没有翔实的资料佐证,也无令人信服的理由,是非常没有说服力的。他的判断是《管子·水地》篇是战国末至汉初时期的作品。

对于第二个问题,町田三郎首先肯定了李约瑟对《管子·水地》篇的独到见解,因为李约瑟将《管子·水地》篇看作是继承了道家思想的思想模型,

---

① 原宗子:《从〈地员篇〉看出的〈管子〉成立背景》,见杨培玉主编《第六届齐文化国际学术研讨会论文集》,中国文史出版社 2006 年版。

虽然李氏并没有阐述为何将《管子·水地》篇归为道家作品，但町田三郎觉得《管子·水地》篇中人和自然的合一以及其所论述之水的象征意义和女性的象征意义符合道家的特点，也许这是李氏做出结论的缘由，但在他看来，并不能因此就认为《管子·水地》篇是属于道家的“思想模型”，因为在此篇中，具有特殊意义的水作为生命之源与道家思想有无联系、如何联系以及水在其他文献中有何种形态是该特别注意的问题。他首先比照了《老子》《庄子》书中出现“谷”“谿”“水”“渊”等字的篇章，这样的例子很多，它们都有一定的神秘性和象征意义。比如水，在《老子》的很多篇章中出现，但老子把水的形状比拟为人类期望的理想状态，并没有分析进而使其形成某种理论。比如“渊”，在《庄子》的《天运》《天地》《在宥》等篇中指返归为静的深水，庄子把“渊”比拟为人体内部的生命力，可以说是生命的象征了。比如《管子·内业》篇中的“泉”“渊”是气和精的聚集之处，也用以象征生命，但并非生命本身。那么在其他文献中呢？町田三郎又比较了《管子·八观》《汉书·地理志》《国语·周语》《国语·晋语》中的水是如何被表现的，前两者提到的“谷水”“谷汲”曾被理解为“通淫”的象征，而后二者谈到的水正是人生命的象征。川也好，渊也好，泉也好，都是人类生活不可缺少的，是人类生命的象征。

接下来，町田三郎将《管子·水地》篇与以上各篇做了比较分析。在他看来，《管子·水地》篇把水作为万物的根源，当作神一般的存在，但是，人与这一意义的水是何种关系呢？人是否应该学习水之各种形态体现的德行？人与水的关系是怎样的？《管子·水地》篇没有论及，所以他认为虽然本篇把水当作神，但内容并不一定是宗教性的，而且最后一章把水比喻到政治范畴中，由此更可以看出其内容并不是宗教性的。但是之前举的《老子》《庄子》中的诸例在一定意义上反映出了原始的信仰。它们都有对“道”的阐述，比如《庄子·天地》篇中的“渊乎其居也，漻乎其清也”，便是以“渊”来喻“道”的，这里超出了具体的水、渊，是以普遍意义上的“道”来说明与具体物质的关系。町田三郎指出，从《管子·水地》篇的构成来看，如果说它表现了老庄思想，但与以上文献中所表现出的老庄思想是不同的，它是带有政治色彩的对自然现象的解释和说明。《管子·水地》篇着眼于水的德行和滋生万物的功能，强调以人的生活为准则，把人和社会置于与自然对应的关系中进行论述，并由此体现出完整的世界形态，它是以政治观点来解释自然的。它尽管把水视作神灵，却没有承袭原始的信仰，它把万物的生成有阶段有层次地比拟为人和玉、意和龟、龙和庆忌，并考虑到水对各地风俗的影响，因而它是从政治上的对应关系来展开讨论的。

最后，町田三郎做出的结论是，《管子·水地》篇舍弃了古代的原始信仰，构造了一个新世界，阐述的是一种理想化的自然观。这种自然观在战国末期到汉代初年各式各样的自然观中有着独特的地位。

第五章 韩国管子经济思想研究概述①

从查到的资料来看,韩国对管子的研究主要是从 20 世纪 70 年代开始的。《管子》一书的完整韩文版由金必洙翻译,由松树出版社在 2010 年出版。我们从韩国学术信息检索系统查到的相关研究论文有 20 篇,内容涉及管子的经济思想、法律思想、政治思想和哲学思想等,其中经济思想是学者关注的热点问题,原因是从 20 世纪末开始,韩国社会出现了经济发展相对缓慢、社会矛盾突出等问题,因此人们希望借鉴管子的经济思想,以帮助韩国摆脱经济发展困境,所以韩国学术界出现了研究热潮。韩国学者认为,从宏观经济学角度效仿管子提出的低税率、提高社会福利、差别化赋税及抑制奢侈品消费等政策,可以有效缓解当代韩国社会贫富两极化矛盾;从微观经济学角度效仿管子提出的职业教育、开放的人口政策与经济环境政策,则有利于为韩国的经济增长带来新的推动力。

第一节 政治经济学与韩国学者眼中的管子

政治经济学是由经济学发展而来的。在西方,经济学一词源于希腊语 oikos(家庭)和 nomos(法或原则),意思是家政管理的原则。人类历史上第一部经济学著作是色诺芬的《经济论》。《经济论》实质上是一本关于家庭管理的书,论述的是奴隶主如何管理自己的财产。古希腊奴隶制生产以家庭为单位,因此把组织管理奴隶制经济的相关问题都列入"家政管理范围"。

① 本章内容是由高福升、张立博士提供,原文发表在《管子学刊》2016 年第 4 期,本文稍做改动。

当这种管理的含义扩展到其他事物和城市国家以后，经济学就不仅是个人领域的事情，亦涉及公共领域，从而出现了相应的政治经济学一词。①

17世纪初期，倡导重商主义的法国学者A.蒙克莱田在其《献给国王和王后的政治经济学》一书中，首先提出了政治经济学概念。1775年，卢梭在法国《百科全书》中再次提出此概念。学术界至今仍对政治经济学的概念存在争议，特别是在政治经济学的研究对象上，至少有两种对立的意见：一是资源配置说，一是生产方式以及和它相适应的生产关系说。② 但不可否认的是，政治与经济相互影响，即政治活动在国家层面上影响"富"的生产和分配，而经济活动则影响国家的生存与发展。

正因如此，自古以来很多政治家都有自己的经济学观点，其中也包括春秋时代齐国宰相、辅佐齐桓公成为中原霸主的管仲。《管子·霸言》云："以天下之财，利天下之人，以明威之振。"当时管子就意识到运用经济手段使国民受益，从而获得百姓的支持。《史记·齐太公世家》载："管仲既任政相齐，以区区之齐在海滨，通货积财，富国强兵，与俗同好恶。"《史记·货殖列传》亦载："太公望封于营丘，地潟卤，人民寡，于是太公劝其女功，极技巧，通鱼盐，则人物归之，繦至而辐凑。故齐冠带衣履天下，海岱之间敛袂而往朝焉。其后齐中衰，管子修之，设轻重九府，则桓公以霸，九合诸侯，一匡天下；而管氏亦有三归，位在陪臣，富于列国之君。是以齐富强至于威、宣也。"这说明管仲的经济政策上承姜太公，下启齐威王、齐宣王，对齐国称霸中原乃至富强天下都起到了至关重要的作用。可见，管子不仅是中国古代伟大的政治家，也是伟大的经济学家。

管子成为韩国学者关注的热点只是近二三十年的事情。学者严灵峰在20世纪70年代编纂《周秦汉魏诸子知见书目》时没有提到韩国的《管子》典籍。前面提到韩文全译本《管子》只有一部由松树出版社出版的。韩国学者对中国古代思想家的研究主要以老子、孔子、孟子、墨子、荀子等为中心，而对中国古代政治家的研究主要集中在《三国志》里的诸葛亮、曹操等人物身

① 朱富强：《从政治经济学到经济学的演化逻辑及其问题》，《改革与战略》2009年第8期。

② 吴易风：《论政治经济学或经济学的研究对象》，《中国社会科学》1997年第2期。

上。究其原因，自古以来韩国深受中国儒家文化的影响，以至于对中国思想层面的研究主要集中在儒家人物身上，同时又受到中国历史方面文学作品的影响，所以韩国学者对管子的关注较少。

韩国学者对管子的研究始于20世纪70年代。由于经济发展相对缓慢、社会矛盾突出，韩国出现了物质主义、拜金主义思潮和社会道德滑坡的现象。在此背景下，以高丽大学教授金冲列为代表的学者积极肯定管子在治国方面的杰出才能，认为管子提倡的德治和法治可以解决韩国存在的经济问题和社会问题。[①] 关于管子的研究慢慢成为韩国学者关注的热点。

此后，韩国学者在政治理念、哲学思想和经济思想方面对管子展开了一系列研究。

在政治理念上，众多学者把管子的"为民"理念作为研究的重点。江原大学教授许南郁在法治层面肯定了管子的"为民"思想。他在论文中指出，管子法治的出发点是保障人民得到公平的权利、保障人民的正当利益不受损害。[②] 张蓉美也肯定管子的"为民"思想，认为人民追求利益的行为应当给予肯定，对其诉求应予以积极响应，在政治上采取"为民"的执政理念特别重要。[③]

在哲学思想方面，许多韩国学者认为道家、儒家和墨家以外的诸子百家的学术观点无一例外地受到了以管子为中心的稷下学派的影响，所以管子是春秋时期的大思想家、哲学家。不仅如此，管子的思想还促进了中医学的发展，中医学中的"精气一元论"就是管子的哲学观点，即水为万物根源，它和人体的"血气"和"经脉"相通；而"血气"的充足和"经脉"的无恙是养生的关键。[④]

管子的经济思想是韩国学者最关心的热点。管子提出的富国、强兵、合理利用资源、调节市场经济等措施，至今仍有十分重要的借鉴意义。

---

① 金冲列：《中国哲学的源流》，韩国礼文出版社1994年版。

② 许南郁：《管子法治论的小考》，《江原文化研究》1996年第15期。

③ 张蓉美：《〈管子〉政治观的为民意识研究》，《哲学论坛》2010年第59期。

④ 崔昇熏、朴爽睿：《〈管子〉四篇中精气说考察》，《东医病理学会》1993年第8期。

第二节　管子宏观经济学思想研究

“宏观经济学”概念最早由挪威经济学家弗里希在1933年提出，主要指以国民经济总活动为研究对象，制定国家层面的经济发展策略。虽然中国当时还没有“宏观经济学”概念，但管子已经有了“宏观经济学”的思想。春秋时期，周王朝衰落，各诸侯国之间开始了长期的争霸战争，在此背景下，管子需要从国家层面出发，制定经济政策，促进经济发展，从而实现富国、强兵的目的，进而帮助齐国摆脱亡国危机。

一、国营经济政策

韩国学者认为春秋时代齐国之所以能够迅速发展壮大，与管子提倡的“国营经济”政策紧密相关。管子“国营经济”思想方面研究的代表学者有高丽大学的辛昌浩教授和大邱韩医大学的硕士研究生崔奎彩。辛昌浩根据《管子·海王》篇的内容指出，管子认为土地开垦、家畜饲养、种植农作物等百姓的经济活动是微观的经济活动，应该给予鼓励认可；但是国家不能仅仅依靠征税充实国库，应该把如山林、海洋、盐铁等资源划归国有，从国家的层面进行运营，确保国库收入。① 崔奎彩进一步认为除了盐铁专营，齐国实行的积极国际贸易政策也是齐国富强的重要原因。②

需要强调的是，齐国“国家经营”的经济思想和经济政策并非由管子开创。首尔大学教授朴丰住根据《左传》的相关记载认为，早在周朝建国功臣太公望吕尚时期，齐国就有了“国家经营”的理念。根据他的研究，当时山东沿海地区的齐国境内生活着东夷族，在与东夷族的战争中，齐国采取盐、铁等特殊物资由国家经营的政策，一方面可以大幅度增加国库收入，另一方面可以在经济上制约东夷族的发展③。

这样看来，管子“国营经济”思想的确立有其历史原因和现实原因。在

---

① 辛昌浩：《〈管子〉的现实主义思想和教育观》，《东洋古典研究》2006年第32期。

② 崔奎彩：《管子哲学思想研究》，韩国大邱韩医大学2012年硕士学位论文。

③ 朴丰住：《齐国经济与〈管子〉的经济政策论》，《东洋史学研究》1995年第52期。

与东夷族的战争中，齐国实行的国家专营盐、铁等特殊物资的政策起到了压制对方经济、增强自身国力的作用，所以管子继承了"国营经济"的理念。在列强争霸、国家存亡的春秋时期，管子充分利用齐国拥有的盐、铁等丰富资源，设立国家专营机构，确保了国库收入。

二、货币政策

除了"国营经济"的思想，管子实行的货币政策也被认为是齐国经济发展的重要原因之一。反映管子之货币政策的内容主要集中在《管子·轻重》篇。早在春秋时期，金属货币已经在各国广泛流通，价值较大的金属货币重量相对来讲比较大，称之为"重币"；价值小、重量轻的金属货币被称为"轻币"。当时市场经济较繁荣，是否需要大量制造价值较大的"重币"成为当时政治家、思想家争论的焦点，从而出现了"轻重论"的争辩。金宗明在分析《史记》之《齐太公世家》《货殖列传》《平准书》《管晏列传》中相关记载的基础上，得出了管子在"轻重论"方面的观点：随着经济的发展，价值大、价值小的货币的比例要合理；价值小的货币发行过多，不利于交易顺利进行；价值大的货币发行过多，则会引发货物贬值。①

江原大学南相浩教授则认为，管子主张使用黄金作为衡量物价的标准，也就是今天我们所说的金本位。《管子·乘马》篇中有这样的记载："黄金者用之量者。辨于黄金之理则知侈俭，知侈俭则百用节矣。"这句话的大意是，黄金是计量财用的工具，懂得黄金的道理，就懂得什么是奢侈和节俭；懂得奢侈和节俭，就能调节各项支出。正因如此，南相浩得出结论：管子主张使用黄金作为衡量物价的标准。他同时补充说：管子主张使用黄金的另外一个用意就是使人们学会节俭。② 这也从另外一个层面间接反映出管子主张使用"重币"。

对于大量使用"重币"能否带来货物贬值的问题，南相浩持否定态度。

---

① 金宗明：《〈管子〉经济思想里轻重论的研究》，韩国成均馆大学 1992 年硕士学位论文。

② 南相浩：《从中正和调的基础分析管子牧民哲学的方法》，《东西哲学研究》2008 年第 47 期。

他认为物价取决于供给与消费的关系。供大于求时，势必会引起货物的贬值；供小于求时，则会引起货物的增值。另外，由于齐国设置了国家仓库，以便在物价出现波动的时候适时补充物资、调节物价，所以“重币”的使用不会使货物价格出现波动。

这样看来，对于管子提倡的货币政策，韩国学者提出了两种不同的观点。一种观点是，管子主张合理混用“重币”和“轻币”；另一种观点是，管子主张使用“重币”。关于管子“轻重论”的争论，韩国学术界至今没有定论。

三、均富论

从宏观经济学的角度看，管子另外一个很重要的经济思想就是“均富论”。首尔大学教授朴丰住指出，与法家和墨家单一强调“国富”不同，管子更加注重国家和百姓的“共富”。他把管子的“均富论”分为量与质两个层面。农业振兴、衣食住条件的改善、资源开发、水利灌溉和交通网络建设属于前者，降低税赋和刑罚、救济贫困人口、增加社会福利则属于后者。①

除了提高社会福利、加强基础设施建设、改善市场环境，管子还主张通过税法调节百姓的收入。高丽大学辛昌浩教授在整理分析《管子》之《五辅》《幼官》《大匡》《山国轨》等篇章的基础上，把管子提出的税法概括如下：合并租和税，减少百姓负担；根据地势、土地生产力施行差别化的赋税政策。② 夏商周时期实行的赋税制度是贡赋制，主要有贡、赋、租、税等形式，百姓的税赋压力较大。合并租和税后，在减少税目的同时也减轻了百姓的负担，很大程度上保障了百姓的“盈余”，有利于实现“民富”的目的。而差别化的赋税制度保护了生产经营条件相对落后之百姓的经济利益，并且有利于实现“均富”。

另外，管子还主张抑制奢侈品消费，防止出现大幅度的贫富差异。《管子·山国轨》篇中有这样的记载：“巨家重葬其亲者服重租，小家菲葬其亲服小租；巨家美修其宫室者服重租，小家陋为室庐者服小租。”也就是通过税法对追求奢侈之风的富人阶层征收重税，对生活贫困的百姓征收轻税。这对

---

① 朴丰住：《齐国经济与〈管子〉的经济政策论》，《东洋史学研究》1995 年第 52 期。

② 辛昌浩：《〈管子〉的现实主义思想和教育观》，《东洋古典研究》2006 年第 32 期。

缩小百姓间的贫富差距起到了积极的作用，有利于实现“均富”的目的。

结合上面的论述，韩国学者对管子之“均富论”的认识主要有如下几点：减少百姓税赋，防止出现“国富民弱”的现象；提高社会福利，加强基础设施建设，为发展经济提供良好的“硬件”环境；实行差别化赋税制度，保护生产条件相对落后之百姓的经济利益；抑制奢侈品消费，对富人阶层征收重税，缩小贫富差距。

第三节　管子微观经济学思想研究

同宏观经济学一样，微观经济学亦为经济学专业术语。《百科词典》对微观经济学的概念解释如下：微观经济学又称个体经济学、小经济学，是现代经济学的一个分支，是主要以单个经济单位（单个生产者、单个消费者、单个市场经济活动）为研究对象的一门学科。相对于从国家层面出发的宏观经济学，微观经济学则多以生产者、消费者和小规模经济现象为研究对象。除前面介绍的国营经济政策、货币政策和均富论，本文把管子的其他经济思想划为微观经济学思想。

一、职业教育

管子的教育思想是韩国学者研究管子经济思想的一个新突破点。管子十分重视发展教育，他认为确立正确生活方式、营造良好社会氛围、建立良好社会秩序的方式有很多，其中教育的作用不容忽视。《管子·权修》篇曰：“凡牧民者，使士无邪行，女无淫事。士无邪行，教也。女无淫事，训也。教训成俗而刑罚省，数也。”也就是说，管子把教育作为管理、教化百姓的重要方式和手段。

管子除了注重教育之教化民众的作用，还重视发展职业教育以促进社会、经济的发展。管子把人划分为士、农、工、商四类。士是参与政治的人，农是从事农业生产的百姓，工是制造业的从业者，商是进行经营活动的商人。管子认为要对这四类人进行专门的教育。对士的教育要侧重义理、孝道、恭敬和自爱，对农的教育要注重时节、农具制造和种植的相关知识，对工的教育要侧重生产生活中所需用品的研发制造、经验交流等方面，对商的教育要侧重市场观察、把握市场形势等方面。

关于管子的职业教育观，高丽大学教授辛昌浩做出如下评价：管子提倡的职业教育不仅制定了各行各业的专业教育制度，而且减少了各行各业新入职者的困难，这样既有利于各行各业的健康、良性发展，又可促进经济发展。①

在前面提到的四类行业中，首尔大学教授朴丰住对工类中陶瓷业之从业者的身份进行了分析。他指出：齐国国营陶瓷制造作坊中有监造官、工师和工人三层体系。他认为这个体系中的工人并非专指进行陶瓷制造的专业人士，也包括非专业的学徒工，人们称之为“白徒”，即学徒。②

这样看来，管子重视教育有两个重要原因，一是发展教育有利于教化民众、形成良好的社会氛围、强化社会秩序，二是加强各行各业的职业教育有利于经济的健康、有序发展。管子把发展职业教育作为促进经济发展的重要手段。

二、开放的人口政策和经济环境政策

韩国学者对管子提出的人口和经济环境政策十分感兴趣，因为韩国是一个十分开放的国际化国家。据2013年人口调查显示，韩国本国居民约4600万，而长居韩国的外来人口约500万。在如何利用外国资本发展本国经济、如何制定对外人士政策方面，学者们认为管子的相关思想可以起到很好的借鉴作用。

汉阳大学郑东镐教授在其研究中发现管子采取积极的人口政策，吸引外来居民来齐国，进而为经济发展带来新的活力。③ 根据《管子·国颂》篇中的相关内容可知，物资丰富的国家很善于吸引外来百姓；在资源被很好开发的国家，人口不容易流失。这样看来，管子主张采取积极的人口政策和招商引资政策。积极地吸引外来人口，有利于为齐国政治经济的发展提供人

① 辛昌浩：《〈管子〉的现实主义思想和教育观》，《东洋古典研究》2006年第32期。
② 朴丰住：《齐国经济与〈管子〉的经济政策论》，《东洋史学研究》1995年第52期。
③ 郑东镐：《管子的牧民政策一考》，《安岩法学会》2006年第22期。

力资源;而吸引外来工商人士来齐,则有利于为齐国的经济发展带来新的动力和活力。

综上所述,管子在齐国的政治、经济发展中发挥了重要作用,使齐国国君齐桓公成为春秋时期的霸主,所以关于管子之政治思想、经济思想方面的研究一直是中国学者关注的热点。由于受到儒家文化和中国历史题材文学作品的影响,韩国对管子的研究起步较晚。

自20世纪70年代起,韩国经济发展放慢,物质主义和拜金主义等不良倾向出现,以金冲列为首的学者开始关注管子的思想,期望借鉴管子的政治经济政策来改变韩国的现状。相比其他领域,管子经济方面的研究是重中之重。经济发展关乎国家的发展,也关乎一个国家的国际社会地位。韩国学者们认为管子的经济思想可以划分为两类,一类是以国营经济政策、货币政策、均富论为代表的宏观经济学思想;一类是以职业教育、开放的人口政策和经济环境政策为代表的微观经济学思想。这些经济政策的综合运用使齐国经济得以迅速、健康发展。当然,这些经济政策无疑会对韩国的经济发展起到很好的借鉴作用。

下编

台港澳地区的管子研究

在探讨台港澳地区的管子研究之前，有一点是需要先行说明的，那就是台湾、香港、澳门一直是中国的领土，这些地区的学术传统也与祖国大陆有着一脉相承的关系。台港澳地区的管子研究既有自己的特色，也比较少为大陆学者所了解，所以我们有必要进行一次梳理。

关于管子的研究，台港澳学者的成果还是比较丰富的，主要以台湾地区为主。通过搜索各个学术索引系统查询到的台湾地区关于管子研究的论文有近百篇，其中硕博士学位论文有近三十篇（已经上传到网上的有十篇左右），香港有十来篇论文，澳门目前只有学者杨兆贵的论文中有与管子相关的研究。关于专书研究成果，台湾地区有十几部，港澳地区还没有。台湾地区比较知名的研究管子的学者有徐汉昌、娄良乐、李勉、陈鼓应、陈丽桂、王书岷、郭梨华等。当然，尽管相关研究无论从关注的角度、深度还是广度上都取得了一些可喜的成绩，但与其他诸子的研究相比，管子的研究相对还是比较薄弱的，这也与《管子》这本书自身的复杂性有关，还有许多疑难问题等待得到更理想的解决。

台港澳地区对管子的研究大致是从20世纪40—50年代开始的，在前面二三十年的时间中，学者的关注点多集中在管仲的生平、事功、学术思想以及《管子》这本书的作者、学派归属等问题上。到了80年代以后，人们对管子的研究多侧重其思想方面，比如管子的道家思想、法治思想、政治思想、经济思想、兵学思想、教育思想、农业管理思想等。进入21世纪后，学者们的研究体现在对上述管子思想更深入的探讨以及与其他典籍的比较研究上，相关研究成果有《儒家佚籍、〈孟子〉及〈管子〉四篇心性学之系谱》《〈皇帝四经〉阴阳观对〈管子〉“定静”功夫形成之影响》《比较会通朱熹“太极”、〈管子〉四篇“道”及〈大般涅槃经〉“如来藏”》等。下面我们将按照思想内容分章节来分析。

第一章　管仲、《管子》的相关研究

台港澳学者对管子的研究大致始于20世纪40年代末50年代初，涉及管仲的生平与功业、孔孟荀对管仲的评价、《管子》书的作者与时代、《管子》书的学派归属等。下面我们将分别介绍。

第一节　管仲其人研究

我们注意到，早期发表的关于管子的论文很多都牵涉对管仲其人的评价，因为资源所限，很多早期的论文无法得到详稿，但通过题目也可以一窥其貌。比如黄浩然的《管仲的生平学术及其事功》（《国魂》83—84卷，1954年）、蒋君章的《管仲的伟大抱负与积极精神》（《自由青年》16卷2期，1956年）、郭维廉的《管仲的功业与民主》（《民主呼声》30卷，1958年）、王云五的《管仲——一个多方面的思想家和实行家》（《东方杂方》2卷一期）、纬民的《〈论语〉〈孟子〉中之管仲》（《文海》17卷，1970年）、曲江的《管仲评传》（《新中国评论》42卷5期，1970年）、陶希圣的《管仲与商鞅》（《食货》3卷11期，1974年）、魏汝霖的《管仲传略》（《生力》80卷，1974年）、梁实秋的《"管仲之器小哉"》（《中华日报》12卷，1976年）、惜秋的《管仲——改革齐国政治的成功者》（《台湾新生报》10卷，1977年）、钮先铭（译）的《管仲的志事与生平》（《中外杂志》25卷5期，1977年）、胡惟议的《拨乱反治的伟人——管仲》（《中华文化复兴月刊》12卷2期，1979年）、张素贞的《韩非子有关管仲遗言的论难》（《国文学报》9期，1980年）、李勉的《管仲学术思想及其才智评估》（《中国国学》8期，1980年）、郑力为的《论语"如其仁如其仁"意义的简辨》（《鹅湖》64期，1980年）、雷家骥的《孔子究竟怎样评价管仲——兼论史家评论人物之道》(《鹅湖》3 期,1981 年),等等。我们通过题目可以看出管仲的形象是多元的,他是政治家、思想家、实干家、改革家、民主主义者等。研究者从各个层面肯定了管仲的功业,认为正是他的赫赫功业使齐桓公成为春秋五霸之首。

说到对管仲的评价,比较有代表性的研究成果是徐汉昌的《管子思想研究》。他说管仲的功业主要有两点。一是强齐。为了强齐,管仲主要做了三个方面的重点工作——安定社会、富民教民、发展军事。二是尊王攘夷。他认为管仲直接影响齐桓公的霸业,而此霸业使周王室重获昔日天子的地位,也使中原衣冠之国不亡于夷狄。桓公、管仲虽死,但其"续绝存亡"之功,永为后人所称道,为历史所肯定。他特别指出,管仲其功之最大者在于教桓公以德服诸侯,而以礼自守也。因为唯其以德服人,才能纠集众力、同心一志、内和诸侯、外攘夷狄。他分析指出,管仲的所作所为固使桓公之声势凌驾诸侯之上,使桓公成为天下霸王,然其"尊王"之意义则在霸主个人功业之上,而"攘夷"以维系华夏文化不绝如线之际,其贡献则更超越了尊周王。周王固当尊崇,然而文化延续的重要性比一姓王朝之存亡更重要,中华民族之所以为中华民族,在文化。

李勉在他的《管子今注今译》①中这样评价管仲:齐国能九合诸侯,一匡天下,虽谓管仲之功,然亦鲍叔荐贤之功也。他认为国必有敢谏之臣,然后君不敢为非,国始可图强,而管仲是敢谏之臣,桓公也能容受谏臣。他又说,管仲秉政,宽惠爱民,其对于民,必忧民饥、忧民寒、忧民困,故必谏桓公减负减刑、垦荒增产,又教民以孝悌忠信、节俭勤劳;其对诸侯,必化之以德,故邻国之民,从如流水,远国之民,望如父母,此以仁政化民,以王道治世。作者进而又说,"才"与"德"两者不易兼备,而管仲才德兼胜,故能"善因祸为福,转败为功",故举三例为证。李勉继续阐释说,管仲为政必"与之为取",就是先给民以利,然后民能效忠而收取民利,其对于诸侯亦然。管仲施政,务在行农商之业,欲以实仓廪而足民衣食;其推行政令,必自上层为之;其组织,必自什伍而至乡国;其取士,必自乡里而至朝廷;其外交,必"通货以积财"

① 李勉:《管子今注今译》,台湾商务印书馆 1997 年版。

“立信而足兵”,管仲又兴盐铁之策,从而使齐国国用充裕、富于诸侯。作者得出结论说,管仲能“九合诸侯,一匡天下”,绝非偶然。

王瑞英在其《管子新论》中谈及管仲微鄙的出身。他说,要知这种既贫且孤的环境正是陶铸旷世伟人的熔炉。无论个人或国家民族,几乎都是循着这条因贫困横逆而奋斗而温饱而得志的路线达于成就的高峰。①

也有不少研究者通过探讨管仲和鲍叔牙的关系来看管仲对齐国的贡献。如杜光在《读〈史记·管晏列传〉谈鲍叔牙仁者风范》中提到了三个层面。一是经济利益层面。杜光指出管仲“分财利多自与”,而“鲍叔不以我为贪”,充分展现了仁者风范。二是政治地位层面。齐桓公即位之初,本欲任叔牙为相,鲍叔为国家长治久安,举荐管仲而放弃相位,非为国为民之“仁者”,几人能做到呢?三是知人善用层面。少年鲍叔牙已展现出“知人之明”——知管仲之“贤”。②

而蔡崇明在《试论管仲与鲍叔牙在齐桓霸业之地位》一文中指出,“齐桓霸业,世多以为管仲之功”,其实鲍叔牙之“知人之明与谦让为国”确为定论,然恃才自然傲物,“逊者”能谦让,都以鲍叔牙才识不及而举荐管仲。蔡崇明通过例证分析指出鲍叔牙不仅“允文允武”“胆识过人”,而且“洞烛机先,管仲不及”,因而认为鲍叔牙之能优于管仲,优而能让,实为难得。③

刘月卿在《管仲不死公子纠——从〈史记·管晏列传〉论管仲之事迹与功绩》中也指出,看《史记》管仲之自谓,其诸多之“不堪”,所以不如此“难堪”,是为鲍叔牙。若鲍叔牙在管仲的人生中缺席,管仲不过是“狗盗”、养马庸夫与贩夫、“弊幽”耳。④

汤孝纯认为唯如《管子·大匡》与《管子·小匡》所载,因鲍叔牙之“相知”“相惜”,为国留才、荐才,方使齐桓公得一贤相而成就霸业。司马迁言:

---

① 王瑞英:《管子新论》,台湾大立出版社1983年版,第43页。

② 杜光:《读〈史记·管仲列传〉谈鲍叔牙仁者风范》,《新课程》2010年第6期,第57页。

③ 蔡崇明:《试论管仲与鲍叔牙在齐桓霸业之地位》,见《庆祝黄锦鋐教授九秩嵩寿论文集》,台湾洪业文化有限公司2011年版,第269~288页。

④ 刘月卿:《管仲不死公子纠——从〈史记·管晏列传〉论管仲之事迹与功绩》,《问学》第17期,第27页。

“天下不多管仲之贤,而多鲍叔能知人也。”诚史家之高识。①

而李勉也给予了鲍叔牙极高的评价。他说:“设使鲍叔贪图名位,自居相职,管仲不惟不能立功于世,亦且被戮于鲁矣,纵不戮于鲁,亦必戮于桓公矣,然鲍叔既救管仲于鲁,又以相位让之,如鲍叔者真所谓义于朋友,忠于国家之至人君子矣,其胸怀浩渺,不贪名位,谦虚让贤之风,何人能及耶?庞涓之嫉孙膑,李斯之妒韩非,朋友之间为名位而嫉妒如此,较以鲍叔,能无愧哉?”②

第二节　论孔子对管仲的评价

《论语》一书中涉及孔子对管仲功过不同评价的篇章竟有八九篇之多。这也算是研究者关注的一个热点问题。孔子评价“管仲器小”这个问题已被孔子后世的儒家学者广泛讨论。后人多从两种角度解读。第一种解读认为孔子肯定管仲的功业,但是在论及管仲的私人行为时,认为管仲有奢侈僭礼之行,故称管仲“器小”。第二种解读从孟子“王霸之辩”的角度来讥讽管仲,认为管仲辅佐齐桓公的功业虽大,但也只止于霸者而已,因气量狭小而谓之“器小”。③ 而今天台港澳学者的相关论文有郑力为的《论语“如其仁如其仁”意义的简辨》、雷家骥回应郑力为的《孔子究竟怎样评价管仲——兼论史家评论人物之道》、郑力为回应雷家骥的《关于拙文“论语如其仁意义简辨”敬答雷家骥君》、雷家骥的《敬答郑君有关“如其仁”一文的答文》等。而后认同郑力为之学术观点的黄兆强加入了讨论阵营,发表了《敬覆雷家骥先生——谈孔子评价管仲的一封公开信》。雷家骥又覆答文《与黄兆强君论孔子评管仲书》。关于这个论点的争论真是好不激烈!仔细看来,简言之,主要是两个观点的碰撞,一个观点认为孔子对管仲不死公子纠之事的评价确为“不仁”;而另一个观点认为这已涉嫌曲解、主观、武断孔子之意,有违考辨

① 汤孝纯注译:《新译管子读本》,台湾三民书局2006年版。

② 李勉:《管子今注今译》,台湾商务印书馆2013年版,第4页。

③ 吴峰宗:《〈论语〉对于管仲的批评——从〈论语·八佾〉“管仲器小”说起》,《东方人文学杂志》2007年第4期,第2页。

精神,孔子的意思正是肯定管仲其仁的。三位研究者的文章值得我们剖析,以呈现彼此不同的观点。

首先,郑力为在《论语"如其仁如其仁"意义的简辨》中说,子路以管仲不死于公子纠而问孔子——管仲是否"不仁",他首先认为孔子不轻许人以仁,但并非"绝不轻许"。仁是孔子价值体系中最高的境界,虽然他常自谦不及,但并未将其悬为神秘高深而至不可仰及的境界,所以孔子认为管仲的行为不能达至仁。他又引用朱熹的注解,认为孔子虽谓管仲未得仁人,但利泽及人,有仁之功矣。他强调管子的动机是不善的,没有仁的动机,只是结果善而有仁之功而已,是偶然因素下的结果。

对于郑力为的结论,雷家骥认为极不公允且已背历史中道,遂逐一反驳①。首先就关于管子"仁"的看法,他说了解孔子称齐桓公"正而不谲"极为重要,这是孔子论管仲的大前提。孔子回答子路说,"桓公九合诸侯,不以兵车","正"在此矣。也就是孔子认为的"正"都是由于"管仲之力也",管仲能够导其君于正、辅其君以建大功,孔子肯定他这一层面的价值,虽然孔子也抨击管仲"器小""焉得俭""不知礼"等,但这不影响孔子对管仲这一层面的评价。他接着又从"如""其"两字的训诂谈起,认为它们在这里的含义当为"乃之"或"则之"义。即孔子说的"如其仁"的含义正是孔子认为管仲能和平定天下,是"由此视之是仁"或"诚如其仁"的意思。就郑力为引用的朱熹的注解和看法,雷家骥说,朱氏似乎才是偏重功利以至于落入"功利主义"的窠臼。因为子路问管仲是否为"仁",当兼指管仲的行为与人格而言,孔子答以管仲能和平定天下,也是兼此二事而答,但朱熹着眼于管仲的事功,因而作者认为朱子并未得孔子的真旨。对于子贡问孔子管仲不死于公子纠是否"不仁",雷家骥认为孔子的回答给予了管仲极大的肯定,并非管仲动机不善。他说,孔子认为将华夏秩序正其不正,使民生到今(指百年之后的孔子时代)仍蒙受其德泽,此在道德文化层面上不是极有意义吗?不以武力而尊周室、重振周礼,这不是道德文化意义吗?他进而说,难道一匡天下、复兴周礼、使民蒙泽都是郑君所谓的"功利主义"?他指出,管仲治齐,进行足食足

① 雷家骥:《孔子究竟怎样评价管仲——兼论史家评论人物之道》,《鹅湖月刊》1981年69期,第23~34页。

兵的物质建设，进而提倡礼义廉耻的文化精神建设，这正是孔子称赞管仲的根本所在。他进一步申明说，如果孔子称赞管仲"一匡天下"是指文化礼制而言，那么孔子说"微管仲，吾其被发左衽矣"当指民族而言。雷家骥说，这里朱子的注解是"愚谓管仲有功而无罪，故圣人称其功"。雷家骥认为此处朱子谬甚，孔子没有置辞于管仲的罪过，何来"有功而无罪"？孔子说管仲"岂若匹夫匹妇之为谅也，自经于沟渎而莫之知也"，是说人死有鸿毛泰山之别，管仲若有崇高的理想抱负，岂能轻易殉死？孔子言"民到于今受其赐"，暗喻管仲当年因为有高尚的动机和伟大的志向，所以才毅然决定"不能死"，而"又相"桓公，也指出管仲深知人生价值之所在，认为不能死如鸿毛。最后，作者得出结论说，孔子对管仲的人格评价极高，也深信他经过严格的历史批判才得出此结论，且孔子曾教人观人要综合观察人的行为、动机和志向，所以若说管仲动机不善而有仁之功，在孔子这里是说不过去的。

对于雷家骥的反驳文章，不但郑力为再次回应、重申其观点，而且黄兆强也站在了郑力为的观点一边，并撰文《敬覆雷家骥先生谈孔子评价管仲的一封公开信》①来反驳雷家骥的观点。黄兆强主要从两方面来强调他的立论。他说如先能依儒家学说之基本特点来了解仁之确义，然后再与管仲之表现对勘，就可了解管仲非仁者。管仲既非仁者，则"如其仁"一词便不能解释为"确是仁"。因为他依据的仁的标准是"至善者"。依此标准，违礼的管仲便被摒弃于仁之门外了。作者认为，如果相信管仲为仁，则与人的信念相关。信"至善者"非孔子仁学的真意，信仁的定义已经放宽，信管仲之违礼非礼之要者，信违反此礼不碍人之为仁，信其功勋德业可使其成为仁，信依此义理可指导人们对"如"字有一相应之疏释，信依此疏释可使人确解"如其仁"即"确是仁"。作者说，得出管仲为仁的观点与其说是训诂的贡献，毋宁说是信念的功劳。

他进一步说，雷家骥的观点是管仲确实为仁，雷家骥的论证途径可以说是一种逆推的证明法。是由管仲有仁之功、仁之结果而逆推其行为（指"一

① 黄兆强：《敬覆雷家骥先生谈孔子评价管仲的一封公开信》，《鹅湖月刊》1982 年第 73 期，第 35 ~ 46 页。

匡天下”“九合诸侯”等功业）背后有善的动机，有善的动机而证明其为仁。他认为这种由果推因的逆推法是有问题的，结果为真不能保证因也必然为真，需要实例来论证。他指出，雷家骥的证明途径只是由肯定其仁之表现、结果而反过来肯定管仲有仁之动机，这在逻辑上是有纰漏的，逻辑推理谬误，事实证据又不足，所以其上述推理的必然性无法被证实。而他证实管仲非仁的路径很清晰，他强调说，一是由管仲灭两小国的行为指出由此很难看出善的动机，二是由其违礼的表现来否定其仁。他又继续阐释说，有此等表现，我们实难相信管仲行为背后有善的动机。因而，管仲的行为即使有仁之功、仁之果，但不必然有仁之动机。因为动机难测，作者又拿出仁的标准来说，既然“仁”是“至善者”之异名，管仲既违礼，便与此仁的标准相矛盾，由此便可否定管仲之仁的可能性。

雷家骥对黄兆强的文章亦有回应，大意是再次强调自己所持的立场以及对方的立论谬误模糊。这里我们不再详细介绍。对于管仲不死公子纠到底是出于善的动机的仁的行为还是不仁的行为，其他学者也提出了他们的看法，大都持与雷家骥一样的观点。比如王瑞英在《管子新论》中说，这种个人感情与国家利益发生冲突时的断然分辨，正是智者本色。管子的不死纠难而返齐辅佐桓公非爱桓公，是一股强烈的国族情感使然。① 他接着又进一步说，桓公最终接受了鲍叔的这些推荐之辞并迎纳管子返齐。这一决定也决定着齐国的命运，同时也为这位才华横溢的大政治家拉开了创造辉煌事业的序幕。公子纠若地下有知，亦当捋须而无憾了。因为他既有一位死臣——召忽，同时又有一位定社稷、霸诸侯、一匡天下的生臣——管夷吾。②

比如徐汉昌在《管子思想研究》中对管仲给予了高度评价。③ 他首先剖析了管仲所为背后的动机。他指出：管仲以为国家地位重而国君地位轻，所以情愿幽囚返齐，而不似召忽为子纠死。否则，若管仲一心死君，鲍叔又如何能救。管仲非但不死子纠，甚而受桓公之命，掌齐国之政，其目的只在富强齐国，是以桓公问管仲“社稷可定乎”（《管子·大匡》）之时，管仲对曰：

---

① 王瑞英：《管子新论》，台湾大立出版社 1983 年版，第 50 页。

② 王瑞英：《管子新论》，台湾大立出版社 1983 年版，第 51 页。

③ 徐汉昌：《管子思想研究》，台湾学生书局 1990 年版，第 18 页。

"君霸王,社稷定;君不霸王,社稷不定。"(《管子·大匡》)桓公不敢有此大志,管仲再请早定大计,桓公仍不能,管仲遂"辞于君曰:'君免臣于死,臣之幸也。然臣之不死纠也,为欲定社稷也。社稷不定,臣禄齐国之政,而不死纠也,臣不敢。'乃走出"(《管子·大匡》)。此管仲出处进退之节也。而对于孔子所言"如其仁",徐汉昌认为这是孔子盛赞管仲之仁,并认为孔子是管仲的知音,孔子论人能从更宏大的角度出发。他说,孔子自大处着眼,不以小节论人,以大节取人,不以细行责人,此真可谓知管仲之心者。吾人或谓管仲之不死子纠为是,则难保后世无丧节之人,借口管仲,毁弃世人之节操,坏名教之大防。然此顾虑,可以孟子论伊尹放太甲之事说明之。《孟子·尽心上》曰:"有伊尹之志则可,无伊尹之志则篡也。"吾人论管仲亦如是。若徒以小节、细行论人,不但管仲一无足取,世上可取者又有几人?鲁仲连赞管仲也即取其大而不取其细之论也。他又更进一层设想说:浅见以为,管仲若无后来九合诸侯、不以兵车之大成就,无"微管仲,吾其被发左衽"之大贡献,则后人之评价又将如何?想管仲当初必有崇高之理想,有极强烈之自信与极大之把握,乃敢冒此不死子纠又相桓公之大险,其人之信心与理想之伟矣,此其所以能成大功者与?①

张素贞在《韩非子有关管仲遗言的论难》中也提及孔子对管仲的评价。张素贞分析说,孔子之所以赞美管仲,是因为管仲为齐桓公成就霸业奠定了基础,而且维护了华夏文明,有如此伟大的贡献,其他小节又何必去斤斤计较呢?张素贞认为从《管子·大匡》篇的描述就可以窥见管仲的心迹,因为从这段话可以看出管仲是以天下国家为己任的,具有一种"社稷为重,君为轻"的价值观念,他认为自己有足够的才力为齐国谋利,只要国家存在,他就不看轻自己,正是这样一种观念使他可以超出家族的拘囿与君主本身的限制,这是专制政体下尊君卑臣思想的一种新突破。②

---

① 徐汉昌:《管子思想研究》,台湾学生书局1990年版,第21页。

② 张素贞:《韩非子有关管仲遗言的论难》,《国文学报》1980年第9期,第18~19页。

第三节　管子研究专书

关于管子研究的专书多集中在台湾地区。第一类是侧重全书的注解类、校刊类书籍：

1. 李勉的《管子今注今译》（上、下），此书计九十三万字，题解、考评及注释均用浅近文言文，今译则用白话文。作者在书中对单字及词语中艰涩者皆详细注释，同时对误字、脱字、别字、怪字、古字、衍字、脱句、衍句及章句先后失序的都分别订正于注释与考评中。在注释之前，每篇都冠以题解及考评，题解是解每篇题意及申论全文大旨，考评则是考此文之真伪及其他问题。因后人对《管子》一书多有附益，故作者选其有明见者，于题解中予以说明。不过，此书没有注明注释之来源。

2. 汤孝纯的《新译管子读本》，各篇点名章旨，含注释与翻译，类同于李勉之注本，较似读本。

3. 谢浩范、朱迎平的《管子全译》，此书含有题解、注释和译文三部分。

4. 王冬珍、徐文助、陈郁夫、陈丽桂的《管子》（上、下）。

第二类是不入全文、有注解的：

5. 王叔岷的《诸子斠证 · 管子斠证》不入全文，只对文章有疑处做注解，文中引他注。

第三类是研究《管子》一书思想内容的专书：

6. 娄良乐的《管子评议》，1972 年由台湾嘉新水泥文化基金会出版。此书乃作者将其在台湾师范大学的博士论文整理出版成书。该书主要有两部分内容，一是辨伪考证，二是探讨学说内容。前面主要依据罗根泽的《管子探源》做评论比较，后面则分别论述《管子》一书蕴含的道家、法家、阴阳家、兵家的学术思想。

7. 谢云飞的《管子析论》，1983 年 4 月由台湾学生书局出版。其内容大概可以分为两个部分。第一部分论述了管仲其人与《管子》一书的问题，主要详细论述了《管子》其书历来的校注考证版本、篇章的真伪问题。第二部分探讨了《管子》一书的思想内容，侧重哲学、法治、富国强兵、外交等。此书

“除了考证管子的生平、事功及其书的篇卷、版本及内容的真伪外，还深入探究书中的精义，分析全书的思想，征引管书原文，分类归纳，各入专章。每章都各成一专题，纲举目张，条分缕析，体例清晰，诚为研究管子思想最具体简明的入门书籍之一”①。

8. 王瑞英的《管子新探》，1983 年 6 月由台湾大立出版社出版。该书主要有两大部分内容，一是管仲其人其事与《管子》一书的关系，二是《管子》书中的政治、法治、经济、军事、教育和外交思想理论。在第一部分的内容中，作者并未条分缕析地做学术列举，只对其中数条做了简要说明。

9. 侯家驹的《管子思想与经济政策》，1985 年 12 月出版，出版社不详。

10. 戴东雄的《管子的法律思想》，1985 年 5 月出版。作者分别从《管子》一书形成的思想时代背景、人性本恶的理论、国家论与法律论来阐明《管子》一书中的法思想。在本书中，作者以其丰富的法学素养，分别将《管子》书中的内容与孔子、孟子、荀子、商君、韩非子以至于西方柏拉图、亚里士多德、赖特布鲁等人的主张与学说做比较研究。

11. 徐汉昌的《管子思想研究》，1990 年 6 月由台湾学生书局出版。全书共八篇三十一章，依次是：管仲评传、管子书考、管子书所见道家与阴阳家之学、管子之政治思想、管子之法律思想、管子之经济思想、管子之教育思想、管子之军事思想。本书对前人对《管子》书之时代、作者、文字校勘等考据训诂之贡献多予肯定。扼要介绍之外，必要时亦略以已见论之。至于《管子》书之版本，考述者少，爰就宋代以前之版本，择要考证，以见梗概。前人所甚少致力者在《管子》书思想之整理与阐发。而今人读古书之最大目的正在取古人思想之长，以为今日之用。所以本书之重点在整理与阐述《管子》书中的思想，使管子之学说能有补于今人之为学与治事。

12. 汤孝纯的《管子述评》，1995 年 3 月由台湾东大图书公司出版。此书论述了《管子》书中的哲学、政治、经济、伦理、教育、军事、自然科学思想，旨在探讨《管子》一书的微言大义。

13. 陈鼓应的《管子四篇诠释：稷下道家代表作》，2003 年由台湾三民书

---

① 陈书仪：《管子大传》，齐鲁书社 2008 年版，第 337 页。

局出版发行。此书主要阐述《管子》四篇中的黄老道家思想。全书分为三个部分：第一部分是研究、探讨齐国的稷下学宫与春秋战国以来的黄老思想，以及《管子》一书的写作背景与写作时代，详细且条目清晰。第二部分是此书的中心部分。其余两个部分的文章与解释都是围绕第二部分所做的思想阐发与材料补充。中心部分阐发了《管子》四篇的思想精义，发别人之所未发，故其在现代管子研究领域中占有比较重要的地位。只是《管子》书中其他与黄老思想可以联系起来的章节，陈鼓应并未多加涉猎，只是集中解析《管子》四篇的内容。

第四节　《管子》的作者、时代与派别归属问题研究

一、《管子》的作者、时代

关于《管子》的作者和成书年代，历来有诸多的说法。或说为管仲所作，或说为管仲之门人弟子所作，或说乃管仲遗著和后人增附而成，或说为管仲学派或者稷下学士所作。当今学者共同的看法是《管子》非一时一人所作。台港澳学者持各种意见者都有。我们援引几例来介绍。

徐汉昌在《〈管子〉书作者》中说，《管子》非管仲所作之原因有五。一是时间方面的问题。自傅玄、杜佑起，就因书中载有管仲将没之际与死后之事而疑书中有后人续加之材料，书中亦载有后代之人名。二是书中载有后代之地名。三是思想内容与管仲不合。作者分别列举了朱熹、叶适、黄震、胡适等人的例子来说明。四是文字杂乱矛盾、文辞鄙俗，有叶适、黄震等人举例考证。五是以常理论断非管仲作。① 那么徐汉昌认为作者为何人呢？他认为，综观《管子》全书，实非一人一时所编成，至于依托成书之年代，应为自春秋至战国时期陆续附入。当时许多资料可能同时流通于世，彼此有同亦有异。各类资料之大量集中可能在西汉初广开献书之路时，而将中央保存与民间流传之不同材料加以整理，删重补缺，编为定本者，则为刘向。书中

---

① 徐汉昌：《〈管子〉书作者》，《管子学刊》1989 年第 1 期，第 23 ~ 24 页。

记典章政教、管子言行等史事之材料，大部分为门下弟子、宾客或子孙之类人所为，也可能有齐国政府之档案资料。书中谈思想之文字，可能小部分出于管仲，而为他人所记录，大部分则是稷下学者就管仲言行与思想引申发挥，依托于管仲。零星之依托者可能有，但不会太多。①

娄良乐在其《管子评议》一书中指出，罗根泽诸篇考证《管子》书各文依托之时代与何人所为时说，可以成立的仅七项，约占百分之六；可以商议者，仅三十二，约占百分之二十六；而不能成立的论证占绝大多数。他得出结论说：经言诸篇乃管氏之本宗，然古人并无私自著书之事，皆后人所辑。春秋之时，管子尝有书，载一时之典章政教，记管子之言行，则习管子法者所缀辑。虽有不伦，无乖传信，故《管子》不可谓之伪书。②

张起钧、吴怡在《中国哲学史话》中指出：（事实上，在孔子以前并无私人著书之事。）至于世间通行的《管子》一书，实际乃是后人把管子的善政嘉言加以发挥，甚至是把许多与他并无关连的富国强兵办法附会到他身上，而假托是管子的著述罢了。③

王叔岷在《先秦道法思想讲稿》中指出：孔子以前，盖无私人著述。《管子》书绝非管仲作，《管子》书乃战国末年至汉初人编辑增益而成。

李勉在《管子今注今译》中指出：管书内容庞杂，其书非一人所作，亦非一时代之书，由后人掇拾下列诸作而成：（一）管仲门弟子或宾客或子孙闻知其事或亲见其事所记述而成。（二）战国时游说或言谈之士依据传闻而记述以成。（三）战国时或秦时好事者伪造管仲行事以托己意而讽当世君臣而成。（四）战国时稷下游谈之士及韩非、李斯之辈欲张己说为之记述，而借名管仲所作而成。（五）古人读《管子》曾予注解，后世不明，以为《管子》原文，遂予混编而成《管子》书。实则《管子》一书，其为管仲手笔极少，余皆后人追记或伪托，追记者，距事实不远，伪托者，则多出于臆测或假设。④

---

① 徐汉昌：《〈管子〉导读》，《哲学与文化》1998 年第 7 期，第 681 页。

② 转引自徐汉昌《〈管子〉书作者》，《管子学刊》1989 年第 1 期，第 26 页。

③ 张起钧、吴怡：《中国哲学史话》，台湾新天地书局 1973 年版，第 111 页。

④ 李勉：《管子今注今译》，台湾商务印书馆 1997 年版，第 8 页。

综上所言，关于《管子》一书的作者问题主要有两种观点：一种是部分为管仲所作，大部分为后人辑录而成；一种是绝非管仲所作。

二、《管子》的学术派别归属

关于《管子》一书的学术派别归属问题，历来说法不一。有人认为应归入道家，有人认为应归入法家，有人认为很难界定，应归入杂家。我们把学者的观点录列于下：

1. 归入道家

王叔岷在《先秦道法思想讲稿》中指出：可归入道家。《管子》书内容驳杂，而《汉志》列之于道家，盖由《心术》上下篇、《白心》篇、《内业》篇皆深受老、庄思想之影响，《枢言》《四时》二篇亦有关。

2. 归入杂家

徐汉昌在《〈管子〉导读》中指出：《管子》中杂有道、法、儒、阴阳、兵、农各家与轻重之言，其中思想各属何人？文字出于谁手？均不易肯定……《汉志》置《管子》于道家……但《管子》中之道、精、气，仅侧重于说明万物之构成，不同于《老子》以道解释天地之起源……《管子》言“气”，论人君治国的静因之道，也有与《老子》不同之处。尤其当注意《管子》论“道”诸篇，言义、礼、法皆出于道，虽以道为本，但不废义、礼与法之用，与《老子》《韩非子》皆不同。《隋志》著录《管子》于法家，其论法之意义，主张法、礼并存，论立法原则，则主顺民好恶、依自然之道及简易划一；论法之特质，有公开、平等、强制、稳定、时宜诸端，至于法之施行，则公正无私、信赏必罚为本；法之功能，则为治平之术、绝奸之道，可以兴功立事。与其他法家之不同则在不废“礼”与“教育”，并有省刑之说。①

正由于《管子》一书的内容极为丰富，各家学说都可以从中找到相同或相近的观点，所以对《管子》一书的学派归属问题历来有不同的看法。有的学者认为《管子》属于法家，有的认为属于道家，还有的认为属于杂家，还有所谓属于道法家、齐法家、稷下道家等说法。从某一方面看，各种说法均不

---

① 徐汉昌：《〈管子〉导读》，《哲学与文化》1998 年第 7 期，第 681 ~ 682 页。

无道理，但从总体上看，又都是从某一方面出发，各有侧重，因而失之片面。戴濬在《管子学案》说："管子当春秋初期，道术未甚分裂，故其书并蓄兼包。举凡九流之奥义，兵书、术数、医家之要旨，靡不道及……《管子》诚百家之总汇，子部之渊薮。"[①]这是非常有见地的说法。

---

① 池万兴：《〈管子〉研究》，高等教育出版社2004年版，第80～81页。

第二章　管子道家思想的研究

班固《汉书·艺文志》将《管子》一书列入道家，而《隋书·经籍志》之后的几乎所有正史著作和目录学著作皆将其列入法家。尽管后人对前者有不同看法，但这至少说明《管子》与道家思想有着千丝万缕的联系。[①] 因为《管子》是一本百科全书式的巨著，所以无论把《管子》归入道家还是法家或者杂家，都有其合理性。在《管子》一书中，除了被学术界公认的反映稷下道家思想的《心术上》《心术下》《内业》《白心》这四篇，《形势》《宙合》《枢言》《水地》等篇也蕴含黄老道家思想，它们与《管子》四篇相互彰显。因为可以从中一窥从老子之学到黄老之学的道家思想的发展线索，所以它们也被学者关注。

《管子》四篇的研究一直十分热门，台湾有很多研究学者，但港澳学者的研究情况因缺乏资料暂不清楚。台湾如陈鼓应、王叔岷、杨儒宾、陈德和、陈丽桂、周贞余等人既有专书研究成果，如陈鼓应的《〈管子〉四篇诠释》，又有相关的论文成果，如陈鼓应的《〈管子〉的心学和气论》《〈管子〉四篇的道论》、陈政扬的《稷下黄老思想初探》、陈德和的《〈管子〉心术上篇义理疏解》、谢明阳的《从〈老子〉到〈管子〉四篇看"心"的概念之发展》、陈丽桂的《先秦儒道的气论与黄老之学》、杨儒宾的《论〈管子〉四篇的学派归属问题——一个孟子学的观点》、郭梨华的《儒家佚籍、〈孟子〉及〈管子〉四篇心性学之系谱》等。相关的学位论文有六篇，如马耘的《〈管子·内业〉等四篇研究》、巫梦虹《〈管子〉四篇思想研究》、陈佩君的《先秦道家的心术与主术——以〈老子〉、〈庄子〉、〈管子〉四篇为核心》等。这些成果研究探讨的主

① 池万兴：《〈管子〉研究》，高等教育出版社 2004 年版，第 78 页。

要内容有如下几个方面：管子之道家思想对老子思想的传承、管子的道论思想、管子的气论思想、管子的心学等。下面我们将分别整理叙述。

第一节　管子道论的研究

一、管子之“道”的基本特性

管子的道论思想主要体现在《管子》四篇中，也是诸多学者重点关注的。比如陈鼓应提出，《管子》四篇中的道论思想可以说是对老子道论的继承和发展①，既有祖述老学的成分，又有对老子道论的发展。他认为《管子》四篇在描述道体、论述道虚静无为和道之“反”的特性方面都祖述了老子，但同时又对老子的道论有进一步的发展。这种理论的进步体现在以下几个方面：其一是道之必宽舒必坚固。老子论道贵在守柔不争，稷下道家②则强调它的宽舒、坚固，如《管子·内业》曰：“凡道必周必密，必宽必舒，必坚必固。”“道”之周密、宽舒与坚固体现于人身，则“耳目聪明，筋信而骨强，乃能戴大圜而履大方”。其二是道在空间上的呈现不同。他说老子言“大”“小”，谓“域中有四大”（《老子·第二十五章》），老子所谓的“域中”显现出一种空间上的范限性。而稷下道家论道的“大之无外，小之无内”皆在强调道在空间上的无限性。春秋末期的老学发展到战国中期以后，齐、楚道家的思想视野更开阔，频频触及无限时空之延伸，可说具有共通的时代特色。③ 其三是虚与无为观念的发展。陈鼓应指出《老子》论“虚”，一方面涉及空间义之“虚”，另一方面就心静而言“致虚极”（《老子·第十六章》），稷下道家对这两方面加以继承并进一步延伸。就空间而言，稷下道家一方面将“虚”提升至道的层次（《管子·心术上》“虚无无形谓之道”），另一方面将它提升到万

---

① 关于《管子》四篇的年代，陈鼓应赞同张岱年的看法，认为其年代当在老子之后、荀子之前。《管子·心术》等篇谈道论德是受老子的影响，而荀子所谓虚一而静的学说又源于《管子·心术》等篇。

② 陈鼓应：《管子四篇诠释——稷下道家代表作解析》，商务印书馆2006年版，第6页。

③ 陈鼓应：《管子四篇诠释——稷下道家代表作解析》，商务印书馆2006年版，第33页。

物之始的地位(《管子·心术上》“虚者万物之始”);同时还将老子心静之“虚”转化为认识论上的一个概念。老子论“虚”多从修养工夫之层面立论,《管子·心术上》则转而延伸到知识论主客体关系的层面上,强调主体认识机能保持空明灵觉的功能。至于“无为”的观念,他认为稷下道家赋予其具有时代性的新内涵。老子之“无为而无不为”的原始意义乃是统治者能顺应民情而不强作妄为,但管子将“无为”导向君与臣直接智能分工的原则,将“无为”引进刑名法治的思想,是对老子原义的创新。

二、管子道论对老子道论的发展

陈鼓应认为稷下道家对道论最具突破性的发展体现在两个方面:一是援法入道,二是以心受道。他说从这两个方面可以看出老学齐学化的特色,或者说稷下道家建立了自己独特的道论。他认为在道与主体之关系上,庄子强调道之“无所不在”,将道落实于人心,而稷下道家进一步将道落实到人心。如:“道满天下,普在民所。”(《管子·内业》)“道不远而……与人并处……”(《管子·心术上》)“道……卒乎乃在于心。”(《管子·内业》)

老子的道论并未涉及“心”的范畴,而稷下道家论“道”重视将道落实于人心,并认为只有善于修心,才能持道。在道化生万物的过程这个问题上,老子的道论比较空泛,庄子阐扬气化流行的概念;稷下道家则提出精气学说,将道具象化为精气、落实于人身,用以解释人、物及生命智慧的来源。

陈鼓应认为稷下道家将“道”落实于政治社会之运作表现在两个层面。第一个层面是道生法。他说稷下黄老派在人治问题上提出“无为”的要求以限制君权的膨胀,同时继承管仲以来齐国优良的法制传统,以使君臣上下循名责实地各依其职、各尽所能。稷下黄老学派除了援法入道,同时又援礼义入道。老子对礼、法持批判态度,而稷下道家因时代环境之需,提出援礼法入道的主张。以《管子·心术上》和《管子·枢言》篇为代表作的稷下道家认为礼、法出于道,将道提到首要的地位,并将形而上之道与形而下之礼法贯通为一整体。《管子·枢言》篇云:“法出于礼,礼出于治,治、礼,道也。”《管子·心术上》也对道、德、义、礼、法进行界说,并在界说中为传统的伦理规范补充了新的内涵。

张鸿恺在他的《〈管子〉四篇中的黄老思想——以“道”、“气”、“心学”为中心》[①]一文中也提到稷下道家在《管子》中将“道”“法”并提的情况。比如《管子·法法》云:“明王在上,道、法行于国。”《管子·任法》云:“百姓辑睦,听令道、法以从其事。”《管子·君臣上》云:“明君之重道、法而轻其国。”他说《管子》常借道家哲理阐述法治政治,将“道”“法”并提、融为一体。《管子·心术上》云:“事督乎法,法出乎权,权出乎道。”此处,《管子》将“道”与“权”“法”做了联系,且有“道生法”之意。“法”之所以能作为普遍之社会规范,实直取于“道”之公正无私。“道”与“法”的结合为法治寻得了形上依据:“道”乃宇宙万物的总规律、总原则,“法”是人类社会生活的普遍原则,“法”是“道”在社会领域的体现和落实。除了将“道”“法”并提、融为一体,《管子》一书中也有援“礼”“义”入“道”的主张。

第二个层面是道贵因。陈鼓应强调《老子》一书未提及“因”,《庄子》一书提到了53次,但其含义主要是“顺任自然”,不是独立概念。但到了《管子》,其四篇中的“因”已成为独立的哲学概念,同时还发展出“静因之道”和“道贵因”的命题。《管子·心术上》对“因”有两个界说,一为“因也者,舍己而以物为法者也”,一为“因者,因其能者言其所用也”。前者指泯除私见而以客观事物为准则,后者指顺任人物的长处以发挥最大的作用。他认为稷下道家“道贵因”的思想具体表现在“因时应物”的原则与态度上,同时又将“因”的概念与“刑名”相结合,而有所谓“因之术”。此“因之术”的原则就是“舍己而以物为法”的引申。而在“静因之道”的命题中,“静”是主观上保持内心的虚静;“因”则是因循,扬弃主观成见,依循外在客观之准则。他指出“静因之道”这一认识论上的重要命题对荀子“虚一而静”的主张有直接影响。

最后,陈鼓应总结了稷下道家的道论:在道体的描述上,承袭老子;在道的施用方面,赋予了其时代特性;至于道具象化为气、落实于人心,则成为战国中期道家各派共同的趋向。

关于《管子》一书中的道论,周贞余认为《管子》对“道”的论述有四重

---

① 张鸿恺:《〈管子〉四篇中的黄老思想——以“道”、“气”、“心学”为中心》,《台北大学中文学报》2008年第6期。

性：一是道之虚无性；二是道遍满天下，无所不在；三是道其大无外，其细无内；四是道是万物生命的总源头。他认同陈鼓应的观点，认为《管子》四篇对“道”的描述基本上是对老子之“道”的继承。老子之“道”是虚无、超觉的，是先天地混成、高于天地的，但《管子》一书最大的贡献乃是将作为万物本质的“道”落实于人心之中并以“精气”的形态来呈现。“道”作为宇宙万物的本源，作为天地间运行的规律，透过“心静气理”、心气相合落实到人身上。由心气相合、心静气理，“道”可安在人心之中而实现天人合一。①

三、道的流变性——天道与人道

管子的道和老子的道一样，不仅具有客观实存性，而且还是宇宙运行的总规律。管子同时还认识到世界上的事物千差万别，不同的事物有着不同的发展规律，天地人便有着各自的运行常规。② 赵雅博在《管子的天、道、精、气、天道与水之哲学》中谈及对天道的理解。他说，我们在《管子》书中可以看出天道包含下面三种道。首先是自然永恒之道。其次是自然伦理之道，如《管子·内业》中说的道是由修身而正形，这样的道作用到君主、父母、臣子上，都是要求合于伦理道德。《管子·形势》篇云“道之所设，身之化也”，又云“持满者与天”。《管子·形势解》释义说：“天之道满而不溢，盛而不衰。明主法象天道，故贵而不骄，富而不奢，行理而不惰。”这都是在肯定天道是伦理道德。最后，作者指出天道还有自然律的意涵，它是管理日常现象的常则，如《管子·形势》云“天不变其常，地不易其则”。人如果能效法自然神的精神也就是取法天道的自然律，对成人成己、修身进德是很有益的。③

袁信爱在《〈管子〉中黄老道家的人学思想》中通过《管子》四篇来探讨黄老道家对“人之所是”的理解和诠释。他说，《管子》中的黄老道家视“道”由“气”生，所以也就以“气”论人，《管子·内业》篇云“凡人之生也，天出其精，地出其形，合此以为人”，“气”依“道”而化生万物。所以，《管子》认为人

---

① 周贞余：《心静气理·道乃可止——论〈管子〉四篇的心、气、道》，《哲学与文化》2015 年第 6 期，第 85～86 页。

② 池万兴：《〈管子〉研究》，高等教育出版社 2004 年版，第 102 页。

③ 赵雅博：《管子的天、道、精、气、天道与水之哲学》，《哲学与文化》1990 年第 8 期，第 688～689 页。

不仅为“自然的产物”,也是“气化所成之物”,因而也就可以因着养“气”修“道”而与天地之“气”相通。作者认为,黄老道家以“气”作为人的生命根源,用源于“天”的“精气”来指涉人的“精神”,以源于“地”的“形气”来指涉人的“形体”,他们认为人由“精神”“形体”相合而成,也就是“天”“地”之合,也就是“道”“气”之合。作者在文章中指出,黄老道家以“心”为一身之主,视人的“思”与“知”是人“心”生而即具有的理性功能,强调人对内在于“心”中之“道”的直觉认知,把侧重点放在“治心”上。“治心”之道即在“去欲”,因此黄老道家认为“去欲”以“治心”既能保有人之不为物使的自在性,也能成就人与“道”合一的大智慧。

袁信爱强调,道家老子视人是根源于“自然”的“自然人”,认为人之为“人”应始终如一地保持其“自然人”的原始身份;对于人创造的“文化”,则持否定态度。后来的庄子承袭了老子对“人”的身份的看法,但对“文化”采取的是“应而不化”的态度,即要看主体的自觉,主体应能身居“文化”中,又不为“文化”所限,如此人才能成为自身的主宰。在作者看来,《管子》中的黄老道家对文化采取的态度与老庄不同,他们认为创制“文化”的目的是节制人的情意欲求,通过“礼”“乐”使人静“心”、使“心”合于“性”,也就是返归于“道德”。黄老道家认为“文化”有助于人实现其“自然本性”,也就是由“自然人”的原始身份转化为“文化人”,进而才能实现向“道德人”的转化。作者进而指出,黄老道家肯定人之为“人”就应同化于“道”、与“道”合一,以成为“道德人”。最后,作者得出结论说,《管子》中的黄老道家对人道的理解以道家的诠释为基础,再融合儒家的诠释,将人的社会属性纳入人的自然属性中,也就是在黄老道家看来,“自然人”与“文化人”不是对立的两极,而是人之为“人”的两个必经阶段。①

第二节　管子气论的研究

《管子》书中虽有多处言道,然而“道”是行事依据,是形上的理则,一旦

① 袁信爱:《〈管子〉中黄老道家的人学思想》,《哲学与文化》1997 年第 12 期,第 1130 ~ 1140 页。

落入人间世界，便不能只谈道之高悬，而需一可与人世接轨的媒介，此媒介便是“气”。①

一、精气说

陈鼓应在他的《〈管子〉四篇的心学和气论》中首先谈到了他对这个概念的理解。他说稷下道家继承了老子道论中的形而上之道，并将其转化，以“心”“气”为主要论述范畴，成就了著名的“精气说”，这可称之为“创造性的继承”，将原本抽象邈远的道具象化为精气，所谓“精气”即极精灵细微之气。正如《管子·内业》篇开篇所云：“凡物之精，此则为生，下生五谷，上为列星。流于天地之间，谓之鬼神；藏于胸中，谓之圣人。”精气被视为生命之源。静守精气能成就德行、完养智慧，且使万物得度。②

陈丽桂在《先秦儒道的气论与黄老之学》中阐释了自己的理解。她首先从老庄道家对“气”之概念的发展来探究。她说，从先秦文献来看，把“气”作为构成事物的质料当源于道家。《老子·第十章》：“专气致柔，能婴儿乎？”《老子·第五十五章》：“心使气曰强。”其中的“气”皆指自然的生命力。《老子·第四十二章》：“道生一，一生二，二生三，三生万物；万物负阴而抱阳，冲气以为和。”以阴阳气之冲虚调和为万物始生之源，这个“气”指的是自然的生机流行。《老子》说它至少有阴阳两种质性，而万物之所以能形成，全赖这阴阳两质性生机之调和。而“气”到了崇自然的老庄的理论中，基本上指流行于大自然的生机，而且这种生机是万物生化的核心质素。作者进而指出，在《管子》四篇中，《管子·心术下》和《管子·内业》叙述“气”是极细微的流动性物质，无固定形式，可随时随地变化存在。“气”也是生命的本源，生五谷，化列星，生鬼神，也成圣贤，又充满于天地之间。但是，《管子·心术》等篇中的“道”也不尽等于“气”，应该说是“精气”。“精气”是最纯粹、最细微、层次最高的气。道既然等同于精气，一切有关道的作用和功能变化也就是精气的作用和功能变化了。这样的“气”维持着人形体的强健，也维

① 巫梦虹：《〈管子〉四篇思想研究》，台湾大学文学所 2004 年硕士学位论文，第 83 页。

② “万物得度”类似孟子所说之“万物皆备于我”，孟子之说或出于此。原作者注。陈鼓应：《管子四篇诠释——稷下道家代表作解析》，商务印书馆 2006 年版，第 52 页。

系着人精神的灵明。①

张鸿恺在《〈管子〉四篇中的黄老思想——以"道"、"气"、"心学"为中心》中指出,《老子》最大的缺憾是在把"道"作为世界本源的同时,欲将"道"与构成这种本源的质料割裂开来,使"道"在本质上给人一种虚空之感,其"道"是一种纯粹想象中的"存在"、"境界",而不是某种实体。但《管子》四篇把"道"诠释为由精气构成的物质性存在,从而实现了"道""气"合一,使"道"由一种抽象性存在演变成一种物质性实体。

赖姿卉在《〈管子〉气论探究》中论析了《管子》书中的"气论"思维,认为《管子》书中之"气"的思想,重点不在对"气"做理论说明,而是倾向于说明人事所用以及"气"之存在于人之"身""心"。此外,《管子》一书提出了"精气说",认为"精气"是"道"在人身上的体现,并将"道"作为政治、社会等人世间的抽象价值义理。作者认为稷下道家学说之目的在为世所用,以"道"作为经世致用的理论依据,是不同于老庄之"气论"思维的,也显现出了《管子》书中的思想所具有的黄老之学的特色。②

林怡玲在《试探〈管子〉"精气"说中的信息科学》中从"精气"与现代信息科学关系的角度切入,讨论了《管子》之"精气说"中的几个重点问题:"精气"的内涵与特质、"精气说"中的"心中之心"、"精气说"中的"思"、"精气说"中的"德"、"精气说"中"心全""形全"等观念的内容含义。作者将"精气说"中"德"的概念作为全文的重心,来贯穿文中的所有内容。作者认为"德"是人体得以聚集精气的主要因素,是开发"心中之心"、达于"精气之思"的主要方法,也是达于"心全"与"形全"的重要门径。作者认为,在《管子》之"精气说"中,"德"是一种能够使人"超凡入圣"的具体可行的方法。作者说《管子》认为人透过"德",就能与代表宇宙信息的"道"相通,从而达到智慧能力无限的圣人境界。作者进一步推想《管子》书中的"精气"理论——人也可以是一种信息载体,每一个人都可以接受和传递气的信息。

---

① 陈丽桂:《先秦儒道的气论与黄老之学》,《哲学与文化》2006 年第 8 期,第 8 页。
② 赖姿卉:《〈管子〉气论探究》,台湾东吴大学 2007 年硕士学位论文,第 1 页。

她从这个理念出发,认为“精气说”中的哲理似乎更容易被我们理解。①

二、抟气说

对于“抟气”,陈鼓应说,《管子·内业》篇云:“抟气如神,万物备存。”“内藏以为泉原,浩然和平,以为气渊……乃能穷天地,被四海。”这说的是虚静其心,使精神专一、集气于中,便能达于如神之化境,穷天地,通四海,使万物毕得于一己之内心。《管子·内业》篇对“抟气”之后达成的境界多有描述,如“大心而敢,宽气而广”“宽舒而仁,独乐其身”等。陈鼓应指出这样一种描述在孟子有关“养气”的理论中也可发现,由内聚与外放的思考模式来比对孟子与稷下道家,结合白奚②和马非百③的看法,他认为孟子的气论思想极可能受到了稷下道家的影响。

陈丽桂对“抟气”的认识也很深入。她认为《管子·内业》篇中关于“抟气”的描述显示了几个重要观点:(一)精神和形骸是一体相关的,精气之孕生智慧,是以形骸为媒介、透过筋骨的强健和血脉的活络完成的,形体强健是精神灵明的基础。(二)“鬼神”也好,“圣人”也好,都只是“气”的作用。“气”构成了生命和精神现象,一切生命和精神都是物质所固有的,并从属于物质。物质形的“气”创造、孕育了一切天地生类,“气”是天地间一切形上形下事物的根源。“气”虽不等于生命,不等于现象,不等于思维,却是这一切生命、现象、思维的总源。④

徐汉昌也持相同的观点。他说从《管子》四篇及《管子·枢言》《管子·形势解》诸篇看,管子所言之“气”并非只是一构成万物生命的物质而已,也有精神方面的含义,如“灵气”“善气”“恶气”,又具有道德的意味。其存于天地之间,以阴阳二气分具不同的功能,交感呼应而运行无穷,而万物与人

---

① 林怡玲:《试探〈管子〉“精气”说中的信息科学》,台湾中山大学2002年硕士学位论文,第167页。

② 白奚:《〈管子〉心气论对孟子思想的影响》,见陈鼓应主编《道家文化研究》第六辑,上海古籍出版社1995年版。

③ 马元材(非百):《〈管子·内业〉篇集注》,《管子学刊》1990年第1期。

④ 陈丽桂:《先秦儒道的气论与黄老之学》,《哲学与文化》2006年第8期,第12页。

类的精神力量亦源于此。①

周贞余认为“抟气”的关键在于“心”。“心”决定“气”之聚合，即人若能去除一切人为烦思杂念，去除一切认知思辨，虚静其心，返回心之纯然本性，自能收摄凝聚精气，而使“精气”恢复原有之精纯、神妙。《老子》书中有“专气”的概念，“专气致柔”使内敛凝聚不耗散，回归生命本然之柔和平静。所以“抟气”和“专气”意义相同，其理相通，即专守精气，去除烦思杂念，纯一守静，返回本心之清明，无思无欲。“抟气”即“专气”，“专”即“一”也。②

三、“道”与“精气”

“道”与“气”“精气”的关系是绝大多数台港学者关注的问题，因为“气”是“道”与物之间的媒介，是“道”落入人间的实质性存在。大多数学者认为《管子》四篇中的“气”或“精气”等同于“道”。如徐汉昌言，“道”与“气”两者名异而实同。他从三个方面来论证他的观点，一是道之为物，气之为体，两者异名实同；二是从对人的作用而言，道在人身，如人之有心，气在人身，无之则死，故道、气之作用于人身相同；三是道之为物，人力不能限制它，流动不居，充于四塞，气之为物亦然，在此方面，两者异名实同。

陈丽桂认为作为宇宙万物本源的“道”与构成此本源的质料是相统一的，而构成世界本源之质料乃“精气”也。一切的修心养身即“气”之充养与调摄。③

杨儒宾指出：由于《管子》四篇特别强调道的体证性质，道即气，气即道，在四篇的体系结构下，两者实不可分。因此，如果我们从“属性”的观点考察，可以发现此四篇对于气之属性的描述往往可移之于道……“道”与“气”两者可相互诠释，这无疑是《管子》四篇的一大特色。

周贞余指出，在《管子》四篇中，“道”已落实到人身上并以“精气”来呈现，透过“心静气理”方能留存。《管子》四篇在继承《老子》之道的基础上，

---

① 徐汉昌：《管子思想研究》，台湾学生书局 1990 年版，第 79 页。

② 周贞余：《心静气理 · 道乃可止——论〈管子〉四篇的心、气、道》，《哲学与文化》2015 年第 6 期，第 81～82 页。

③ 陈丽桂：《战国时期的黄老思想》，台湾联经出版社 1991 年版，第 144 页。

以“精气”思想展现道之大化流行生养万物的特质，而此精气之普遍存在使我们于万物之间有了根源性的内在连接，精气之存在保证了我们回归道体之可能。

虽然大多数学者都主张将“精气”等同于“道”，但有的学者从另外的角度进行研究。如陈佩君在《由万物构成问题辨析〈管子〉四篇中的道与气》中尝试着从万物构成的角度辨析两者的差异：“道”是万物的终极存在根据，赋予万物形式，是人精神性的来源；“气”是构成万物具体质料的细微元素，赋予万物质料，是人物质性的来源；“精气”是气的一种，具有“职道”的独特能力，是道与气的中介。

陈佩君首先分析了道物的关系。她说道气关系是伴随着道物关系而有的，《管子》四篇也将道作为万物的终极存在根据。《管子·内业》曰：“凡道，无根无茎，无叶无荣，万物以生，万物以成，命之曰道。”《管子·心术上》曰：“虚无无形谓之道……故道之与德无间。”我们从两个角度来看这段话：其一，就道本身的特性而言，道本身“虚无无形”，具有“化育万物”的功能与作用。它“无为”的化育方式表现为“舍之”于万物，“舍”是留舍，即道以“德”的方式停留于万物之中，使万物获得存在的根据，却不会强制主宰万物的发展。其二，就道物关系而言，“德者道之舍”(《管子·心术上》)，明白指出万物之德即道停留之处。道是整体，德是部分。“道”并不是脱离具体事物而独立自存的东西，而是存在于万物之中，故曰“道之与德无间”。陈佩君指出，四篇虽承继了《老子》以道为万物终极存在根据的观点，但不主张道是超脱万物的始源，而是突出了“道物无间”的命题，强调形上之道与形下之物的紧密联系，正呈现出稷下黄老将玄之又玄的道论人间化的思维。①

陈佩君接着进一步分析，《管子》四篇以“精”的概念为中介，贯通了在《老子》那里隐而未显的道、气、物，“精”不但是联系道与气的关键，也是形成万物物质性结构的重要质素，并透过“心为精舍”之说，以精气来说明人的认识活动与精神现象的来源。陈佩君从四个方面分析了“道”与“气”的不同。

---

① 陈佩君：《由万物构成问题辨析〈管子〉四篇中的道与气》，《华冈哲学学报》2011 年第 3 期。

其一是由精气之“职道”的特性来辨析。《管子·心术上》云:“物得以生生,知得以职道之精。”所谓“职道之精”就是持守道的精气。“精”之所以成为气的精华之物,正是借由“职道”来获得意义的,或者说,正因为精是精粹之气,所以才能“职道”。无论从哪种角度思考,“职道之精”已清楚地分判道与精气为二物。

其二是从万物构成的终极根据来辨析。在道、气两者间,何者才是万物最终的存在根据呢?《管子·心术下》云:“道,其本至也,至不至无。”《管子》四篇的答案是道是万物最终的存在根据,与作者前述“道之与德无间”的道物关系相呼应。对于它们的内在联系,陈佩君认为是对万物本质不同层面的表述:第一,于万物本质之抽象形式与界定性征言“德”,透过“物→德→道”的探源,将万物的抽象性导源于“道”;第二,于万物本质所依凭的具体质料则言“气”,而“气,道乃生”,借由“物→气→道”的追溯,推知万物的物质性最终以“道”为本。

其三是由构成万物的不同作用来辨析。道与气的差异从道与精气分布存在的空间而言,“道”“其小无内”,“灵气”是“其细无内”,即气是构成万物的物质性元素,“虚无无形”的道是构成天地万物的总规律,是最抽象的原理原则。两者的差异在于:在道物关系中,道赋予万物本质之德,可以说是赋予了万物形式;在气物关系中,气提供了构成万物关系的质料,形式与质料的结合共同构成了具有单一性的个物之整体。总结来说,《管子》四篇中的气并不等同于道,四篇实以道与气来共同说明万物的构成。

其四是由人身体之构成来辨析。一是从人身体的组成部分来辨析。《管子》四篇认为人身体结构的组成部分有二:第一,由气的性质来说,气之能成为道物中介,意味着它必须同时具备道的抽象性和万物的物质性,如此才能成为过渡两者的媒介。第二,由人的组成来说,形气是构成人形躯样貌的基本质料,精气则是构成人心与精神的物质元素,而在背后推动精气与形气之“合”与“和”的就是“道”。二是从道、气充盈于人的差异来辨析。《管子·心术下》云:“气者,身之充也。”《管子·内业》云:“道者所以充形。”学者们几乎都是在“形”等于“身”的理解基础上主张两文义同,进而推断道就是气。但是,“身”字与“形”字的含义并非完全一致,战国时人用“身”字指称身体，实际上包含了内在的"心"或"神"与外在的"形"两个组成部分。既然"身""形"概念意涵不同，便不能将"道者所以充形"与"气者，身之充也"等量齐观。

第三节　管子心论的研究

学者杨儒宾言《管子》四篇一个很重要的特色乃是将"道"的层次落实到人身之气上，而人身之气又与存在本质之"精气"及意识神感妙用之深层之心（管子称之为"心中之心"）息息相关。既然气是道落实到人体的层次，气与道便具有不可割离的关系，而心本是精气、道之居所，修养的工夫应落到心上，所以，心的意涵与特色、气与心的关联、修养工夫应成为研究者关注的重点。

一、心之意涵

早期唐君毅在他的《孟墨庄荀之言心申义》一文中说，老子之言心"涵义未申"，而《管子·内业》《管子·白心》诸篇大概是晚周道家心学之微言所萃。①

陈鼓应在《〈管子〉四篇的心学和气论》中认为心之实体具有自我充盈、自我生成的本然性。而且《管子·内业》篇提出的"以心藏心"的命题引人注意，前一个"心"字指的是与感官相对并为之主导的官能之心，而后一个"心"在哲学思维的审思下，指一形而上的超越本心。作者又指出，《管子·内业》篇认为安和是心之本性，虚静即心之本然。

谢明阳在《从〈老子〉到〈管子〉四篇看"心"的概念发展》中谈到了对"心"的认识。他说相较于《老子》，《管子》一书提出的"两层心"理论把心的构成说得深邃多了。《管子·内业》篇中的心中之心是比语言更为初始的意识的发生源头，作为人体思维的根本，心中之心操持着心，事实上也可以说是心的自我操持，因此《管子·内业》曰："凡心之形，自充自盈，自生自成。"

① 唐君毅：《孟墨庄荀之言心申义》，《新亚学报》（香港）1956年第2期，第30页。

此心中之心就是“内在的精气神”,或可说是“道”,指的是能够操存于人心中的一种精神实体,也就是心中所藏之心。①

郭梨华在《儒家佚籍、〈孟子〉及〈管子〉四篇心性学之系谱》中谈及对“心中之心”的看法。《管子・内业》云:“心以藏心,心之中又有心焉。彼心之心,意以先言,意然后形,形然后言,言然后使,使然后治。”郭梨华认为通过这段描述可以发现《管子》将“心”与“意”联系起来,认为“意”是心中之心,这种“心中之心”是让我们得以有知、有言者,由“意”到“形、言”以至“使”“治”的过程,依《管子・心术下》之诠释则是先有形然后有思,思而后有知,知而后又是言。她认为《管子》书中的“意”是连贯心中之心的“思”与“志”,同时也具有关联于“道”的可能,以作为“言”之依据。但这样一种“意”的作用并不是天生就有的,而是心在活动中使然。②

张鸿恺指出,《管子》认识到了“心”的主宰意义,将“心”比喻为“君主”,如《管子・心术上》云“心之在体,无为而制窍者也”,又云“心术者,无为而制窍者也,故曰‘君’”。《管子》在此突出的是“心”在人体中所具有的灵活主动的控制地位。③

二、心之作用

谢明阳在文章中比较了《老子》和《管子》两书对心之作用的认识。他说《老子》一书把心视作人的精神主体,将主体之心的作用分为“为学”和“为道”两类,也就是“对外在知识及伦理道德的认识”和“对人的本质存在的把握和体验”两类。《管子》书中的“知,彼也”指认知乃属于外在之事物,这种外向式的认知是不能获得真正智慧的,必须抛弃不顾。“其所以在知,此也。”获取智慧的方法在此心当中,惟有修持一己之本心,方能以“智的直觉”通晓天下之物,所以说:“不修之此,焉能知彼。”(《管子・心术上》)《管

① 谢明阳:《从〈老子〉到〈管子〉四篇看“心”的概念之发展》,《鹅湖月刊》2000 年第 8 期,第 10 页。

② 郭梨华:《儒家佚籍、〈孟子〉及〈管子〉四篇心性学之系谱》,《哲学与文化》2007 年第 3 期,第 47 ~ 48 页。

③ 张鸿恺:《〈管子〉四篇中的黄老思想——以“道”、“气”、“心学”为中心》,《台北大学中文学报》2008 年第 6 期,第 215 页。

子·白心》篇所说同样在于说明外在的巧辩思索已背离了大道，不仅会使真知真明更加衰退，同时也有碍于生命之机。《管子·心术下》《管子·内业》中的“专于意，一于心”“抟气如神”“一意抟心”全都是表示主体之心的凝神与专注。管子以为如此，邈远之事也如同在近处可以察知。谢明阳认为这点跟《老子》一书所说的是一个意思。不过《管子》所论也不尽同于《老子》。《管子》一书阐发的形名之论仍然带有外在认知取向的含义，比如《管子·白心》篇中的“原始计实，本其所生。知其象，则索其形；缘其理，则知其情；索其端，则知其名”。这些说法已经偏离道家者言，是法家的“循名责实”之论。谢明阳认为依此可窥见《管子》“由道入法”之思想的发展脉络。①

三、全心说——心之理想状态

谢明阳指出，《老子》和《管子》都认为人们应当摒弃外物的认知而返回心灵主体，最后再以体悟所得的道心来朗照万物。要使人的心灵产生此种作用，就需要使本心保持理想的状态。《老子》一书认为婴儿、赤子的心灵状态乃是“专气致柔”“常德不离”“含德之厚”的结果。《管子》四篇无“婴儿”一词。《管子》一书认为心中又有心，也就是心中有精、气、神、道，而人心若能长久保持精气在其中且让两层心完全凝结为一体，则心的理想作用就能发挥，此种心的状态可以称之为“全心”。全心者，完整之心，也就是精气长存于心，因此《管子·心术下》篇中的“全心之形”在《管子·内业》篇中则被说为“心气之形”。若有此全心在中而形诸于外，则有善气迎人，待人可亲如弟兄；若无此全心在中，则恶气流露，其害将超过兵戈。“全心”一词也可以转化词性成为“心全”，两者都指最为理想的一种心灵状态。②

张鸿恺也对全心说提出了自己的看法。他说，只要“人”的概念一成立，即潜藏着身即心、心即身、身心一如的可能性。换言之，从潜能到朗现之间还有功夫可作，如此才能臻于完美。此一完美的状态，《管子》一书称之为

① 谢明阳：《从〈老子〉到〈管子〉四篇看“心”的概念之发展》，《鹅湖月刊》2000 年第 8 期，第 12 页。

② 谢明阳：《从〈老子〉到〈管子〉四篇看“心”的概念之发展》，《鹅湖月刊》2000 年第 8 期，第 12 ~ 13 页。

"全心"。他强调《管子》对"全心"的认识是"身""心"一如,两者在此境界时可以显现相同之属性;"全心"的"物我交感"超出日常的经验、物理法则,是"照知天下""通于四极"之思。

杨儒宾则说,"全心"者,实为"彼心之心"逐渐扩充渗透,渗透到经验意义的心也完全为精气之流行,两层心复合为一,此即"全心"。

四、治心之法

陈鼓应在他的文章里首先论述了对此问题的思考。他说老子强调道的重要性和人对道的体认,对形体之修养也兼有涉及。他说"专气致柔""营魄抱一"(《老子·第十章》),《管子·内业》篇强调"修心正形""正形摄德"的心形双修,不但强调"定心在中,四肢坚固",而且认为"形不正,德不来",两者相养相成。他进一步指出《管子》四篇谈到的躯体强健不仅是心神修炼的结果,也可促进道德精神的养护和提升,稷下道家如此重视强健体魄对一个人修心摄德的重要性,这在先秦道家作品中显得十分突出。

谈到治心之法,他重点分析了《管子·内业》篇中培养心神专一的方法。他认为《管子·内业》和《管子·心术下》都强调心意的专一,如"一意抟心""专于意,一于心""一物能化谓之神,一事能变谓之智""一气能变曰精,一事能变曰智"。所谓"一物""一事"便指用心于物、专一于事。若凡事能够专一心志,投注精神于一事一物,积厚之功日久,熟能生巧,则出神入化,寓心意于变化之中。他继续分析说,心意专一强调的是一种心境上"正""静""定"的作用,《管子》四篇认为人之心性呈现于本然的理想状态下,应以平和中正为主导,这就是"和"。除了要求人戒躁、执静、节欲,还特别提出透过诗乐的熏陶以滋润人的心灵、提升人的精神境界,以礼乐教化增进人的文化修养。

谢明阳从《老子》到《管子》心学发展的角度来比较两者的治心之法。他说老子云"致虚极,守静笃",其所说的治心方法就在"致虚""守笃"的工夫之中。老子说,圣人之治,虚其心,就可以使民"无知无欲",由此可知致虚的实质即"去知去欲"。老子认为万物的运作是虚静的,人应该向这种根本的宁静处回归,回归的目的在于返求本心。说到《管子》四篇治心的方法,陈鼓应在其文章中说得比较简略，谢明阳阐述得更加清晰。谢明阳的阐述重点可以归纳为“虚”“静”“一”三个方面。

“虚”，《管子·心术上》中的“虚其欲，神将入舍”等所言就是去知去欲。《管子》一书认为最好的修心方法就是空虚其心，也就是去知无藏，这样就可以心中无忧，这是心灵最佳的空虚状态。

“静”，“静则得之，躁则失之”，“所以失之，以躁为害；心能执静，道将自定”（《管子·内业》），由此可知《管子》一书和《老子》一书一样，把“躁”看作“静”的对立，主张去躁执静。《管子·内业》篇中的“心静气理，道乃可止”都说明静心是修治心灵的重要法则。

“一”，谢明阳阐释说“一”就是专注凝神于自己的内心，使心灵不受到外物的干扰而达到一种纯粹的境界。心神专一无二，故能得知大道，若欲行道，须从开始就专注一心并坚定持守。《管子》一书所说的这种专一的工夫和虚静的道理是相通的，人欲专一其心，必须在致虚静时才能达成。我们从这里可以看出《管子》对《老子》的传承，但《管子》一书中也出现了迥异于老子思想的“外敬”之说。《老子》一书言“静”不言“敬”，《管子》不但论及“敬”，甚至还主张通过诗、乐、礼的教化作用来守敬。谢明阳指出这显然是《管子》四篇渗入了儒家思想而歧出老子的虚静之论。

杨儒宾在《论〈管子〉四篇的学派归属问题——一个孟子学的观点》中说，《管子·内业》篇讲到的修心方法有三：一是以诗、礼、乐去除不平正的喜怒忧患，二是“外敬”，三是“内静”。[①] 他在此重点关注三种方法的学派归属，他说“内静”是道家的胜场，但以诗、礼、乐治心及外敬这两种法门是儒家独有的。

徐汉昌在《管子思想研究》中也谈到了“虚”“静”“因”之法门。他说所谓“虚”，即无好恶、无智巧、无成见，使心“恬愉无为”而又“无藏”“无设”。“静”是去欲心虚之后达到的一种境界，心境安定、心平气和之状态即静。静之外为“因”，作者指出，所谓“因”就是舍己之心而以物为法，因物之形而定

---

① 杨儒宾：《论〈管子〉四篇的学派归属问题——一个孟子学的观点》，《鹅湖学志》1994 年第 13 期，第 90 页。

物之名。感而后应,无主观设想于心;缘理而动,无主观取舍于心。①

周贞余在《〈管子〉四篇心学考察》中主要从“虚”“一”“静”“因”四个方面来论述他对治心的理解。在谈到“静”之法时,他的阐释更为细致。他说,“静”是一种在受忧、悲、喜、怒、欲、利、主观偏见等情绪影响而躁动不安、心烦意乱时,透过“寡欲”之工夫,使心沉淀、去其躁动而返回平和、宁静的状态。在治心工夫上,《管子》四篇还提出“内静外敬”的修养工夫,融合儒道两家思想提出“内静外敬说”。“内静外敬”即从“治气”的角度,由外而内去忧止怒,使体气转化为精气,从而返其性以得“全心”,可以说是一种对道体回归的工夫设想。“内静”旨在回归湛然常寂、精纯不染的本质;“外敬”工夫是呈现道之生生不息、创发造化的玄德。谈到“因”,周贞余赞同其他学者的看法。徐汉昌、陈鼓应、杨儒宾、陈丽桂等学者对因的理解基本都是一致的。谈到“一”,作者总结了三个方面的含义。一曰精气之极,《管子》四篇中的“精气”必须以“一”来守之,“精气”进入心之底层,进而“得道”,所以曰“精气之极”。一曰专一一志。无论外在世界如何变化、事物如何纷扰,自己的内心都不受影响,不为外物所动。一曰纯粹度。心专一于一事、一物至极致时,日积月累即可达到出神入化的境界,称之为“神”“智”,这是一种心灵上的工夫境界。作者认为《管子》四篇中的“虚”“静”“因”“一”是相互联系的,无法予以分别独立,是一个整体的四个方面。“虚”“静”“因”三者须以“一”来守之。以“一”为要,使其“精气”进入心之底层,进而“得道”。

五、治心之目的

陈鼓应言,《老子》与《管子》四篇之论心并非纯粹为治心而治心,乃是透过治心而治身、治天下,终至于治国。② 谢明阳也详细阐述了对这一问题的见解。他说《老子》与《管子》四篇论心并不只限于谈论本心的修养,而是旨在借由心灵的修持来处理个人和时代更为切身相关的问题。治心的目的有三:一是治心以治身,二是治心以治国,三是治心以治天下。他分别阐述了这三个目的。《管子》一书对心灵和躯体的相对关系说得很明晰:人能正

---

① 徐汉昌:《管子思想研究》,台湾学生书局1990年版,第82~85页。

② 陈鼓应:《〈管子〉四篇的道论》,《台大哲学评论》2000年第23期,第14页。

静者，筋朋而骨强。《管子》一书认为“心之在体，君之位也”，心灵和身体是可以相互感应、相互影响的，以上引证都旨在说明身体的功能在心治之后也得到了适度的调理。谈及第二个目的，他说《管子》四篇对治心以治国的理论说得更清楚。“心安，是国安也；心治，是国治也”，“论而用之，可以为天下王”，“执一不失，能君万物”，都是在说明体道之心可以治理国家。《管子》一书认为从治心到治国是有一定步骤的，也就是先有“全心在中”，然后才“知于形容，见于肤色”，最后才能以治事施于百姓人民，进而达到治理天下的目标。他最后谈到治心以治天下。他指出，《管子·内业》篇所言“形不正，德不来；中不静，心不治。正形摄德，天仁地义，则淫然而自至神明之极，照乎知万物”正说明涵摄精气的心灵可以感知天下万物、通达四极。总括而论，谢明阳认为治心所欲达成的三种目的已在《老子》书中被提及，《管子》四篇是继续发展，比《老子》一书说得更为具体丰富。①

陈佩君在《由万物构成问题辨析〈管子〉四篇中的道与气》中言，“心”字在《管子》全书中出现了224次，在《管子》四篇中出现了60次，超过了四分之一的比重。四篇中“以心藏心”“心之中又有心”等“心”之功能作用、不同层次的心灵境界论点，以及由心术贯通主术、治身与治国一理贯通的思维，使得《管子》四篇的“心”学在中国哲学史上拥有独特的价值与地位。②

马耘在《稷下道家各派的交流与升华——〈管子·内业〉等四篇学术内涵浅议》中指出，《管子》书中的“治国之本在于治身”思想有其渊源。他通过例证指出这些思想与杨朱学派、文子学派的流传有关，《管子·内业》等四篇中的“治国之本在于治身”是连接“精气说”与“治天下”问题的理论接榫点。他指出这充分反映了稷下道家各派相互交流与融汇的情况，稷下道家学派吸收了许多先秦其他学派的思想要点。③

---

① 谢明阳：《从〈老子〉到〈管子〉四篇看“心”的概念之发展》，《鹅湖月刊》2000年第8期，第16页。

② 陈佩君：《由万物构成问题辨析〈管子〉四篇中的道与气》，《华冈哲学学报》2011年第3期，第25页。

③ 马耘：《稷下道家各派的交流与升华——〈管子·内业〉等四篇学术内涵浅议》，《哲学与文化》1995年第5期。

第四节 《管子》四篇中的黄老思想研究

一、《管子》四篇中的黄老思想

台湾地区比较早和有影响的从黄老学角度研究《管子》的当推陈丽桂的《战国时期的黄老思想》、陈鼓应的《管子四篇诠释》。陈丽桂在《战国时期的黄老思想》中指出司马谈在《论六家要旨》中所说的道家即黄老道家。她指出黄老思想以道法思想为基调,下降老子的道去融合刑名,使刑名取得合法的理论基础。黄老道家继承和改造了老子的雌柔哲学,把它转化为正静、因时的政术,并糅合阴阳家与儒家的思想,融汇因道全法的理论,所以黄老思想总体上呈现出王霸杂治的色彩。① 基于这样的认识,陈丽桂认为《管子》四篇属于黄老之作,从心术推衍治术,由天道讲治道,明法、尊君、尚刑名、主静因,用精气去诠释形、神问题,也兼糅道德、理、法,和司马谈所述黄老道家的特质相当一致。② 她认为《管子》四篇的作者是稷下黄老学派。她同时还指出,《管子》一书中的黄老治道思想与马王堆帛书及申不害、慎到、韩非子等人的黄老思想最大的不同是唯物的精气学说。

陈政扬在他的文章中更多关注到黄老道家的特性。他认为黄老道家具有下列一些特点:第一,除了将《老子》之道继承,夯牢道家之道更注重在齐政治实践性,以形而上之道转变成典章、礼与法之依据,进而创造出人间秩序;第二,以阴阳家中的四时之序与政治相结合,其实践在刑德并用上;第三,它不似《老子》排斥仁、义、礼之思想,而是对儒家之仁、义、礼持肯定态度,并且体现在其政治实践上;第四,法在黄老道家是道的具体化,将道法相结合,为国君施政与法令之依据;第五,主张以刑名之说核实君主与臣下之分;第六,把墨家之功利主义实践在国家与百姓皆利上,一切生活行为都有所节制。③

---

① 李笑岩:《先秦黄老之学渊源与发展》,山东大学 2009 年博士学位论文,第 116 页。

② 陈丽桂:《战国时期的黄老思想》,台湾联经出版社 1991 年版,第 4 页。

③ 陈政扬:《稷下黄老思想初探》,《鹅湖月刊》2000 年第 10 期,第 24 ~ 37 页。

在《管子》四篇属于黄老之学的研究方面，陈鼓应做了很多基础性的重要工作。他在《管子四篇诠释》中说，黄老之学是以老子道论思想为主轴且同时结合齐法家之“法”思想以及当时盛行的刑名观念而融汇出的新道家思潮。这一思潮试图从社会政治层面提出一套君无为而臣有为的治国有效原则。他认为黄老思想或可溯源到范蠡的思想源头中。他说黄老思想兴盛于战国稷下，绵延至秦，并进一步延续至汉初。他说《管子》一书中有不少关于黄老思想的篇章，比如《管子》四篇以及《形势》《宙合》《枢言》《水地》等篇，其中《管子》四篇是黄老思想的代表作。

陈鼓应仔细分析了《管子》四篇的思想内涵，然后从三个主题来谈《管子》四篇中的黄老思想。一是以虚无为本。所谓“虚无为本”就是以内心的虚静醇和为根本，相当于《管子》四篇所说的“虚静无为”。《管子》四篇极为重视内心的修养，从篇名就可看出。而《管子·心术上》和《管子·内业》篇所谈的“无为”就是指内心的虚静以及行事上的循理、不妄作。二是以因循为用。“因循”一方面指以客观事实为依据、依照事态变化的趋势而行动的行事原则，另一方面也强调灵活机动，不死守一家之论。《管子》四篇中“因”的思想正是要求人去除主观成见、依循事物的客观情状行动。三是形神养生问题。陈鼓应指出，《论六家要旨》提及的形神观在《管子》四篇中都是重要的形神养生论。首先，四篇言及“精气”，这种微妙的精气既充塞于宇宙之中，也内在于人体和心灵，决定着人的精神内蕴。他同时还指出修养一己之身心与治理万物间的关联亦即“心术”与“主术”间的关系，而这正吻合《论六家要旨》之言。①

二、《管子·形势》等篇中的黄老思想

陈鼓应言，《管子》确实最切合黄老道家的思想特色，但《管子·形势》《管子·宙合》《管子·枢言》《管子·水地》等篇可与四篇相互彰显。他认为可以从中窥见老学发展到黄老学的思想线索，所以又分别对这几篇文章中的黄老思想的特点给予了阐释。下面简要整理叙述之。

---

①　陈鼓应：《管子四篇诠释——稷下道家代表作解析》，商务印书馆 2006 年版，第 5 页。

《管子·形势》篇中黄老思想的特点:一是以道摄势。《管子·形势》篇先论"势",又言"无事""无为"之道,以无为之道领全篇、统摄势。二是主功有素,无为而治。"主功有素"指君主的功业成就在于保持素心素行。素心即虚心,素行即"无为而治"。黄老的无为而治就是依君道分工原则,人君抱道执度,臣下则分职任能而行事。三是以"道定万物"。也就是道可使一切物种皆能正定其性。四是德威并用。此篇讲威势,也宣扬怀德。德威并用是黄老君道的重要主张。

《管子·宙合》篇中黄老思想的特点(陈鼓应列了七条):一是君佚臣劳。二是章道以教,明法以期。期待高素质的执法者,更注重教化。三是操分葆统。陈鼓应强调,引法入道是稷下黄老先秦道家阵营的一个突破性发展。"操分葆统"指操持名分,保持纲纪,是着眼建立法度纲纪时,也重视掌权者的品德素养和素质提升。四是指意要功。这是强调主政者行事需选择要意以求取功效。五是易政利民。这是指要营造一个平和的政治氛围而使民受益。六是与变随化。这个命题正是道家宇宙观的反映,也就是要参与时代的变革,因应事物的发展。七是"合络天地"。这是要求主政者应胸怀宇宙而立足中国,放眼世界。

《管子·枢言》篇中黄老思想的特点:全篇似无中心主题,但文章提了不少重要论题和观念。一是强调气的重要性,生命的维持有赖于"气"。二是提出了阴阳两生参视的命题。三是在整体中强调其各有所司,主张职能分工。四是尚阳说。陈鼓应言,先秦尚阳之说或本于《管子·枢言》。《管子·枢言》曰:"先王用一阴二阳者,霸;尽以阳者,王;以一阳二阴者,削;尽以阴者,亡。"作者认为这是关于古代尚阳说的一则珍贵文献。五是人心之悍,故为之法。这是说在礼崩乐坏的时代,道家的黄老一系主要从政治功能与社会作用的角度来倡导。《管子·心术》和《管子·枢言》皆论及礼法和道的关系,两者都认为礼、法出于道,主张在"道"的前提下引进礼法以治世。

《管子·水地》篇中黄老思想的特点:一是水者地之血气。《管子·水地》篇盛赞水对万物的作用。二是男女精气合而水流形。这是说男女合精而禀赋生命,生命则于水中流动成形,强调水在生命中的重要性。三是阐述水者万物之本原。四是谈及水质与水性。这是首次在古代文献中看到关于地区水质与民性关系的论述。

通过对《管子·形势》诸篇思想特点的分析,陈鼓应指出,它们同《管子》四篇一样,同属黄老学派作品。

第三章　管子法家思想的研究

虽然班固的《汉书·艺文志》将《管子》归入道家，但是《隋书·经籍志》之后的几乎所有正史著作和目录学著作不取班固的观点，而是依据刘歆的观点将《管子》一书归入法家。这一方面说明早在汉代，人们对《管子》究竟应该属于哪一学派就有不同的看法；另一方面也说明《管子》一书蕴含的思想确实复杂，其思想倾向与儒、道、法等家皆有一定的联系。从政治的角度来看，《管子》书中蕴含的法家思想确实是十分突出的。[①] 也正如台湾学者李勉所说，《管子》一书内容非常丰富，然其主要论点，书中所反复讨论者，实"如何治国""为君之道""以法治国"等齐法家思想与主张。除此之外，书中内容亦间有道家思想、儒家思想、阴阳家思想、兵家思想、医家思想与轻重家（经济学）思想等。[②]《管子》书中蕴含的法家思想是比较突出的，其中的一些关于"法"的主张和认识也是很有进步意义的。台港澳地区对管子法家思想的研究成果谈不上丰硕，但有相关的专书、期刊论文、学位论文等成果。一些专门研究管子的著作对此也有所涉及，比如戴东雄的《管子的法律思想》、李增的《先秦法家哲学思想——先秦法家法理、政治、哲学》。戴东雄在其著作中，分别从思想时代背景、人性本恶的理论、国家论与法律论来阐明管子的法思想。他在此书中，以其丰富的法学素养，将管子之主张与学说与孔子、孟子、荀子、商君、韩非子以至于西方柏拉图、亚里士多德、赖特布鲁等人的主张与学说做了比较研究。[③] 而李增在他的著作中，首先从先秦法家之

---

① 池万兴：《〈管子〉研究》，高等教育出版社2004年版，第188页。

② 李勉：《管子今注今译》，台湾商务印书馆1997年版。

③ 高伟峰：《管子"法"思想研究》，辅仁大学哲学研究所2009年硕士学位论文，第12页。

"法"的意义谈起，内含"法"的字义与定义，再论管子之法思想，包括管子提倡之法的依据、天道、人性、社会历史、体系、精神与推行。李增认为《管子》书中的法思想是融合法家思想与部分黄老道家思想、儒家思想的齐法家思想。《管子》书中的法思想源于形而上之道，改造儒之道统为社会道德礼义廉耻，效法阴阳家之天道与人性的基本需求，从而成为与晋法家思想主张不尽相同的齐法家思想。① 而相关的期刊论文有黄君良的《道法简论》、吴克的《〈管子〉的法律思想》、徐文彩的《管子法治思想之推行与成效》、李增的《〈管子〉法思想》、郭梨华的《从"民之父母"论先秦儒家与〈管子〉的为政观》等，还有两篇与法思想有关的学位论文。另外，徐汉昌的《管子思想研究》、王瑞英的《管子新探》及其他一些专门研究管子的书中都有论及管子之法思想的内容。学者们对管子法家思想的研究大体包括以下几个方面的内容：管子之法的概念、管子之法的立法原则、管子之法的特质、管子之法的实施、管子之法的功能、管子之法与商韩之法的不同等。笔者试图从这几个方面对台港澳学者关于管子之法思想的研究情况做一梳理。

第一节　管子之法的概念

诚如徐汉昌所言，管子之所谓法，就其性质而言，指不易之程式仪表。法为天下之程式，为天下之仪，因而为万民之所依循，万事之所从行者也。② 谢云飞云：就"法"的意思而言，一为"客观之衡量标准"，二为"天下之大仪、至道"。③ 徐汉昌又分析道，广义之法乃一切政治制度之总称。为更详细区别，而分名之曰：法、律、令。"夫法者，所以兴功惧暴也。律者，所以定分止争也。令者，所以令人知事也。"（《管子·七臣七主》）此文所指之"法"则为狭义之法，与律、令居平行之地位，分别有其不同之功能。梅仲协言：至于狭义的法律，则分为三种。一曰法，系指一切抽象而普遍的法律规范而言。所

① 高伟峰：《管子"法"思想研究》，辅仁大学哲学研究所 2009 年硕士学位论文，第 13 页。

② 徐汉昌：《管子思想研究》，台湾学生书局 1990 年版，第 159 页。

③ 谢云飞：《管子析论》，台湾学生书局 1983 年版，第 138～139 页。

谓“兴功”乃系统治者施政之积极任务,包括管、教、养三项要政。所谓“惧暴”即统治者施政之消极任务,警察制度的建立与“卫”的设施皆系惧暴之根本对策。将抽象而普遍的法律规范制定为法典,使人人确知其权益之所在,各安本分,毋相争夺,这种成文法即所谓实证法,便称之为律,如后世所谓九章律、唐律、明律、清律皆是。具体而个别的依法所作成的行政行为,课人民以作为或不作为之义务者,管子别称之曰令,所谓令人知事也。依现代法学上的见地言,这种分类,最为合理。① 对于法的阐释,戴东雄言,管子所称之“律”有如现代私法之上所有权及其他权力之概念。管子所称之“令”有如现代各种行政命令或委任命令。将三者汇合为一,而为广义之法。② 管子所言之法的最广义则包含一切自然之道德原理,最狭义则专指刑罚而言。自其最广义言之,则一切自然之道德原理如仁义礼乐,皆所谓“法”也……其次,则一切政治制度及社会规范,皆法也……自其狭义而言,则管子论法已与现代法学家的论法相去不远。③

管子所言之法具有多种不同层次的含义。从法的作用这个角度上来看,徐汉昌说,法指一民使下者。法为不易之程式仪表,乃臣民言行之所本,是以“法者,天下之至道也,圣君之实用也”(《管子·任法》),法乃圣君实用以治民之具。他接下来又指出,如管子曰“法度者,万民之仪表也。礼义者,尊卑之仪表也”(《管子·形势》),所以礼义与法度同具仪表之作用。“礼”可谓习惯法,“法”则为成文法,法出于礼,或即自习惯法中抽出重要者,使之成为成文法,两者相辅为用。④ 郭梨华指出,从“法”的作用来看,“法”分法、律、令三者,“法”针对国家的兴废;“律”针对社会、团体及人与人之间的“分”的确立,以避免争端;“令”的作用在于让人知道事情,同时了解如何实践,不至犯法。⑤

---

① 转引自徐汉昌《管子思想研究》,台湾学生书局 1990 年版,第 161 页。

② 戴东雄:《管子的法律思想》,台湾文物供应社 1985 年版,第 121 页。

③ 汪大华:《管子研究》,帕米尔书店 1969 年版,第 23 ~ 24 页。

④ 徐汉昌:《管子思想研究》,台湾学生书局 1990 年版,第 161 ~ 162 页。

⑤ 郭梨华:《从“民之父母”论先秦儒家与〈管子〉的为政观》,见杨培玉主编《第六届齐文化国际学术研讨会论文集》,中国文史出版社 2006 年版,第 77 页。

第二节　管子之法的立法原则

在《管子》一书所反映之时代，生法立法之人自然为国君，然君也不能妄以己意为法，否则民不能守、不能行，亦终归徒然。① 所以学者认为管子之法的立法原则主要有以下几点：

一、据自然之道为法

李增认为法的基本原则就是效法道，是人主根据道而权衡之后创生的。他说，道是天地万物生成的自然规律、规范万物之本性而使其成为万物之形式因者。而人主制法当效法，根据此自然律、根据万物本性所展现的理而制定法。道是君主立法所依据的原理，也是自然法依据的根本，而道是虚而无形的，其落实于天地人变化规律则为有形。② 吴克在他的《〈管子〉的法律思想》中也认为《管子》一书除了强调四时、阴阳为法的形上基础，另别悬一个"道"作为法的更高原则。道是法的最高原理原则，一般人无从捉摸，道只存乎君主心中。它指的可能是一种常法常道，也可能是划分人际关系的原则，也可能是一种明察臣下之奸的技术，但都与法密切相关。③ 香港学者黄君良从"道""法"的关系来探讨。他分析说，《管子》一书将自然之道引入人事之道，"道"乃是一个符合秩序、规律的自然界和人世间的运转本身。对于自然之象而言，管子学派仅侧重其秩序与规律，引导至人间则重法。他又说，道表现的秩序和规律与法的固定性和规范性具有内部关联，从而为道、法架起一座沟通的桥梁。法由道转化为物质形式是一个认识和普及的过程。他认为由宇宙表象的规律引申至人世间的规律，正是人类认识宇宙的智慧。而法的原则性、规范性由朦胧含混的自然之道逐渐变得清晰、明朗，并书于典籍，成为刑律，为人类所共守之定理，这就是法从理念转化为物质

---

① 戴东雄：《管子的法律思想》，台湾文物供应社 1985 年版，第 162 页。

② 李增：《〈管子〉法思想》，《管子学刊》2001 年第 1 期。

③ 吴克：《〈管子〉的法律思想》，见《齐文化纵论》，华龄出版社 1993 年版，第 138 ~ 145 页。

形式的普及意义。[①] 徐汉昌则说,《管子·七法》云“错仪画制,不知则不可”,这里的“则”乃立法出令之隼。“则”存在于天地、寒暑、水土、人民、鸟兽、草木之上,是不变之道。他说此道即天地间不变之自然法则,是人君立法之本。天地四时已含生杀赏罚之事,此自然之法则。圣人法天地自然之法则,以建经纪、行法令、治事理,立法以治国理民。

郭梨华认为,就法制订的根源而言,《管子》一书中有四处提到。第一处是就现实政治体制说明“法”的来源,正如《管子·任法》所言,君是生法者,此“生”主要是就政治体制中发出号令、制订法律的权力来源而论。第二处是《管子·法法》从人格典范说明“法”之确立有神圣审慎的特质。第三处是《管子·枢言》中的“人故相憎也,人之心悍,故为之法。法出于礼,礼出于治,治礼道也”。从这里可以看出对于人心的特质而言,人心需要“法”的约制。这句话就“法”的理论依据指出“法”与“礼”及“道”的关系,法的目的在于维护国家社会的秩序性。这句话表明万物的安置有其人文要求的法则性。这句话还从价值层面论述“法”与礼义、“权”及“道”的关系。关于“法”的根源有四个不同方面的论述,它们彼此统合于“道”。她进一步分析说,“道”既是万事,也是万物的根源,“道”作为人文制度的依循,它的客观性与公开性、公正无私性是“法”所要遵循的原理,而“道”之“一”的特质也是法令单纯、执一的典范。正因为管子之“法”根源于道,所以当法令施行于民时,法令仍然保有作为人文制度的开放性,不至僵化、唯“法”是务(法条化),也未形成严苛峻刑的政策,而是处处可见宽缓之刑的说明。[②]

二、顺民之好恶而立法

管子认为对人性的掌握和理解应成为君主立法施政的前提。吴克在文章中非常肯定《管子》书中的民本理念。他说,从人情的好恶判断人的行为倾向,并由此导出匡正人情的办法,如《管子·禁藏》《管子·形势解》《管

① 黄君良:《管子道、法简论》,见《管子与齐文化》,北京经济学院出版社1990年版,第168页。

② 郭梨华:《从“民之父母”论先秦儒家与〈管子〉的为政观》,见杨培玉主编《第六届齐文化国际学术研讨会论文集》,中国文史出版社2006年版,第77~79页。

子·正世》等篇对此都有深刻的描述。要想顺利施政、得到民众的配合，必须先顺人的好恶而行，将此与社会安定、国家富强的目的相结合，个人在守法中满足了基本需求，社会也得以安治。虽然人的好恶千差万别，各有不同，但《管子》一书提出的办法是重视与倾听整体的民意，要掌握时代潮流与人心趋向，也唯有依赖明君的敏锐观察。对于立法者而言，自然是希望臣民能遵从君主的法令，但是，如徐汉昌[①]言，君有君之欲，民有民之欲，上下之心未必相同。若欲民皆能从上之所欲，以奉法守令，则必求其乐于为之。欲民乐为之，则必顺其好恶以立法。民之所好者，生也、利也；民之所恶者，死也、害也。"民予则喜，夺则怒，民情皆然。"（《管子·国蓄》）明主知之，以为立法之原则，是以立民所欲以求其功，设民所恶以禁其邪。民乐于守君之法，行君之令，则国可治矣。[②]

王瑞英在《管子学说刍议纲要》中谈到，管子的法治理论特别强调对民意的尊重。管子认为能尊重民意的君王才能成为汤武圣君。而善与民为一体就是民之所好好之，民之所恶恶之，能如此行法就可以身不劳而久安其位了。他说这种理论完全合乎现代民主政治精神，《管子》书中的立法与行法完全是以民意为依归、为原则的。另外他还提出，《管子·小称》篇强调了民智的可敬与可畏，人民不可欺，如果欺民就等于是自绝于民。虽然管子一再强调"法爱于民"，强调"政必顺民心"，而法的特性之一即"顺民之好恶以立法"的爱民性，但是在徐文彩看来，管子论及"爱民""顺民""重民"，仍是以君主的立场来谈的，并非真正要以慈爱温煦之心来爱境内之民。而且，当人民利益和君主利益有冲突时，即使伤害人民、牺牲人民也在所不惜。[③]

三、简易划一而立法

《管子·任法》曰："法不一，则有国者不祥。"《管子·七臣七主》："数出令，则奸不止。"国家虽然不可一日无法，但法令若不统一或繁杂难明，就会

---

① 徐汉昌：《管子思想研究》，台湾学生书局1990年版，第163～164页。

② 吴克：《〈管子〉的法律思想》，见《齐文化纵论》，华龄出版社1993年版，第138～145页。

③ 王瑞英：《管子学说刍议纲要》，见《管子与齐文化》，北京经济学院出版社1990年版，第300页。

使百姓无所适从。[①] 君主立法应当力求简易划一。对此，徐汉昌言：立法的目的无非是求民守法，禁民为奸，命民从上欲。但若君主之法所求者过多，则民将因君之无厌而难供其欲；若君主之法所禁者过多，则将因法令之滋章而莫知所从；君之法所令过多，民亦将因其再三苛扰而难以从令。由此可知，立法当贵简易。他又说，一也者，简易也，固定也。简易则易知，固定则易行。立法之求简易而划一亦在使民“易知”，人民知法于先，才能恪守法、行法于后。立法之目的在求臣民知法、守法、行法。

四、与时而变

法具有恒常性，但并非永远不变。在谈到这个问题时，李增说，法在道与天道自然规律的层面是恒常不改其道，然而在人为法层面上，法是效法道而制定者。人为法运用于人事，需要根据人情、事物、时机、地理而变更，此为不可恒者。然而，他接着指出，任何法律既按程序“设立”之后，则在其适用范围内仍要恒常，若“国无常法，则大臣敢侵其势”，此危国之道也。但当法不合宜时，则当宣布废弃不用，因而法仍要有恒常性。所以“变”与“不变”是辩证而言的。[②] 法律既要求明确安定，不能因个人的好恶而朝令夕改，但也不能永远相延不改，适时调整而不拘泥守旧是明君立法前必须要考虑的问题，毕竟社会结构与社会关系并非一成不变，与此相应的法律当然也要随时修正[③]，所以法令要根据时代的变迁、民族习俗的不同等有所损益。

第三节 管子之法的特质

管子之法是一套组织完整、结构缜密的法。它的特质也是学者们所关注的。下面主要从以下几点来分析论证管子之法的特质。

---

① 王瑞英：《管子学说刍议纲要》，见《管子与齐文化》，北京经济学院出版社 1990 年版，第 299 页。

② 李增：《〈管子〉法思想》，《管子学刊》2001 年第 1 期。

③ 吴克：《〈管子〉的法律思想》，见《齐文化纵论》，华龄出版社 1993 年版，第 138 ~ 145 页。

一、公开性

正如吴克所言，欲百姓知法守法，必须先让广大民众明了法的内容，因此法令事先公布，以广周知，成为百姓知法守法的先决条件。先行公告再做赏罚成为当时必然的程序。对此，戴东雄①这样阐释，法令公开而不再隐秘、不示于民是春秋战国以来法律的特性之一，也是适应时代需要的产物。此时，“法”同“礼”一样成为教训成俗的规范，想要万民遵法守法，先行公告使百姓周知法令内容成为时代的趋势。而且法之公开的必要性是很明显的，徐汉昌指出，法之公开就是法令一定要著明，赏罚是否得当要视号令之著明与否。令未布而行赏罚是妄予与妄诛，令已布则要依法行赏罚。所以赏罚之成败关乎国君之安危，如欲赏罚不败，则必视法令之是否布于臣民。所以法令之可以公开与必须公开，当为管子之法的第一特质。

二、公正性

《管子·任法》篇云：“君臣上下贵贱皆从法，此谓为大治……以法制行之，如天地之无私也。”法为天下之仪表，若立法不公、行法不平，治理国家也就成为虚谈。所以，吴克②强调说，公平合理是法律最基本的要求，治理国政要使一切归之于正，而使百姓遵从不怠，公正的标准便是法。法由君主制定，但从上到下都要遵守法令，没有例外。他认为《管子》书所提的这点与西周时“礼不下庶人，刑不上大夫”的主张是截然不同的。正因为法是衡量一切的标准，而众人遵守不渝是因为从上到下人人守法，不因财富多寡、关系远近而有例外，法的公正性才是法能被不偏不倚执行的保证。

这种公正性也就是徐汉昌阐释的平等性。他说立法贵在公正，行法贵在平等。不论亲疏、远近、贵贱，皆以法行其赏罚，以求其大公大平。法之平等，一国之君亦当率先守法，以为天下仪表，如此民乃从令、国乃大治。李增认为法的公正性正体现了法的绝对优势，也就是说所有与法之价值相比者，

---

① 戴东雄：《管子的法律思想》，台湾文物供应社 1985 年版，第 73～74 页。

② 吴克：《〈管子〉的法律思想》，见《齐文化纵论》，华龄出版社 1993 年版，第 138～145 页。

其价值都屈于法之下，必须服从法，君主本身、臣民大众、制度、权势、命令、赏罚、道德都要服从于法。他又说，先秦法家将法置于绝对制高点，法可超越政策、制度、法令、行政、主权、赏罚，但法毕竟不能超越最高之“道”，不能超越道德，不能超越真理。①

三、强制性

说到管子之法的强制性，徐汉昌指出，此强制力量之表现即禁罚威严、宪令著明、赏庆信必也。此三者综合就是“法”。是以“亏令者死，益令者死，不行令者死，留令者死，不从令者死。五者死而无赦，惟令是视”（《管子·重令》），法必具有如此之强制性，才能为天下之仪表，为臣民所奉行而不渝。此强制性使民不得妄议法令，有利于维护法令之威严。②

四、稳定性与时宜性

管子之法的这个特点正是一个问题的两个方面。诚如徐汉昌所分析的，一方面既已立法，就不可轻言变易，以示慎重且使民知晓。如朝令而夕改，人民将无所措手足且轻忽法令。法若稳定不变，人民能安于其法，久而习惯。所以法令不能轻立，必有原则可循；同时也不能轻言变更，多变则失信于民。但另一方面，立法也应当切合时宜，不可与现实的政治、社会、民生脱节。这与立法之朝令夕改者不同。他进一步说，法为治乱之具，国之治乱视社会之变迁、人心之转移而定，所以治事之法也当随时而变、因俗而动。既不必慕古，也不必留今，为求治民，则当与时而变、因俗而化，以求能致利除害。这也就是因时制宜，既不守旧，也不朝令夕改。③

第四节　管子之法的实施

管子的法思想是以富国强兵为目标的。立一部完整的法是管子的理

---

① 李增：《〈管子〉法思想》，《管子学刊》2001 年第 1 期。

② 徐汉昌：《管子思想研究》，台湾学生书局 1990 年版，第 172 页。

③ 王瑞英：《管子学说刍议纲要》，见《管子与齐文化》，北京经济学院出版社 1990 年版，第 299 页。

想，但如何推行实施法需要很多条件，所以《管子》一书涉及法之实施方面的内容较多。笔者按学者们的研究主要从以下几个方面来梳理。

一、公正无私

好的法律制订了，但若行之不公，也是枉然，所以徐汉昌言，在管子提倡的法中，一个重要的行法原则就是公正无私。行法之人必须公正执法，才能服民。否则，奸人玩法，反将害民，这绝非立法之初衷。他又指出，行法无私需明主，是否为明主，要看他是否能明法而固守，能否不以私心爱恶赏罚臣民，想要主安国强，必须去君主之私心并以行公法。管子称乱国有六攻，明君能胜六攻则国治，反之则国乱。“亲、贵、货、色、巧佞、玩好”六者若攻君之心、变君之行，则法必败。所以管子教导明君不为此六者变号令、错斧钺、坏禄赏；居心、用法公正无私，固守而不动才可以。他接着说，君主若能做到论道行理，群臣自然服教奉法，那么上下均无私心，则行事必公。对此，王瑞英在《管子学说刍议纲要》中言，行法必自上始。他说君主为政行法，必须以身作则；君主遵守“置法以自治，立仪以自正”（《管子·法法》）的原则，才能收到上行下效之功。所以由此看来，公正无私的行法对君主提出了很高的要求。徐文彩①关于这一方面的论述尤多。他详细分析了明君的重要性。他说，明智的君主在自身的操持和执行法令方面多表现出公正无私的态度，在核验百官任事时，结合术、势，以察能授官，并得贤佐。他接下来分析说，君主对本身的操持无非是以身作则、去私去欲。如《管子·任法》篇、《管子·法法》篇所言，管子要求君臣贵贱皆从法，即欲以公正昭信全民。君主能明辨公私，毋枉毋纵，执法自能公正无私，唯公正才能贯彻善法，唯无私才能以法服众，法治的推行才能更顺利。所以他再次强调，法是天下之规矩绳墨，不偏不倚，所代表的是法天地自然的至公之道，用以矫正天下臣民徇私以求利的私心。故明主必任法而行，至公无私，固守明法而禁民私，并持之以恒，以防臣下侵法行私。不但如此，徐文彩还进一步指出，管子主张君臣划分权责范围，君出法令，制定制度；臣则循法而从令，上下相守以法；君又以法定

① 徐文彩：《管子法治思想之推行与成效》，《辅大中研所学刊》1990 年第 1 期，第 71 ~ 74 页。

赏罚，论功过，则公道自行而奸伪自灭，所以君上者可以身佚不劳，实现无为而治。王瑞英也指出了行法中任官的重要性。他说，选贤论才而任之，乃是行法令、理民事的重要工作；能否知人善任是国政能否清浊的关键。①

黄君良在《管子道、法简论》中也对行法中的分职做了分析。他说，管氏非常重视社会秩序，认为君能修身、举贤、爱民、守位，臣能服从、尽责、安分、无私，则社会不至于混乱而人民也不致陷于水火的境地。故管氏再三强调君主之职任是出谋划策、统筹大局、发号施令，而臣下公卿仅需按法执事，百姓则农耕、力役而已。②

二、信赏必罚

法治的施行仰赖于公正行法。但要想法治可以贯彻有效，就需要赏罚之信必。徐汉昌③认为，唯其信赏必罚，才能建立法律之权威；也只有信赏必罚，方能昭信于民。民服法而不疑是法治的目标。他认为立法的目的是尊主安国。主之尊，在于民之从令；国之安，在于民之服法。希望臣民从令服法，必当法立令行，立法而不能以信必之道行之，则虽立而旋废，即不废也将窒碍难行，民之妄行将因法之不能信必而生，奸邪暴人将因法之立而又废而起，这是危亡之道。在使用赏罚的标准上，徐汉昌指出，明君的赏罚当以事实之功过为标准，所谓必于耳目之所见也，唯其明审是非功过，才能无遗善、无隐奸。

赏罚的运用非常重要，因为只有善用赏罚，才能实现法律的权威。徐文彩从四个方面对此问题进行了阐述。他说，首先是因人情之好恶以定赏罚。君主治理国家是依赏罚，而为政之道必因人情，人情莫不贪生怕死、好利恶害，所以赏罚因人之情而设，导引人民从善避恶，一如引水之就下，顺势利导。其次是赏罚平等。同功必同赏，同过必同罪，而不论其身份阶级，这是赏罚平等的精神。若依贵贱高低而论赏罚，人民必不信任法，反而怀疑、轻

---

① 王瑞英：《管子学说刍议纲要》，见《管子与齐文化》，北京经济学院出版社 1990 年版，第 299 页。

② 黄君良：《管子道、法简论》，见《管子与齐文化》，北京经济学院出版社 1990 年版，第 168 页。

③ 徐汉昌：《管子思想研究》，台湾学生书局 1990 年版，第 183 ~ 185 页。

视法。再次是厚赏重罚。他认为这是执行法令时所需具备的手段。若有功而不以厚赏,则不能构成强而有力的诱惑,使民服从法令,甚而从法而兴功立业,以得厚禄大利;若刑罚过轻,以仁慈柔弱之心来看待犯罪,则违法乱纪之人必相率向法律挑衅,毫无畏诛惧罚之心。故管子主张厚赏重罚,以收到劝善止奸的宏效。最后一点是不赦小罪。作者分析指出,管子坚决主张不赦小罪,这并非是刻薄寡恩,而是惠爱人民之良苦用心。因为无小过则大过不生,小过不罪则累积为大过,早禁小过,则民无违法之罪;不禁小过则民轻法而犯法,必致杀身辱名的悲惨下场。所以作者认为管子不赦小罪的苦心孤诣和精神实在是以慈惠之心爱民、保民。

三、济法以礼

黄君良在《管子的道、法简论》①中说,管子注重德法并举,一面倒的严刑峻法只会使刑狱繁多、民心怨怒,当人民拥有道德信念并对天地、祖宗怀有无穷敬意时,当国家内部积储一股凝聚力并有无形的自戒律时,仅仅需要配合法律制度,国家就能长治久安。管子提倡之刑法的特征是简省、严明、不扰民,目的是让百姓在淳厚之道德风俗氛围中生息,这种安稳、纯朴的生活却有赖法之保障。

徐文彩在其文章中提到了管子之法治的推行。他分析指出,管子主张为政者除了以法治的权威教民守法,还应强调“礼”,唯法礼相济,才能使法治的成效更大。他进一步说,使法济助礼的懦弱、柔慧和缓慢,使礼济助法的猛毅、刚强和表面化,两者同时并进,相辅相成,法治的推行将更容易、更彻底。而《管子·牧民》篇中的“国之四维”和《管子·五辅》篇中的“义之七理”“礼之八经”都包含于礼的大范围内,皆是法之外另一种约束人民行为、教化人民行为的不可忽视的力量。法的约束是外在的,而礼的感化和影响是内在的。在宣传法治观的同时,兼重人心内在的教训成俗,使人民不仅行为不犯法,私心也能端正有礼、明守分际。

李增在谈论道德与法的关系时说,《管子》一书所言的道德与儒家并不

---

① 黄君良:《管子道、法简论》,见《管子与齐文化》,北京经济学院出版社 1990 年版,第 168 页。

一样,虽然《管子》一书明确提出道德的重要性,但在法与道德方面,法家主张法优先于道德,而且《管子》一书中的道德是从国家社会的立场言其社会道德的行为规范,“礼义廉耻”都是社会道德范畴方面人民共同遵守的规范道德,不像儒家那样注重个人德行之建立和个人品德的修养。他说,《管子》一书也谈仁爱,但《管子》一书认为法优于仁、爱,不能为仁、爱而损法之公正。①

第五节　管子之法的功能

一、尊君治国

法律的功能之一就是建立制度,用标准规范臣民的言行,目的在于治理国家。徐文彩分析说,明君在上用力推行法治,赏罚权都掌握在君主手中,如此才能稳固领导权、发挥统治权、运用核验权、实施赏罚权。君主推行法治彻底,才能巩固一国的领导中心,令群臣奉公守法,所谓“天下服德”。所以尊君的目的在于治理国家,求国家之富强,而法治的成效也在于尊君治国。法经过普遍推行后,人民法于法、信服法的规则,则人人无奸邪而纳忠诚于国。徐汉昌也认为法之目的就是如此,为人君者当任法、任术、任公与任大道,而舍弃智、言、私心与小事,唯其用法术,乃为得治平之术,得治平之术者,垂拱而天下治。所谓“动静顺然后和也。不失其时然后富,不失其法然后治。故国不虚富,民不虚治。不治而昌,不乱而亡者,自古至今,未尝有也”……是可知法治之政可使君逸乐而国富强,其功能正在于可达治平之境也。

二、绝奸止刑

接下来,徐汉昌又阐释了管子之法的另一个重要功能。他说:法者,公也;立法者,立公正之道也;行法者,立公道去私术也。群臣朋党成私极易为奸,是以立法行法之功能在去私心、除朋党、止奸邪也。徐文彩分析说,法是

---

① 李增:《〈管子〉法思想》,《管子学刊》2001 年第 1 期。

立天下之公道，行法是以公道摒绝奸邪、扫除朋党，并运用重罚之强制手段，遏制犯罪，使人民不触犯法律禁令以免除牢狱刑责之灾。所以法治的成效是绝奸止刑，而管子之法之用心之诚在于爱民、爱国。

三、兴功立事

法之功能既有积极的一面，也有消极的一面。其积极功能在兴功立事，其消极功能在于绝奸去私。徐汉昌分析说，人君若以己之好恶、喜怒而行赏罚，若听重臣之请、众人之毁誉而行赏罚，皆不能立大公于天下；不能立大功于天下，则失其立法之意。失立法之意，又如何收到兴功立事之效？要想兴功立事，必须以法择人。所谓以法择人，乃试之以实际之事务，课之以实际之功效，其间不含一丝之私心私意，如此所得之人绝非悻进之徒，所以兴功立事有赖于法。

四、化民成俗

徐文彩在论述管子之法的功能时总结说，管子推行法治的种种手段根本皆归于“化民成俗”。“化民成俗”是法治的最终目的，也是推行法治后的成效。虽然如此，可贵的是管子并没有恃法而蔑视礼仪道德之感化精神的力量，反而主张“济法以理”。

五、管子之法思想与商、韩之法思想的不同

学者们在研究管子之法思想时，不可避免要与商鞅、韩非子等人的法思想做一比较。同样是先秦时期的法家流派，他们的思想有很多相同点，也有歧义之处。正是在这种比较中，我们也可以看到管子之法思想的进步和可贵之处。基本来说，先秦法家有两大流派。一是发源于齐，以《管子》和《慎子》为代表的“齐法家”思想。一是源于三晋地区，以《商君书》和《韩非子》为代表的“晋法家”思想。李增在其《〈管子〉法思想》中指出，从《管子》一书中法的源流来说，法本根于道、德、天道、礼义等，《管子》书中之法是自然法，它糅合道德、仁义，反对严刑峻法，这是其法的特点，与商、韩反对德治而一味地以人性为恶而施以残酷的严刑峻法是不同的。李增还认为，在道术方

面,《管子·心术》篇谈及君主在执法时的主体心态是法道之虚静,其内涵仍是执法者要理性,不要受情绪好恶之干扰;要公正无私,尊重客观之事而排除主观偏见,这种术与申、韩之阴谋术是不同的。由此,他得出结论说,《管子》之法可能成为开明的法治,而商、韩之法导引了秦始皇的暴政。

徐文彩认为管子的"君王论"与商鞅等的理论有明显差异。他分析说,管子主张君主要有严格的自我操持、严格的自我节欲,亲自率身服法、从法、尊法以作人民之则,所以,管子强调法的公正无私是对君臣、贵贱、上下而言的,并不主张"特权",反而再三倡导君主服从法令的重要性和影响性。这和商鞅的君主论是截然不同的,因为商鞅之法的管辖权并未延伸到君主身上,商鞅认为君主拥有独一无二的特权。

徐汉昌主要从两个层面来分析了管子之法思想与其他法家主张的不同。他说管子虽言法,但不废礼与教育,这是后代法家所不曾言者。法虽不可废,但王道政治、正统思想必以教为先,以礼义为重,行法以济穷困。这是商韩辈所不及的。管子于法治之前、刑罚之上,特崇礼义廉耻,并主以仓廪实、衣食足为礼义荣辱之基。他还指出,管子虽论述法治的必要,但也多次论述省刑之要,强调驰刑罚、宥小过,不以刑罚胜民,宽刑以务本之论,这绝非后世法家所能望其项背的。

高伟峰在他的学位论文《管子"法"思想研究》中也对这个问题给予了关注,并且详细分析了齐法家和晋法家的异同。他说,两者的相同点是强调"建法立制""以法治国""富国强人",不同点主要体现在"法"的根据上。"齐法家思想受黄老思想影响,强调'道'生'法',此外,临近鲁国的齐法家思想也接受儒家的仁义道德思想,而晋法家的'法'是根据现实的事实,及历史演化经验,强调以富国强兵为目的,认为人性好利恶害,故崇尚严刑峻法,强调以法(刑)治国而排斥德治,因此不具有仁义道德思想的成分。"他还比较了先秦法家四大重要典籍——《管子》《慎子》《商君书》《韩非子》关于"法"的主张的异同,并做了一个明晰的表格。① 我们也绘制下来以供参考。

---

① 高伟峰:《管子"法"思想研究》,辅仁大学哲学研究所2009年硕士学位论文,第31～32页。

流派	齐法家思想		晋法家思想	
发源地	齐国稷下学宫		三晋地区	
分类	自然法派		实证法派	
重要经典	《管子》	《慎子》	《商君书》	《韩非子》
法的依据	道 天道 人性	道 自然 人心	1. 变古 2. 历史观 3. 趋利人性论	1. 变古历史观 2. 趋利人性论 3. 功利价值观
法的意义	刑　公平　审判 制度　政策	客观标准	制度　法律 刑法　刑赏	制度　法律 刑法　刑赏
法的特色	成文法　公开法		成文法　公开法	成文法　公开法
法的功效	治国　富国强兵	立公义 定分止争	治国　富国强兵	治国　富国强兵
思想特点	礼法并重 德法互补	重势	重法	法术势兼重

需要解释的是，表中的自然法派主张法律条文的制定不仅需要符合法律系统所要求的立法事实，且应考虑系统外的某些因素。① 他阐明说，齐法家思想主张“法”出乎“道”，“法”需参考大自然的运行规律、四季节气的变化、伦理常情的需求而制定，而不仅仅是专制君主和大臣为了实现“富国强兵”“推广耕战”的目的而制定出一些不符合伦理纲常的规定来要求臣民遵守。而实证法派主张所有符合法律系统的要求而被认定是法律的，均具有法律的地位②。晋法家思想主张应根据历史演化的经验与现实、人性好利恶害的弱点来制定“法”，强调以严刑峻法为工具来控制臣民，以达到富国强兵的目的，而不需要顾及伦理纲常等其他因素。所以通过与商韩之法的比较，他认为管子之法体现了浓厚的民本思想及“德法互补”的概念，以今天的眼光来看，无疑更有价值且更易于被民众接受。

① 杨智杰：《法理论的基础》，台湾韦伯文化国际 2005 年版，第 15 页。
② 杨智杰：《法理论的基础》，台湾韦伯文化国际 2005 年版，第 15 页。

第四章　管子其他思想的研究

《管子》一书内容驳杂,是一部百科全书式的著作。其思想体系蕴含有道、法、儒、兵、阴阳等各家的思想要素,但这些思想要素又不同于典型意义上的各家思想,而是一种有所贯通、融合和交汇的思想体系。《管子》一书的这种综合性和多样性也体现在学者的研究当中。台港澳学者研究关注的重点在我们之前的篇章中都已重点介绍。学者们对管子之经济思想、教育思想、兵家思想、农学思想等也有研究,但成果较少,资料也较少。在这些有限的资料中,有些文章暂时还无法获取内容,所以就将这些研究内容放在一起做简要论述,以期呈现管子研究的整体概貌。

第一节　管子军事思想的研究

关于管子之军事思想研究的期刊论文有五六篇,其中《〈管子〉军事思想研究》(徐文助,《国文学报》1986 年第 15 期)、《〈管子〉兵学思想蠡探——以〈白心〉篇"兵之出,出于人"为例》(黄启书,《成大中文学报》2002 年第 10 期)和《论〈管子〉兵论之战略思想》(李宜学,《语文学报》,2003 年第 10 期)这三篇文章我们暂时还没获取到内容。我们的论述主要是围绕赵敏芝的两篇文章和徐汉昌的《管子思想研究》中有关兵学思想的内容展开的。香港学者徐庆誉在其《管子政治思想的探讨》①一文中也对管子的兵学思想给予了关注和讨论。而赵敏芝的《〈管子〉与〈孙子〉兵略思想之校论》②与《〈管子〉

---

① 徐庆誉:《管子政治思想的探讨》,《东方文化》1955 年第 1 期。
② 赵敏芝:《〈管子〉与〈孙子〉兵略思想之校论》,《万窍》2009 年第 10 卷。

战略之今诠》[1]是比较有代表性的阐释管子之兵学思想的文章。

一、管子的战略思想

谈到管子的战略思想，徐庆誉在他的文章《管子政治思想的探讨》中云：《管子·小匡》篇所谓“作内政以寄军令”，就是寓兵于农，与全国皆兵，或全国总动员的总体战。管子的总体战是包括全国所有的人力、财力和物力。最高的战略是“不战而屈人之兵”。[2] 徐庆誉进一步说，一个国家要做到兵不血刃而能叫敌国屈服，就必须在政治、经济、工业、教育、训练、将才、兵器乃至情报各方面都有充分的准备和超过敌人的地方，然后才能谈对敌作战。所以《管子·七法》篇所讲的军事是政略与战略的配合，也就是国力总体战的纲领。

在徐汉昌看来，管子的军队是德义之师，为何有这样的结论呢？徐汉昌说，管仲以为竞于诸侯者当以德而非以兵，有甲兵之诸侯众多，徒恃强兵，不足以服天下。如《管子·七法》篇言，以兵胜敌国，当胜之有理；以兵征天下，当征之有分。不义而得，虽胜犹以为非福也。众能胜寡，疾能胜徐，勇能胜怯，都不如“善胜恶，有义胜无义，有天道胜无天道”（《管子·枢言》）。因而，用兵唯有文武兼施，才能以德服人。所谓真正胜敌，在以义师。那么何为德义之师？徐汉昌进一步阐述说，所谓德义之师，兵以义动，伐其暴君，而不在得人之土地；以义为职志，以兵为手段，既以兵威之，又加之以德；加之以德者，从民所欲也；既称义师，就必不用诡诈之术取胜。《管子·兵法》曰：“乱之不以变，乘之不以诡，胜之不以诈，一之实也。”管子认为服人必以义而不以兵，用兵伤于民，耗于财，又危于国，即不得已而用兵，必先之以义，节之以财，而以伤于民、危于国为戒。[3]

对管子的战略思想阐释得比较充分的是赵敏芝的《〈管子〉战略之今诠》。赵敏芝开篇首先分析了战略的真正目的无非就是维护国家的长治久安。就管子而言，辅王成霸是国家目标，其发展方案就是通过经济建设，鼓

① 赵敏芝：《〈管子〉战略之今诠》，《鹅湖月刊》2015年第9期。
② 徐庆誉：《管子政治思想的探讨》，《东方文化》1955年第1期。
③ 徐汉昌：《管子思想研究》，台湾学生书局1990年版，第299页。

励国家工商业的发展,并在政治及文化教育方面,充实国力,巩固国家根基,与整军经武相互配合。既然成就霸王之业为国家目标,赵敏芝指出,其战略方针即“政成国安,以守则固,以战则强。封内治,百姓亲,可以出征四方,立一霸王矣”(《管子·小匡》)。管子早已意识到成霸王之根本在“政顺人心”。至于战事,其态度则是备战而不求战,战以义举,不强凌弱国。

既然管子以“尊王攘夷”为长远理想,以“霸王天下”为短期目标,那他所要面对的问题是以什么原则来指导战争,才能不仅建立霸王之业又能真正王天下呢?接下来,作者重点论证的就是战争的本质,厘清本质,理解战争的性质,这也就使战争的结果有了不同的意义。赵敏芝强调说,战争的本质关乎生死问题,如果在两者中寻求一致及统一,必须透过战略本质做出决定,也就是以“致仁”为对象,以“战胜”为目标,以遂“国家意志”、行“民胞物与”为目的,在这样的前提下看待战争,上下才能团结一致,国与国才能协调平和。“公又问曰:‘吾欲行广仁大义,以利天下,奚为而可?’管子对曰:‘诛暴禁非,存亡继绝,而赦无罪,则仁广而义大矣。’”(《管子·小问》)从这里可见,致于“仁”正是管子的理想抱负,也就是以“仁”之事功来显明“仁”之理想。管子论仁也是以一切社会现象和人类行为背后的法则来指导行为的。作者以事功为例,从三个层面来分析管子“仁”之内蕴——尊王室、攘夷狄和义战。就尊王室而言,赵敏芝认为,尊王室的象征意义就在正君臣之分,恢复民心集结的宗法力量,使诸侯国不再找理由征伐,以造成民生困厄。作者认为由攘夷狄的事功也可见管子的用心,这不单纯在富国强兵而已,更是以救世的热忱、拨乱反正为职志,创造一个兼备仁道理念又符合现实需求的霸王事业。作者认为,在《管子》一书中,“仁”的思考是落脚在利民利国上的,比如《管子·幼官图》曰:“身仁行义,服忠用信,则王。”这说明管仲相桓公、霸诸侯,就总体战而言,仍是以“仁”为基础的。另外,“非其所欲,勿施于人,仁也”(《管子·小问》)。战争是残忍的,在不希望他国加诸己国的同时,将心比心,己国对他国也绝不轻启战端。因为在管子看来,唯有心存仁义并贯通天人之理,而行仁义之战,才能忍以济仁、成功成仁。其后,作者又深入论述了对管仲义战的认识。他说,管仲认为,国与国之间能相安无事,就在于不互相扩充军备;为君当以德亲民,知所擅,备所患,这才是稳固国本的方法。而明主除了治本的工作，就是“夫先王之争天下也，以方心”（《管子·霸言》）。正是这种持心方正反映了义战的核心理念。最后，赵敏芝又谈到了体现仁德的济弱扶倾义举。他认为管子不以善战黩武为国家目标，但因处于纷乱的年代，其各项战略思考莫不以自保为前提，进而以维护天下太平为目的，故曰：“至善不战……积众胜，而无非义者。”

赵敏芝分析指出，上述三项事功除了说明管子对“战争”为何物有相当的认知，更透露了战事与国事的密切关系。政治之所以为政治就在于“发于众心之所聚”（《管子·君臣上》），而“仁”既为众德之原目、战争之本质，其内蕴便在强调“政之所兴，在顺民心”（《管子·牧民》），与民一体，才能得到民心的拥护，进而实现至善不战的终极目标。行文到最后，作者得出结论说，《管子》一方面说“兵者外以诛暴，内以禁邪”（《管子·参患》）的重要性，一方面又强调“贫民伤财莫大于兵，危国忧主莫速于兵”（《管子·法法》），更未忘战争是政治的延续，他主张“政之所兴，在顺民心；政之所废，在逆民心”（《管子·牧民》），强调人民是否支持是战争成败的关键，掌握住民心，便可达到至善不战的最高境界。

二、管子的战术思想

谈到战术，徐庆誉分析说，管子所讲有五个要点：一是先定作战计划，二是熟悉敌情，三是运用闪电战术，四是出奇制胜，五是运用极端的遮蔽战术，以隐藏我方所有的军事目标。另外，徐庆誉指出，管子还关注到士兵心理，认为士兵甘心作战到死而毫无怨言，是基于九种心理。所以要提高士气，必须研究士兵心理，注重精神训练，使每一个士兵热爱自己的家乡和祖国，同时也要让他们明了作战的动机和目的。作者最后强调说，管子是反对“好战”和“穷兵黩武主义”的，正如《管子·兵法》篇所说“故至善不战，其次一之”。①

对于这个问题，徐汉昌没有做具体而微的论证。他从治兵的比较大的范畴来关照此问题。他说，首先要定组织、明赏罚。治民当用赏罚，治军尤

① 徐庆誉：《管子政治思想的探讨》，《东方文化》1955 年第 1 期。

当用赏罚，无赏罚，兵不能用。他又谈到兵器和将领的重要性。他说，兵器与战争胜负之关系极其密切。制敌在兵器，兵器不利者困。所以管子论为兵之术时，言兵未出境而无敌者有八项条件，其中就有“工”与“器”。兵械对战争影响巨大，将帅也是如此。徐汉昌进一步说，确定目标，坚定不移者，君之任也；辅助军事行动，担任支援工作者，相之任也；准备器械，教练士卒，明审形势者，将帅之任。将帅当早日选任，以便其能彻底“知己”，量我之蓄积，教我之士卒，也能及时“知彼”，权衡天下之形势，审择当用之战术，以期出兵必胜。真正到用兵之时，却不可不慎。他指出管子用兵是谋定后动。他进一步分析指出：一期之师，十年之蓄积殚；一战之费，累代之功尽，因而战端不可轻启，言战费浩繁伤国力也。所以圣人出师，必先定计，不失天时，不伤地利，计必先定而后兵出于境。否则，将自取败亡。① 至于临战的策略，当然由将帅视具体战况而定，但临阵的总原则是出奇、攻虚。

三、《管子》与《孙子兵法》兵略思想比较

对于这个问题，赵敏芝在《〈管子〉与〈孙子〉兵略思想之校论》中做了很详细的论述。之所以将两者放到一起来谈论，是因为作者认为管子和孙武二人都是春秋之齐人，两人的著作都有成书真伪的问题。管仲认为“兵者，尊主安国之经”，孙武也有“安国全军之道”；管仲有“至善不战”“避实击虚”之论，而孙武亦有“不战而屈人之兵”及“奇正相生”之论，等等，不一而足。治学者却较少对《管子》和《孙子兵法》思想上的异同进行比较研究，所以作者试图探讨两者间的关系。

在前两部分，作者首先列举了历来学者对两书作者的各种说法，接下来对战略理论和战略体系进行比较分析，这是本文的重点。说到《管子》一书中的战略理论，赵敏芝在另一篇文章中的观点我们已经介绍了。在面对战争时，《管子》一书强调的是“慎谋保国”。赵敏芝指出，在战略思考上，管仲一方面推动“尊王攘夷”远大目标的完成，要求君主“务于兵”，但另一方面，管仲又认为“兵事者，危物也”“贫民伤财莫大于兵，危国忧主莫速于兵”

---

① 徐汉昌：《管子思想研究》，台湾学生书局 1990 年版，第 317 页。

(《管子·法法》),可见管子并不鼓励战争。作者进一步分析说,为取得战争的胜利,管仲强调人君应竞于德,非竞于兵,用兵的宗旨不在索地,不在统治人。管子认为唯以“德义”之名,才能举事有功;唯有“通德”,才能使天下定。所以管子坚信,唯有进行正义的战争对当时的中国才有战略上的意义。而对比《孙子兵法》来看,赵敏芝言,《孙子兵法》将“战争”看作当时社会的客观存在,是不依人民的意志而存在的社会现象,故云“兵者,国之大事”(《孙子兵法·计》)。在面对战争时,孙武强调的是没有必胜的把握不可轻率用兵,否则一旦兴师动众,虽有“智者,亦不能善其后”。所以由上可知,《孙子兵法》在战略思考方面,提倡慎战,反对久战,更企图“不战”。孙子认为武力越少使用越好,甚至最好不用。他的“慎战”的态度与《管子》一书中的不主战思想有呼应之处。作者又分析指出,从《孙子兵法·形》等篇可以看到,《孙子兵法》一书是主张自卫重于侵略的。从《管子》把德义放在首位、把智谋胜之放第二、把兵战胜之放第三来看,管、孙两人都是肯定义战、支持义战的。

说到战略体系,赵敏芝在文中指出,为达成“国富兵强”的目标,管、孙两人均已意识到家国之兴亡与战争之胜负取决于民心的支持与否。也就是说,取得战争胜利的首要条件是争取并巩固民心,因此《管子》特别重视经济,积极主张“藏富于民”。《孙子兵法》也认识到国家经济对战争会造成一定的影响。《管子》为了发展经济提出了一系列方案,并且见之成效。《孙子兵法》则专注于作战准备和如何发挥灵活的战斗力。赵敏芝分析称,为了完成国家战略,就需要考虑军事战略扮演的角色,要从建军、备战和用兵三方面来施行控制与理解。在建军方面,《管子》提出了“精兵论”,认为兵贵在精,不贵多。《孙子兵法》主张“法者,曲制、管道、主用也”,强调的是军事组织、部队编制。孙武认为战略决策的制订和施行应由“将”来统筹负责,“将”才是整个国家安危之所系。对于将帅的条件,他提出了“智、信、仁、勇、严”五点。不同于《孙子兵法》将战争得胜的重任委于将帅,《管子》一书认为君主要明于“主兵”,国相要智于“治兵”,将帅要贤于“用兵”,《管子》一书指出全军之道不仅是将帅的责任,同时将国家的安全防卫提升至“全民国防”的高度。

在备战方面，赵敏芝分析道，《管子》一书强调应从战备的全面性、系统性来掌握这个指导原则，强调要做好八个方面的战备工作，如聚财、论工、制器、选士、政教、服习等，涉及各个方面。《孙子兵法》则把战争看作一种客观存在即不以人们的意志为转移的社会现象，是国之大事，因而应从“道、天、地、将、法”五方面进行国力评估，也就是从民意的肯定与支持、天时、地利、统兵作战的将领、军队的编制和制度五个方面来做准备，以创造有利于我方的态势。

在用兵这个层面上，《管子》和《孙子兵法》也有很多共同点。赵敏芝论证说，在用兵贵在神速、出其不意方面，《管子》认为发兵要出其不意，如此一来，敌人就无法应付，教练、作战均不宜墨守常规；《孙子兵法》也认为“兵贵胜，不贵久”，并在《孙子兵法·作战》篇进一步解释说，能攻其不意便是要速胜，而速胜贵在奇袭。对敌作战在虚实方面要避开敌之优势，攻其薄弱环节。这个“避实击虚”的概念是《管子》十分重视战术指导原则的体现。《孙子兵法》一书也指出唯有“无形”“无声”，方能掌握敌之命运，并由此推衍出守秘的重要性。在情报战方面，为维护国家安全，还需进一步探索敌方的秘密，用间用得好，常能快速使战争终结。赵敏芝还指出，《管子》要求将帅除了知己，还须知敌，更须“遍知天下”，为了在战争中取得先胜战机，先派出外交特使前往各国，离间其与国，用计谋乱政并收买情报。《孙子兵法》也强调保守军事机密是在战争中取得主动、避免被动的关键性条件。能否保守军事机密更直接关系到战争的胜负和军队的生死存亡。《孙子兵法·用间》篇也谈到用间的具体原则。

通过对两者之战略理论和战略体系的系统分析，在结论部分，作者认为管子以“国富兵强”为国家战略目标，因而将重心摆在修明内政上，其治道之终极目标在安民，因此国家政治建设的要务在使士农工商各得其所，富利之并爱护之。《管子》一书中的军事战略思想主要还是以百姓为中心，非以夺地为目的，以“至善不战”为最高指导原则。《孙子兵法》则以强兵见长，揭示了战争与政治、经济、自然条件是互相关联又互相制约的关系。在战争的最高指导原则方面，《孙子兵法》强调“不战而屈人之兵”，讲求“上兵伐谋，其次伐交”“必以全争于天下”，“全争”就包含了政治、经济、军事、外交等各项斗争，这一全民性关照与《管子》如出一辙。赵敏芝指出，二人从战争原理、决策、实践三个环节来认识战争，各有特色，管仲为相，重在“治兵”理论，孙武为将，注重“用兵”。或者说，《管子》一书中的军事思想始终以战略为中心，并强调战略、战术、后勤三者配合；而《孙子兵法》更重视解决实际问题，其战略思想则较为狭隘，但这并不妨碍两者蕴含的军事思想之伟大。

第二节　管子教育思想的研究

管子非常重视教育，也了解教育的作用。虽然《管子》书中涉及教育的内容不是很多，却弥足珍贵。黄癸楠在他《管子教育思想之探讨》①中说，管子已掌握教育之真精神，其言曰：“一年之计，莫如树谷；十年之计，莫如树木；终身之计，莫如树人。”又曰：“使士无邪行，女无淫事。士无邪行，教也。女无淫事，训也。教训成俗，而刑罚省数也。”

一、道德教育

黄癸楠指出，虽然《管子》一书对教育之具体措施所述不多，但很重视道德教育。《管子》一书强调以礼为本，启发四维观念，并认为凡罪恶系由小而大、由微而重，故需防微杜渐；“礼、义、廉、耻”乃教育的根本内容，其教育步骤由修小礼、行小义、饰小廉、谨小耻至禁微邪，由内及外，以达大道大德。教育的最高目标在于使民效忠国家，遵循国家利益，为国多做贡献。虽然管子深知教育的功能，但我们在书中并未见教育制度的厘定。《管子》一书指出家庭教育自孝悌始，社会教育由禁邪淫至养成忠君观念。他同时指出，管子认为道德教育重于学术及技术教育。因为管子重视内在的道德教育，所以又主张“政”“教”相辅而行，以求潜移默化之功。管子认为教育的影响深远，神乎其效，对人的感化在不知不觉中。所以教育的最可贵之处在“化人气质”，政乃令人不可为恶，教则使人自动为善，政教并行，才能奏效。

徐汉昌也非常肯定管子的教育思想。他说，管子以德育为本，认为君以

---

①　黄癸楠：《管子教育思想之探讨》，《师友月刊》1976 年第 109 期，第 16～18 页。

德教倡导于上,民养其德于下,上下皆以道德为本,以礼义为先,则教化可成。欲行德教,必君上为之表率,大力倡导才可以。国君倡导德教,以求国治与化成,犹有不足,故倡导之外,尤当时刻督导与奖励,使德教之成效更形彰显。他又分析指出,德教以孝悌忠信为本,而教之之道,则以礼义廉耻为施教之重点工作。如《管子·牧民》篇言:"礼不逾节,义不自进,廉不蔽恶,耻不从枉。故不逾节则上位安,不自进则民无巧诈,不蔽恶则行自全,不从枉则邪事不生。"所谓孝悌忠信,即一言一行皆能谨守本分,做到不逾节、不自进、不蔽恶、不从枉。君教民以礼义,就是"义之七体,礼之八经"。由所谓"义之七体"知教民知义与行义的范围极广,小到个人修身齐家之道,大到处世进退之法,身为国家社会一分子所当尽的义务与责任都包括在义之中。而"礼之八经"实为家庭、社会与政治的伦理准则。如若谨守于此,则家庭和谐、社会安定、国家太平,这也是德教的最终目的。①

二、四民教育

徐汉昌言:士农工商四民各有常业,分工以成事,合作以富国,缺一不可。所以四民职业教育的成败关乎社会之安定混乱、经济之荣枯。他指出,管子认为在四民的职业教育方面,必先固定四民之居所,以便分别在不同的地方施行。分民而居处之,形成最好的学习环境,熏陶习染,使少而习之,令其心安,使其不见异思迁。他认为这种方法一方面可以使民专心从事一业,建立专业制度,另一方面可减少职业变换造成的困扰。所以,管子的四民教育是一种职业教育,分科教学,由父兄任其教职,是一种理论与实际相结合的专业教育。

对于四民职业教育,黄癸楠在他的文章中指出,在实际生活中需要施行技能教育。管子对于技能教育主张宜"专"而"精",不论士、农、工、商,皆需专业化。管子施行教育政策秉持专才专业的原则,以培养人民的敬业精神。黄癸楠认为这一理论非常吻合今天的专教原理。

三、生活教育

说到生活教育,《管子·弟子职》是一篇重要文献。《管子·弟子职》所

---

① 徐汉昌:《管子思想研究》,台湾学生书局1990年版,第263页。

述既有“教”“学”之方法、态度，也有生活教育的细纲详目。徐汉昌认为《管子·弟子职》第一节的学则是弟子教育方面的纲领性文字，表述了两件事：一是尊师重道，努力向学；二是生活严谨，言行有礼。后面的文字则是在逐条阐释施教的方法，比如在尊师重道方面、在求学读书方面、在生活教育方面、在待客有礼方面，都有要求和规则。他分析指出，综观管子的弟子教育，是以生活教育为本的，教导弟子为学必先修养品德，所谓“温恭自虚”“行必正直”“必就有德”，都是教之以德行修养为先。而生活仪节的讲求更为养成一生言行所必要，举凡日常生活的细微末节均有讲究，以养成良好的生活习惯、学习劳动技能，成为有气质、有学识的国民。

尹显亮的《管子的教育思想》主要是对《管子·弟子职》逐节释义以阐述他的理解。作者认为，综观《管子·弟子职》全篇，显而易见的是其对青年学生生活教育的重视。管子的教育思想旨在揭示民生日用彝伦之则，使弟子由学而习、由习而性。所以《管子·弟子职》一文，事越小而学越细，以防弟子疏而不察，故微邪不可不禁也，由此可以看到管子更注重做有利于培养青年良好习性的奠基工作。①

四、军事教育

徐汉昌在其《管子思想研究》中言：用兵需教民习于兵，教民之军事之道有五个方面，管子称之为“五教”。“一曰教其目以形色之旗，二曰教其身以号令之数，三曰教其足以进退之度，四曰教其手以长短之利，五曰教其心以赏罚之诚。五教各习，而士负以勇矣。”（《管子·兵法》）这五教内以教其心，外以教其耳目手足，以期其勇于牺牲、战阵无惧而又技巧娴习，足以胜敌。徐汉昌接下来又从三个方面来具体论述。他说，第一是教习其斗志。战阵之间，危事也，令民抛家弃子而殉国事，是极难之事，所以教民以军事，必先坚定其意志，令民乐于为战，甘心为国，此教民必死也。而必死之道在于三本，即故国父母坟墓、田宅爵禄、妻子。此三本是民之所欲，所以教民为己而战，这是军士教育的第一步。第二是教习其团结。人民皆愿为其所欲

① 尹显亮：《管子的教育思想》，《师友月刊》1969 年第 28 期。

而死，但若似一盘散沙，也不足为国所用，故必教其团结合作，彼此协助，乃能合万千人之力为一。所以教民团结之方，将军令寓于内政之中，使之平日练习，战时自能合作。最后一条是教习其耳目。百姓斗志昂扬，愿为国用兵，生活与作战合一。但若号令不明，指挥无方，则人越多越乱。所以教民以军事，必使其耳目习于金鼓、旗帜，以承将令。

五、管子的教育观与儒家及其后法家之教育观的不同

虽然管子的教育观念在书中呈现的不是很多，但仍是成体系的。徐汉昌言：管子倡导职业教育，目的在于使国家富庶；倡导军事教育，目的在于使国家强盛。管子倡导道德教育，虽不遗余力，但目的在使人民易于治理。这与儒家言道德、言教育有不同之处。他分析指出，如管子说"仓廪实则知礼节，衣食足则知荣辱"（《管子·牧民》），强调仓廪实重于且先于礼节、荣辱诸种德行，而孔子则去兵、去食，认为民无信不立，所以管子与孔子对道德重视的程度并不一致。

徐汉昌说儒家治术以道德为主，以法律为辅；以教育为主，以政令为辅。所以儒家说道德与教育在以教育功夫，教育人人都能发挥自身已有的善性，明其明德，进而成为圣人君子。儒家主要以德礼教民导民，使之自我约束而言行合理，从而完成克己复礼的人格发展。而管仲的教民以道德并非因人已具有善性与明德，而在以礼义规范百姓，使之合于国家的需要，成为安善的良民。①

徐汉昌的评判是中肯而到位的。他还分析说，管子的教育观念与其后之法家的观念也不同。他认为，管子论教育在教训成俗，欲民之和同以听令。后之法家也希望人民和同而听令，但不言教育，只求以法令来约束规范，这是管仲与后之法家很不同的地方。而且他强调说，管子言法治，也言教育，且言道德教育、生活教育，鼓励百姓有孝悌之行，而后之法家则不言此矣。商鞅轻视德育的作用，而韩非认为道德仁义无用、不合于时，认为在争于气力的时代，应当教的是法治观念，这也正是他们比管子逊色之处。

---

① 徐汉昌：《管子思想研究》，台湾学生书局1990年版，第292页。

第三节　管子农学和生态环境保护思想的研究

一、管子的农学思想

台港澳学者对管子的农学思想关注较少。田博元、何以尊的论文《管子的农业管理思想》①涉及这方面的内容。我们可以以此管窥学者们对此问题的认识。作者是从管子的农业管理思想和农业管理策略两个层面来论证的。管子以农业治国,其思想以顺民心、利民之生为原则,这种思想也就是富民顺民的民本思想。管仲把上循天道、下顺民心看作统治者治国的两个重要因素。作者分析说,君主掌握天道,以此来统治百姓,百姓会全心全意侍奉君主,君主也就能长久统治天下。管仲把君主上循天道与下顺民心统一起来,提出了“以百姓之心为心”的民本思想,这种得民心则得天下的思想对后世有着广泛的影响。作者进一步指出,人民既是生产的劳动者,也是物质产品的消费者,因此,君主想赢得民力,一要重惜民心,二要满足民欲。如果有限度地向人民索取且使用有节制,即使国家很弱小,也安宁;如果无限度地向人民索取,即使国家强大,必危殆。因而管子认为,对待人民要像对父母一样,要纯厚仁慈并给予实惠,这样人民就会亲近、爱戴君主;重惜民力可以使人民养生休息、积蓄体力;施爱于民,使人民感到君主德惠并忠心归附。

作者认为管子的农业思想的推行依靠了“三本”“四固”“五事”三个纲领。他们进一步分析称,“三本”为用人的基本原则。如《管子·立政》篇所言,管子认为国君审核下属的原则有三个:第一,德行必须与他的爵位相称;第二,功劳必须与他的俸禄相称;第三,才能必须与他的官职相称。“四固”是人事任用的观察要点,即“君之所慎者四:一曰大德不至仁,不可以授国柄。二曰见贤不能让,不可与尊位。三曰罚避亲贵,不可使主兵。四曰不好本事不务地利而轻赋敛,不可与都邑。此四务者,安危之本也”(《管子·立政》)。这四个方面都是国家安危的根本。“五事”为国家财源方面的五个措施。管仲认为,治国者在内政方面如能做到“三本”“四固”“五事”,对外

① 田博元、何以尊:《管子的农业管理思想》,《嘉南学报》2005 年第 31 期。

就能尊王攘夷并成就霸业了。

谈到管子的农业管理策略，作者认为管子非常重视国家对农业的管理。他们分析说，管子的农业管理策略主要有两点：一是努力发展粮食生产，二是提倡多种经营。农业是百业之本，民以食为天，富民是治国的根本，要富民必须发展农业，所以管子提出了一套发展农业的政策和办法：第一，“务在四时，守在仓廪”是粮食生产的基本原则；第二，“地均以实数”与“均地分力”是提高劳动者生产积极性的有力措施；第三，尊重科学技术，注重兴修水利。因为水灾的危害最大，所以要把修筑防止水害工程作为国家的重要建设项目。对于提倡多种经营，作者从四个方面进行重点论证。他们指出，发展经济必须坚持以粮食生产为本，这是管子治国的基本思想。管子也大力提倡因地制宜，发展多种经营。第一要养桑麻，育六畜，如此则民富。第二要植树造林。山林是国家财政收入和人民生活的重要来源。管子还主张对植树造林有功者给予奖励。第三要种蔬菜水果。蔬菜瓜果是人们日常生活所需的副产品，是人民口粮的重要补充，也是调节人们饮食的主要物品，所以国家要采取特殊优惠政策，支持蔬菜生产，以补充粮食的不足，丰富人们的饮食。第四要发展渔业。齐国东临渤海，为渔业发展提供了便利条件。管子主张积极发展渔业，提倡国家对沿海渔业进行统一管理，使生产与销售连为一体，从而大大提高了渔业生产的效益和渔民的积极性。

要之，作者指出，我们可以看到管子有系统性的农业管理理论，管子认为，君主要使国家得到治理，必须得民心，要得民心必须使民众富裕起来，先给予人民，再取之于民。管子又指出富民之道最根本在于发展农业生产。围绕发展农业，他提出和采取了许多行之有效的策略。此外，为了得民心，管子还主张体察民情并推出一些收买民心的策略。所以学习和探讨管子的农业管理思想和方法可以给现代农业管理带来很好的启发。

二、管子的生态环境保护思想

黄淑贞、陈美惠、吴丽娜的《论〈管子〉生态环境保护的思想》①一文将研

① 黄淑贞、陈美惠、吴丽娜：《论〈管子〉生态环境保护的思想》，《人文与社会学报》2011 年第 8 期。

究视角放在了近些年来备受人们关注的环境保护问题上。作者认为，生态环境保护思想在两千年前的先秦时期已经存在，其中以《管子》一书最具代表性；管子对保护生态环境的认识、对生存土地的关怀、对保护自然资源的重视，都体现了管子朴素的生态观。

作者从三个方面分析了管子的生态环境保护思想。作者首先分析了植物生态观。她们先分析了《管子·地员》篇的内容，并从三个层面对这篇中国最古老的有关植物学生态的文章进行了深度阐释。《管子·地员》篇论述了“渎田”的五种土壤的基本情况，因为地势有高下，水泉有深浅，所以适宜种植的谷物和草木就有区别。这说明先秦时期人们已开始测量地下水位的高低，已意识到地下水影响土壤的肥沃和植物的生长。《管子·地员》篇在大量实地考察的基础上，记录山地高度，将山地从上到下分成五个部分，并分别列出每个部分适宜种植的两种草类和一种树木的名称。不同质地的土壤所适宜生长的植物不同，植物的分布与地势高低有关，可见当时人们已经注意到植物垂直分布的情形。《管子·地员》篇还举出一个小地区植物与水分环境的垂直分布例子，也可说明两千多年前的先民已经懂得植物生长情况与水面深浅、地表坡度、土壤肥瘠和地下水位高低的变化有关，并在地表依一定层次勾画出其生长分布情形。最后是光照强弱对植物的影响。作者认为，管子已认识到植物生长需要阳光，因而有“阳坡”和“阴坡”之分。《管子·地员》篇对生长在不同环境中的植物进行了分析。人们已经认识到光照强弱对植物“因地制宜”及生长有重要影响，且分法与现代科学的分法不谋而合，这是令人称奇的。

其后，作者分析了管子的土壤生态观和水资源生态观。土壤对农业、民族的意义是极其重大的。《管子·地员》篇曾特别论述了土地中的“土壤”，明白指出土壤酸碱性影响植物的种类，还指出土壤中的生物活动对土壤的肥力与植物的生长有重要影响。谈到水资源生态观，作者对《管子·水地》和《管子·度地》篇进行了详细分析。《管子·水地》篇指出“水”是万物的依据，是一切生命的核心。而《管子·度地》篇更是一篇学术价值甚高的治水专论。《管子·度地》篇谈及五种自然灾害中水灾最为严重，由此而论及治水，并提出了一套完整而具体的治水方案。

作者指出,《管子》一书中可见提倡节约使用生态资源、反对过度浪费的主张。作者以《管子·禁藏》和《管子·立政》为例指出"食衣住育乐""先人棺木"到服饰器用的规定,《管子》一书都有严格明确的说明,目的就是避免过度浪费。对于生态资源也同样如此,正如《管子·八观》篇所说,不能不顾万物生长的季节而随意砍伐和搏杀,唯有节制人类的欲望,与自然生态达到平衡,环境才能永续发展。最后,作者谈到了管子提出的保护生态环境的方法,比如设置专职官吏,保护山川林泽;制定法令,以法令的威严来震慑破坏生态环境的行为;尊重自然界的规律,合理使用,以确保人类持续不断享有自然资源。管子还积极奖励植树造林,主张给予善于植树造林者较高的物质奖励;在大力提倡保护生态环境的同时,还谴责破坏生态环境的行为。

在阐释了管子的生态环境保护思想和具体措施后,作者指出,管子明白大自然是独立的,人类只能谦卑学习,与天地自然万物共荣共生,进而提出"人与天调,然后天地之美生"的真理。作者又强调人必须主动与天协调,天地才能产生美好的事物。过度的力天用天已经造成生态环境严重失衡……"人与天调"谈的就是"天人合一""事若自然"的生态伦理思想,这对当前全球提倡生态环境有着重大的启迪意义。①

① 黄淑贞、陈美惠、吴丽娜:《论〈管子〉生态环境保护的思想》,《人文与社会学报》2011年第8期,第51页。

后 记

2015年，应山东省齐文化研究基地首席专家王京龙教授之约，我们有幸参与了“管子通论”丛书中《管子境外研究通论》的研究撰写工作。转眼间，三年多过去了。回顾《管子境外研究通论》的撰写过程，我们不由得感叹境外学人研究《管子》典籍的意志和智慧，因《管子》一书确实难读难断；不由得感叹以美国汉学家李克及日本汉学家为代表的境外专家对管子研究的学术执着；不由得感叹以王京龙教授为代表的师友亲朋对我们的无私支持与无限信任。

“管子境外研究通论”这一课题是我们在接触到李克教授的《管子》英译本之后产生的想法。我们有幸在王京龙教授的指导下，对管子境外研究的主要学者及其成果进行梳理分析，以便国内学者借鉴他们的研究方法与策略。我们对管子的境外研究文献做了初步的梳理，这些文献涉及德法英日韩等语种。经过初步的文献搜索，我们得到的相关文献仍然十分有限，于是只好拜托国内外的师友帮我们查找境外的管子文献。在文献找寻过程中，有时候是遍寻不见，四眼干瞪；有时候是神龙显尾，四手空空。由此，我们不得不感谢互联网的互联中外、网通古今。

在文献搜索期间，我们谨向以下师友亲朋表示我们的衷心感谢：宾夕法尼亚大学荣休教授李克博士、夏威夷大学安乐哲教授、亚利桑那州立大学田浩教授、美国加州大学伯克利分校王安国教授、美国宾州大学图书馆馆员Brian Viver女士、剑桥大学李约瑟研究中心John Moffett博士、斯德哥尔摩大学的罗多弼教授、斯德歌尔摩大学印度学系的克劳斯夫妇、香港中文大学荣休教授黎活仁教授、澳门大学杨兆贵教授和龚刚博士、北京大学辜正坤教授、北京大学李明滨教授、北京大学朱玉麒教授、北京大学李畅然教授、山西大学张耀平教授、浙江大学沈弘教授和郝田虎教授、中央民族大学马士奎教授、已故师弟合肥工业大学彭发胜博士、清华大学刘昊博士、北京师范大学张政教授和姜莉博士、同济大学刘晓芳博士、旅居国外的李淑宁博士、山东师范大学马茂祥教授等同仁好友以及山东理工大学的有关领导及同事。

本书上编由孙继成撰写，中、下编由杨纪荣撰写。由于时间紧迫，语种较多，书中肯定还有不尽人意的疏漏和瑕疵，敬请读者不吝指教。

杨纪荣　孙继成

2018 年 9 月 10 日

图书在版编目(CIP)数据

管子境外研究通论:以欧美、东亚为中心/杨纪荣,孙继成著.—济南:齐鲁书社,2019.6
(管子通论)
ISBN 978-7-5333-4088-9

Ⅰ.①管… Ⅱ.①杨… ②孙… Ⅲ.①法家 ②《管子》—研究 Ⅳ.①B226.15

中国版本图书馆 CIP 数据核字(2019)第 001608 号

“管子通论”丛书
王京龙 等著

管子境外研究通论——以欧美、东亚为中心
GUANZI JINGWAI YANJIU TONGLUN
杨纪荣 孙继成 著

主管单位	山东出版传媒股份有限公司
出版发行	齊魯書社
社　　址	济南市英雄山路 189 号
邮　　编	250002
网　　址	www.qlss.com.cn
电子邮箱	qilupress@126.com
营销中心	(0531)82098521　82098519
印　　刷	山东新华印务有限责任公司
开　　本	720mm×1020mm　1/16
印　　张	15.25
插　　页	3
字　　数	245 千
版　　次	2019 年 6 月第 1 版
印　　次	2019 年 6 月第 1 次印刷
印　　数	1—1000
标准书号	ISBN 978-7-5333-4088-9
定　　价	**58.00 元**